"一带一路"

文化产业概览·欧洲卷

李大伟　编著

U0102064

海峡出版发行集团
THE STRAITS PUBLISHING & DISTRIBUTING GROUP ｜ 福建人民出版社
FUJIAN PEOPLE'S PUBLISHING HOUSE

图书在版编目(CIP)数据

"一带一路"文化产业概览·欧洲卷/ 李大伟编著. 一
福州：福建人民出版社，2021.12
　（文化产业研究丛书）
　ISBN 978-7-211-08833-1

　Ⅰ.①一… 　Ⅱ.李… 　Ⅲ.①文化产业－概况－欧洲
Ⅳ.①G114

中国版本图书馆 CIP 数据核字(2021)第 274489 号

"一带一路"文化产业概览·欧洲卷

作　　者：李大伟
责任编辑：江叔维
装帧设计：白　玫
责任校对：林乔楠
出版发行：福建人民出版社　　　　　　　　电　　话：0591-87533169(发行部)
网　　址：http://www.fjpph.com　　　　电子邮箱：fjpph7211@126.com
地　　址：福州市东水路 76 号　　　　　　邮政编码：350001
经　　销：福建新华发行(集团)有限责任公司
印　　刷：福州万达印刷有限公司
地　　址：福州市闽侯荆溪镇溪头工业区徐家村 166-1 号
开　　本：787 毫米×1092 毫米　1/16
印　　张：14.25
字　　数：234 千字
版　　次：2021 年 12 月第 1 版　　　　　　2021 年 12 月第 1 次印刷
书　　号：ISBN 978-7-211-08833-1
定　　价：48.00 元

编写说明

"一带一路"是具有历史意义的世界性事业，不是一国、几国、一个地区的，而是世界性的，正如习近平主席在博鳌亚洲论坛 2021 年年会开幕式演讲中强调的："'一带一路'是大家携手前进的阳光大道，不是某一方的私家小路。所有感兴趣的国家都可以加入进来，共同参与、共同合作、共同受益。共建'一带一路'追求的是发展，崇尚的是共赢，传递的是希望。"

中国国家层面没有对"一带一路"限定范围，持开放态度，"朋友圈"不断扩大。根据"中国一带一路网"平台数据，截至 2021 年 1 月 30 日，中国已经同 140 个国家和 31 个国际组织签署 205 份共建"一带一路"合作文件。

为了体例编排方便，本书以早期的"一带一路"沿线国家时空概念为蓝本，将塞浦路斯归入欧洲部分，增加马耳他、葡萄牙、意大利、卢森堡和奥地利等非沿线的合作国家。合作国家不以书中所列为限，国家排名不分先后。

由于机构重组、职能调整等原因，很多国家政府机构名称不断变化，本书以写作时的名称为准。政府机构中译名以中国外交部、商务部等官方网站以及人民网、新华网的通稿为准；通稿有差异的，以最近的为准。

本书所有资料来源于公开信息。由于涉及领域非常宽泛，加上个人学识有限，偏差在所难免，恳请读者批评指正。

目　　录

沿线国家

波　兰

波兰共和国位于欧洲中部，西与德国为邻，南与捷克、斯洛伐克接壤，东邻俄罗斯、立陶宛、白俄罗斯、乌克兰，北濒波罗的海。2022 年人口 3803 万，其中波兰族约占 97.1%，此外还有德意志、白俄罗斯、乌克兰、俄罗斯、立陶宛、犹太等少数民族。全国约 87% 的居民信奉天主教。官方语言为波兰语。首都华沙。

1989 年东欧剧变后波兰经济一度下滑，1992 年起止跌回升，并逐步成为中东欧地区发展最快的国家之一。加入欧盟后，经济更是突飞猛进。2019 年，波兰经济增长 4.1%，经济总量位列欧盟（不含英国）第 7 位。波兰是中东欧地区人口最多的国家，近年来，国内消费是波兰经济增长的重要驱动力。

2018 年波兰第二、三产业分别占国内生产总值的 22.4% 和 63.6%，可见其服务业高度发达。波兰出口的服务贸易主要包括：交通运输（27.7%），旅游（20.3%），法律、会计、咨询、社会调查、广告等商业服务（36.5%），信息通信（11.5%），建筑业（12.4%），维修保养（2.8%），金融业（1.4%），文化娱乐（1.3%）。波兰自然风光优美，历史文化遗产丰富。近年来，赴波兰旅游人数持续增加。波兰 2007 年加入申根协定后，跨境旅游更为便利。2018 年入境的外国游客 1960 万人次，同比增加 9.2%。

波兰文化创意产业总体上处于增长阶段，传统的文化旅游、音乐演出、图书出版、电影业、广告业、艺术设计、广播电视业都很成熟，编程、网页设计、电子游戏开发等新兴业态都有所突破，甚至走在世界前列。

波兰全国出版发行各类报纸杂志约 7000 种，其中主要综合类报纸及其平均日发行量为：《选举报》，16.1 万份；《事实日报》，36.3 万份；《超级快讯》，20.4 万份；《共和国报》，5.7 万份；《法律日报》，4.5 万份。此外还有《政治周刊》《直言周刊》《论坛报》《新闻周刊》等。主要大报均有网络版。主要媒体有波兰通讯社、广播新闻社、波兰广播电台和波兰公共电视台。1990年10月，众议院通过关于允许开办私营电台和电视台的法令。截至2018年底，波兰共有337家广播电台，其中全国性电台8家；电视台22家，其中全国性电视台19家。

文化产业管理

波兰设有文化、民族遗产和体育部管理文化产业，电子通信办公室管理电信、媒体的机构注册和基础设施，国家广播委员会负责广播、电视特许经营审批和频道许可。

加入欧盟后，波兰积极争取欧盟基金的支持。在文化遗产保护方面，波兰文化部通过"基础设施和环境项目"与"挪威财政机制"获得了大笔基金资助，极大地推动了文化遗产保护工作。此外，波兰政府还大力吸引私人捐赠以及来自社会团体等组织的民间资金，并立法规定把一定比例的彩票收入作为文化遗产保护资金。① 2003年，波兰通过了《文化遗产保护法》，就公共和私人文物的保护措施、资金来源、责任范围和权利等做了明确规定，其中加强遗产产权登记、明确保护责任是重要环节。

2012年10月，波兰文化部公布了2013年至2015年发展规划，将保护文化遗产、投资文化基础设施和发展文化艺术教育列为三大工作重点，2013年的财政预算重点支持文化遗产保护。2014年至2020年，波兰文化部侧重关注国家遗产中心和文化部文物保护司、民族遗产司的工作，文化部门在数字化建设和高新技术使用上为文化遗产保护提供了优先发展的条件。②

2016年2月，波兰政府提出促进发展的五大支柱和2020年发展目标。其中包括一些与文化产业关系比较密切的项目，例如："数码城迷"项目，促进企业和研究机构构建网络安全和数据分析系统，确保波兰在高水平专业化IT领域可参与欧盟市场竞争；"将中型城市打造成为先进的服务外包

---

① 波兰:将遗产保护作为国家文化政策重心[N].中国文化报,2016-06-23(3).
② 波兰:让文化遗产与现代文明和谐共存[N].中国文化报,2014-12-18(9).

中心"项目，支持企业发展高级商业服务，促进经济增长和中型学术中心收入增加，进而建立国家联合服务中心；制定创新激励政策，对知识产权给予税收优惠，扩大研发经费抵扣税款的范围，对创业者给予现金返还，以支持创业创新。①

波兰电信、传媒和互联网行业自由开放、竞争激烈，外国投资和并购十分频繁。主要法规是 2004 年 7 月出台的《电信法》、2010 年 5 月出台的《支持电信业务和网络发展法案》、1992 年 12 月出台的《传媒法》等。此外，上述行业还受消费者和竞争法案、个人数据保护法案等约束。外资企业进入波兰电信、传媒、互联网等行业，须向主管部门申请特许经营执照或获得注册批准。②

波兰非政府组织众多。其中波兰媒体协会成立于 2002 年，是由波兰各地媒体记者、编辑、出版商组成的非政府协会组织。

优势特色产业

图书出版业

波兰图书市场虽然面临着挑战，但发展潜力巨大。2014 年，波兰国家图书馆的 ISBN 数据库显示，波兰有约 40500 家注册出版商，但仅有 2000 至 2500 家活跃于市场。波兰图书市场高度集中，300 家大出版公司掌握了近 98％的市场份额，600 至 700 家公司每年发行图书超过 10 万册，300 多家实现了超过 1 亿兹罗提的营业额，大约 160 家超过 2 亿。③

波兰图书市场最重要的商业活动有华沙书展。2015 年 5 月第六届华沙书展在国家体育场举行，吸引了来自 29 个国家的超过 860 个参展商、近800 名作者和 72000 多名参观者。华沙有图书展销会的悠久传统，从 1956年以来每年都举办国际图书博览会。此外，波兰古都克拉科夫继爱丁堡、

① 中华人民共和国商务部. 对外投资合作国别(地区)指南·波兰[R/OL]. 2019:17—18. http://www.mofcom.gov.cn/dl/gbdqzn/upload/bolan.pdf.
② 中华人民共和国商务部. 对外投资合作国别(地区)指南·波兰[R/OL]. 2019:61. http://www.mofcom.gov.cn/dl/gbdqzn/upload/bolan.pdf.
③ 樊文. 中东欧：电子书和有声书增长较快[N]. 国际出版周报,2017-05-15(012).

墨尔本、艾奥瓦、都柏林、雷克雅未克、诺里奇之后,被联合国教科文组织授予"文学之都"称号。

设计产业

为了更好地进行城市规划、改善城市形象,波兰高度重视工业设计。波兰工业设计研究院组织名为"优良设计"的国际比赛,由波兰经济部赞助,国际评审小组由政府机关代表、设计专家、国外设计机构代表及学者构成。研究院精心编制设计师数据库,包含波兰大量设计师的履历、作品等详细资料,免费提供给政府、机构和企业,供他们寻找符合自己需求的设计师。当然,进入这个数据库的设计师必须有能够投入生产销售的设计作品。同时,研究院也为学生、企业、政府官员、设计师等提供教育和培训机会。研究院并不从事具体的设计,而是有针对性地进行调研、分析,为政府和企业制定战略计划、分析市场提供参考,并参与后期的推广策划。

产业经典案例

密茨凯维奇学院

波兰文化部于 2001 年成立密茨凯维奇学院,以波兰著名诗人、革命家密茨凯维奇命名,全权负责波兰文化的海外推广。该学院以提升波兰品牌价值和加强波兰与世界文化沟通为己任,成为波兰文化海外推广的策划者和协调者。

2001 年至 2003 年,密茨凯维奇学院在英国、巴西、俄罗斯、以色列、澳大利亚、中国等 26 个国家举办了包含艺术节、展览、研讨会等形式在内的 4000 余场文化活动,吸引观众约 4000 万人次。2011 年,波兰任欧盟轮值主席国期间,该学院在比利时、德国、中国等 10 个国家的首都举办了一系列文化活动,提升了波兰的国际影响力。

除了举办现场实地文化活动外,密茨凯维奇学院还借助网络平台和纸质产品对外宣传波兰文化。该学院主办的网站(www.culture.pl)分文学、美食、音乐、建筑、电影、设计、旅游、遗产等 10 个栏目,全面介绍波兰文化和密茨凯维奇学院在世界各国举办的文化活动，是波兰官方最大、最权威的文化推广网站。该学院还直接参与文化宣传资料的编辑、制作和出版，并向全球的文化机构和对波兰文化感兴趣的专家学者免费提供多语种的文学、电影、音乐、美术等门类的出版物。此外，密茨凯维奇学院通过访学项目定期邀请各国艺术家、策展人、文化推广人、收藏家、评论家等访问波兰，为民间文化交流创造机会、搭建平台。

在波兰，海外文化推广也被定义为文化外交，涵盖文学、音乐、舞蹈、美术、戏剧、电影、摄影、动画、视觉艺术、建筑和设计等领域。波兰政府一贯重视文化传播与推广，文化海外推广工作主要由外交部和文化与民族遗产部开展。而波兰文化中心、密茨凯维奇学院、波兰图书协会、肖邦学院及波兰民族遗产中心等组织机构都是波兰传播本国文化的重要阵地。

CD 游戏公司

游戏产业是波兰发展最快的产业之一。根据波兰克拉科夫科技园公布的《波兰电子游戏产业现状报告》，2016 年该国游戏市场产值达到 4.6 亿美元，约有 290 多家波兰企业从事游戏研发和发行工作，其中包括规模达数百人的大型游戏公司、独立游戏团队，以及免费游戏和休闲类游戏制作公司。这些数字是数代波兰游戏人奋斗的成果。

CD Projekt RED 成立于 2002 年，是波兰最出名的游戏公司。2007 年发行的《巫师》，根据该国同名奇幻小说改编，讲述能力过人、剑术高强的猎魔人杰洛特与各类魔兽战斗并探索世界的历险故事，富有斯拉夫文化意象，成了波兰的绝佳代言。很多玩家通过这款游戏，认识到了不同于"龙与地下城"的东欧奇幻风格。2015 年发售的《巫师 3》，在被称为"游戏奥斯卡"的 TGA 游戏奖中获得年度游戏、最佳角色扮演游戏、年度开发者等荣誉，全球销量超过 1000 多万份，把母公司 CD Projekt 推向波兰最成功游戏公司的位置。

《赛博朋克 2077》是 CD Projekt RED 开发的动作角色类游戏，2020 年 12 月上线 PC、Xbox、PS4 等平台。这款游戏仅凭预告片和试玩视频，在中国就卖出了 150 多万份，可见它的吸引力。该游戏是当年科隆游戏展最大赢家，获得最佳游戏、消费者最期待游戏等五项大奖。

除了商业上的可观回报，CD Projekt 也激活了整个国家产业。波兰共和国驻华大使馆文化处主任蔡梦灵提到，除了音乐、戏剧以及电影，波兰文化也已经打上了"游戏"标签。

中波文化贸易

1949 年 10 月 5 日波兰宣布承认中华人民共和国，10 月 7 日两国建立大使级外交关系。从 50 年代末起，随着中苏关系逆转，中波关系也日渐疏远。1983 年起，中波关系开始走向正常化。2018 年中国是波兰在亚洲地区最大的贸易伙伴、全球第二大进口来源地，波兰自中国进口额占其进口总额的 12.4％。2019 年双边贸易额为 278.2 亿美元，同比增长 13.4％。

两国关系正常化后，中波在文化、教育等方面的合作也得到恢复和发展，每年文化交流、文艺团体互访不断，双方再次启动互派留学生进修生机制。两国的人员互访和民间往来变得频繁且全方位，形成了多层次、多渠道、多部门、多形式、官民结合、繁荣稳定的合作关系。两国在科研、教育、宗教领域的合作尤为显著，中国曾派藏学家代表团访波，合作创建"一带一路"中波大学联盟。2019 年，首个中波人工智能科学联合实验室在华沙揭牌。

中国向波兰出口的五大商品类别是家具、寝具、玩具、游戏用品、运动器材及其零附件。中国企业投资的商贸中心有华沙中国城、波兰国际贸易中心、新达商城等。

音乐产业是两国合作的亮点。肖邦是历史上最具影响力和最受欢迎的钢琴作曲家之一，在中国享有极高的声誉。波兰交响乐团、波兰国家广播交响乐团等在中国的巡回商业演出非常受欢迎。随着中国孩子学习钢琴的人数不断增加，波兰在中国的音乐市场会有更大空间。

旅游业的合作水到渠成。2017 年，中波签署旅游领域合作协议。过去波兰在中国的旅游宣传不多，提到波兰，中国人首先联想到的是肖邦和二战的爆发地。因此，波兰旅游局正努力推出各种旅游线路，以提升波兰的知名度，让更多的中国人了解波兰。波兰旅游局北京办事处自 2015 年 11 月成立以来，加大了在中国的宣传力度。截至 2022 年，中国已有 15 个城市设立了波兰签证申请中心。2018 年约 14 万中国游客赴波兰旅游，尽管突破以往，但是和邻国吸引的中国游客数相比还是偏少。2019年波兰旅游局与腾讯视频合作推出的一档青春探险真人秀节目《横冲直撞20岁》，大大提升了波兰南部塔特拉山和扎科帕内的知名度。今后他们还将与中国的知名人物或影视制作者合作进行类似的推广活动。

图书业的合作循序渐进。2016年波兰建立第一个中国图书中心。中国外文局每年向波兰东亚研究中心赠送两三百本中国图书，书目由双方共同选择决定。2016年6月，中国主题图书在华沙、克拉科夫等9个波兰城市的百余家书店进行展销，主要是英语和波兰语版本。2018年新春中国主题图书展销活动在华沙约100家书店内举行，图书内容涉及中国政治、文学、历史和文化等，亮点是英文版《习近平谈治国理政》第二卷。

电子游戏是两国文化贸易的热点。CD Projekt股份公司是波兰著名的电子游戏开发商、发行商及分销商，旗下的《巫师》系列游戏大名鼎鼎，近期推出的《赛博朋克2077》在中国游戏界可谓炙手可热，《这是我的战争》安卓版于2016年10月在中国游戏分享平台上架后再次成为行业爆款产品。两国在游戏产业的合作刚刚开始，未来发展空间巨大。

商务往来礼仪

1. 在社交场合与客人相见时，要与被介绍过的客人一一握手，并自报姓名。

2. 社交场合衣着要整齐、得体，出席音乐会或高雅艺术演出要穿正装。

3. 与对方见面必须事先约好，贸然到访属于不礼貌行为。

4. 无论商务还是私人约会，一定要准时。

5. 登门拜访一般要给女主人送鲜花，送单数是惯例，送双数则失礼。

6. 无论正式或非正式的宴会上都要祝酒。

7. 不要打听波兰人的收入、年龄、宗教信仰及社会地位等。

8. 与波兰人面对面交流要保持25～40厘米的距离，除了握手不要有身体接触。

罗马尼亚

罗马尼亚占地 23.8 万平方公里，位于东南欧巴尔干半岛北部。该国北部和东北部分别同乌克兰和摩尔多瓦为邻，南接保加利亚，西南和西北分别同塞尔维亚和匈牙利接壤，东南临黑海。2019 年人口 1932 万，罗马尼亚族占 88.6%，匈牙利族占 6.5%，罗姆人占 3.2%。城市人口占 53.8%。主要宗教有东正教（86.5%）、天主教（4.6%）、新教（3.2%）。官方语言为罗马尼亚语，主要少数民族语言为匈牙利语。首都布加勒斯特。

1918 年，罗马尼亚实现统一，进入现代发展时期。两次世界大战之间，罗马尼亚文化包括哲学、文学和艺术曾出现过空前的繁荣。60 年代中期，罗马尼亚文化生活开始出现相对宽松、活泼和自由的可喜景象。时至 80 年代，罗马尼亚文学已经成为一股成熟而又难以阻挡的力量，在社会生活中发挥着隐秘却不可忽视的作用。随着互联网的发展，罗马尼亚阅读网络新闻和在线报纸的读者数量持续攀升，比例已超过欧盟平均水平。[①]

服务业占据主导地位，农业占比较低。2017 年，罗马尼亚农业、工业和服务业占国内生产总值比重分别为 4.4%、24.2%、71.4%。旅游资源较为丰富，主要旅游点包括布加勒斯特、黑海海滨、多瑙河三角洲、摩尔多瓦地区、喀尔巴阡山区等。2018 年接待外国游客 280 万人次。锡比乌是罗马尼亚最繁荣的城市之一，2007 年与卢森堡同被选为年度"欧洲文化之都"。

罗马尼亚重点、特色产业包括石油化工、机械、汽车、医药、软件、纺织服装、食品加工、葡萄酒酿制、生态农业等。IT 通信和服务外包发达，从事 IT 服务和软件开发的公司超过 9000 家，就业人数约 11 万人，排名中东欧第一。罗马尼亚葡萄产量丰富，品种优质，全国各地遍布着众

---

① 董希骁. 罗马尼亚出版状况及中罗出版合作展望[J]. 科技与出版,2020(01):49-55.

多的葡萄种植园，很多公路都通向知名种植园或酒窖。葡萄种植面积排名欧洲第 5 位，在西班牙、法国、意大利和葡萄牙之后，世界排名在前 15 位之内，葡萄种植面积占全国耕地面积的 5% 以上。

根据知名测速网站 Ookla 发布的全球网速测试报告，2018 年罗马尼亚平均网速为 104.46Mbps，全球排名第五。移动支付、网上购物发展迅猛，"黑色星期五""圣诞购物节"等线上线下促销活动不断，消费结构也越来越多元化，文化产品、消费电子、美容护理逐渐取代生活日用品成为新的消费增长点。

目前主要报刊有《真理报》《自由罗马尼亚报》《每日事件报》《金融日报》《九点钟报》等。主要电视台有罗马尼亚国家电视台、DIGI24 电视台等。有线电视用户约 500 万户。

文化产业管理

罗马尼亚政府设有文化部管理文化艺术相关事宜，教育和研创部、青年和体育部等亦有部分职能涉及文化产业。

在向西方式民主政治和市场经济转型的过程中，保障新闻出版自由被罗马尼亚历届政府奉为圭臬，并在法律中得以固化。罗马尼亚宪法明确规定"禁止任何形式的审查；言论自由包括创办出版物的自由；不得查封任何出版物"。此后罗马尼亚出版业呈现出"野蛮增长"的态势，出版社数量井喷式增长。社会主义时期仅有 24 家出版社，到 20 世纪 90 年代中期这一数量便突破 3000 家，其中私营出版社占绝大多数。

1989 年之后，罗马尼亚仿照西方管理模式设立了隶属于文化部的版权局，其经费通过文化部预算列支，为全罗马尼亚唯一有权对著作权事务进行规范、登记、监督、授权、仲裁、鉴定的机构；建立了出版资助机制，通过文化部下属机构和罗马尼亚文化学院对出版和图书交流、推广等活动进行资助，试图通过资助调节出版市场；建立了出版机构评估机制，试图对转型后罗马尼亚爆炸式增长的出版机构进行评估；组建了罗马尼亚出版商联盟作为欧洲出版商联盟的会员单位，下设出版商协会和出版商联合会两个分支机构。①

罗马尼亚的电影融资体系效仿法国，甚至政府管理资金的机构名也是法国相应机构的直译，首字母缩写都是 CNC，即国家电影艺术中心。在纳粹德国占领下的维希政权时期，法国政府设立了国家保护的电影机构，拥有电影制作、发行和放映的一切权力。由于文化相通，罗马尼亚采用了此种集中和规范化的保护体制。国家电影委员会负责监管电影工业，隶属于文化和宗教事务部。②

罗马尼亚增值税按标准税率和减让税率两档征收，标准税率为 19%，对文化企业实行减让税率：书本、教材、杂志、体育和展览活动门票以及保障性住房税率为 5%，餐饮、住宿和水供应业为 9%。电信和信息服务业、职业培训、科技创新及研发活动、行政及其相关服务都属于可给予优惠的投资领域。罗马尼亚政府从 2004 年起即对 IT 行业采取了税收优惠政策，免征 14 个专业的程序员和软件工程师的个人所得税。此外罗马尼亚还对在科研院所、大学或企业从事应用研究和开发的研究人员和大学老师免征所得税。

优势特色产业

文学创作与出版业

在罗马尼亚文化艺术领域，长篇小说一直举足轻重。许多作家以鸿篇巨制获得影响和声名，奠定自己在文学史中的地位。利维乌·雷布雷亚努的《伊昂》《绞刑森林》《起义》、米哈伊尔·萨多维亚努的《马蹄铁尼古阿拉》《安古察客栈》《斧头》、马林·普雷达的《莫洛米特一家》《世上最亲爱的人》、乔治·伯勒伊察的《两天的世界》、尼古拉·布雷班的《患病的动物》、欧金·乌里卡鲁的《乌村幻影》等就是绝好的例子。③

2010 年以来，罗马尼亚每年 5 月举办布加勒斯特国际诗歌节，一般为

① 何明星，董希骁. 罗马尼亚图书出版业的变迁、教训与启示[J]. 中国出版，2021(01)：64-67.

② 伊万娜·乌里卡鲁，谢小红，王鹤翔. 资本与电影——罗马尼亚当代电影融资机制剖析[J]. 当代电影，2017(08)：100-105.

③ 高兴. 罗马尼亚：一个混血民族的文学呈现[J]. 西部，2020(3)：201-206.

期一周，活动内容包括圆桌会议、论坛、朗诵、音乐会、图书发布会等。2017 年第 8 届诗歌节，中国作家协会副主席吉狄马加获得了"布加勒斯特城市诗歌奖"。

社会主义时期，罗马尼亚图书出版系统健全。自 1990 年实行市场改革以来，出版业发生了巨大变化：私营出版社崛起；国有出版社私有化改革不成功，大多破产或倒闭；每年的图书出版品种增加，发行册数则大幅减少。罗马尼亚出版业随之进入深度调整期。迄今为止，罗马尼亚影响较大的出版机构均由西方资本通过各种形式控股。排名第一的文学出版集团是私营企业；第二名波利罗姆出版社为 1995 年成立的一家股份制企业；第三名人文出版社，1990 年成立，是罗马尼亚首家与法国合资的私营出版社，拥有独立的发行销售体系——人文书店。①

罗马尼亚高迪亚姆斯国际图书展（罗马尼亚国际图书及教育展）创办于 1994 年，由国家广播电台主办，是全国规模最大的书展，也是中东欧地区具有较大影响力的国际书展。

电影业

1989 年东欧剧变以来，随着国有电影工业体系的瓦解，罗马尼亚电影年产量从 30 余部急剧下降。而在 2001 年，在瑞士学成归国的克里斯蒂·普尤导演的长篇处女作《无命钱》一鸣惊人，为罗马尼亚提供了一种全新的电影拍摄语言。随后普尤的《无医可靠》于 2005 年轰动戛纳，他的极简主义风格迅即成为该国电影拍摄的"语法"。2006 年，《布加勒斯特东 12 点 8 分》《爱在世界崩溃时》在戛纳电影节获奖。2007 年，长片《四月三周两天》获得金棕榈大奖，《加州梦想》获得"一种关注"单元的最佳影片奖。

罗马尼亚电影连续三年在戛纳电影节取得的巨大成功，使得罗马尼亚"新浪潮"电影运动或者说流派应运而生，并随着罗马尼亚电影在国际电影节上不断获奖而延续十年之久，直到最近两年才随着罗马尼亚导演们将注意力从社会问题转向历史题材和身体与性别政治话题而告一段落。2018 年获得柏林电影节金熊奖的《不要碰我》宣告罗马尼亚"新浪潮"电影时

---

① 何明星，董希骁. 罗马尼亚图书出版业的变迁、教训与启示[J]. 中国出版，2021(1)：64-67.

代终结和新一代罗马尼亚电影人登场。罗马尼亚"新浪潮"电影的导演大都出生于 1966 年之后，1989 年罗马尼亚政变后进入电影学院，2000 年前后开始电影创作，并得益于罗马尼亚国家电影基金的资助。"新浪潮"电影的一个标签性叙事要素就是剧变前后的社会问题。①

产业经典案例

锡比乌国际戏剧节

位于罗马尼亚中部的锡比乌是人口只有 17 万的小城，当地的地标性活动是创办于 1993 年的国际戏剧节。小城年年招待来自各国的剧场艺术家与观众，因为地方不大，节庆感很容易营造，艺术节期间每晚都有街头巡演与户外演出，气氛欢乐。

锡比乌戏剧节举办之初便引起很大反响，随后规模逐年扩张，越来越多重量级的演出进驻，越来越多观众慕名而来。它完美地结合了戏剧、舞蹈、马戏、电影、书籍、会议、展览、表演、音乐等各种艺术活动，吸引了超过 70 个国家和地区的成千上万名观众，快速成长为一场引人瞩目的国际文化盛宴。锡比乌在 2007 年成为罗马尼亚第一个当选"欧洲文化之都"的地点，其蓬勃发展的戏剧节居功厥伟。②

罗马尼亚音乐节

罗马尼亚广播公司音乐节创立于 2012 年，主要做古典乐演奏直播，约 50 个全球电台参与转播，包括来自中国、挪威、德国、日本、罗马尼亚、瑞典等国的合作伙伴。音乐节同步使用新媒体通过互联网直播。对于罗马尼亚音乐节来说，新媒体不是威胁，反而能创造新的机会让其获得新的受众。罗马尼亚音乐节与亚洲广播界已经展开了深度合作。尤其是在 2013 年罗马尼亚广播公司与亚洲广播联盟建立了合作关系，这也是罗马尼

① 王垚. "东愁"与怀旧的政治学——从《再见列宁！》到罗马尼亚"新浪潮"电影[J]. 文艺研究，2018(8)：99-108.

② 孟京辉戏剧工作室. 小镇办节，你一定得知道"锡比乌"[EB/OL]. (2017-4-30)[2021-3-31]. https://www.sohu.com/a/137469047_532710.

亚音乐节能够长足发展的原因之一。

中罗文化贸易

中国同罗马尼亚自 1949 年 10 月 5 日建交以来，一直保持友好合作关系，在经济、文化、科技、教育等领域交流密切。中国在罗马尼亚规模较大的投资合作企业包括中烟国际欧洲有限公司、华为技术有限公司、中兴通信罗马尼亚公司、东辉体育用品公司、运城制版罗马尼亚公司等。

两国的影视业合作源远流长。罗马尼亚电影是新中国最早引进译制的外国电影之一，1953—1963 年有 26 部罗马尼亚电影在中国公映，1977—1989 年中国引进的罗马尼亚电影据不完全统计有 30 部左右。近些年中国电影多以展映或参加罗马尼亚各类电影节的形式出现在罗马尼亚观众面前。2011 年，罗马尼亚首次播放中国电视剧，罗国家电视台从中国购买了新版《三国演义》等连续剧的播放权。2019 年，中国中央广播电视总台与罗电视台签约，由总台译制的罗马尼亚语版中国影视节目将陆续亮相罗马尼亚。

两国合作出版已走上了快车道，作品互译成为双边人文交流的一大特色。近年来两国出版界共同推出了一系列重要举措：

一是共建合作平台。2016 年 5 月，中国-罗马尼亚学术出版合作中心成立，旨在推动双方出版业开展长期和实质性合作。同年，浙江出版联合集团率先与罗方开展出版合作交流。① 2017 年 6 月、2018 年 6 月，中译出版社、山东教育出版社分别与罗马尼亚拉奥出版社、欧洲思想出版社合作，成立中国主题图书国际编辑部。② 2018 年 8 月，外语教学与研究出版社牵头成立了中国-中东欧国家出版联盟，创始成员包括罗马尼亚利博思出版社，之后又吸纳了欧洲思想出版社、集成出版社等罗马尼亚出版机构。

二是加强展会交流。2016 年是"中国-中东欧国家人文交流年"。当年

---

① 崔斌箴."一带一路"倡议背景下的罗马尼亚出版业[J].出版参考,2017(8):34-35.

② 中国主题图书编辑部在罗马尼亚挂牌成立[EB/OL].（2018-6-5）[2021-3-31].http：//www.gov.cn/xinwen/2018-06/05/content_5296373.htm.

8月，在罗马尼亚文化部的协调下，罗马尼亚作为中东欧联合主宾国的一员参加了第23届北京国际图书博览会；同年11月，中国以主宾国身份参加在布加勒斯特举行的第23届高迪亚姆斯国际图书与教育展，其间举办了《习近平谈治国理政》推广会、罗马尼亚总统约翰尼斯自传《跬步千里》中文版发布会、《青铜葵花》罗马尼亚语版权签约仪式、诗集《天堂的色彩》罗马尼亚语版首发式、《中外文学交流史》版权输出签约仪式等重要活动。

三是策划互译项目。2019年8月，罗马尼亚在担任第26届北京国际图书博览会独立主宾国期间，举行了"中国-罗马尼亚图书互译出版项目"合作签约仪式。这是中罗两国签署的首个互译项目，由中国驻罗马尼亚使馆和中国国家新闻出版署共同推动，北京外国语大学和外语教学与研究出版社为中方实施单位。[①]

双方合作出版内容日益丰富，既涵盖文学作品，也涉及人文旅游。2015年1月，莫言的小说《酒国》罗马尼亚文版在布加勒斯特首发。此前，他的《生死疲劳》《红高粱家族》《蛙》已在罗马尼亚出版。与之相呼应，最具国际声望的罗马尼亚在世作家诺曼·马内阿作品集中译本也由吉林出版集团推出。

商务往来礼仪

1. 商务场合应该称呼罗马尼亚人的全名或姓氏，非正式场合或熟人可直呼其名。

2. 商业谈判不要拐弯抹角，要直截了当。

3. 罗马尼亚人十分重视节假日，不要在休息日安排商务活动或者拜访。

4. 去罗马尼亚从事商务活动，9月至次年6月最适宜，7月至8月为假期。

5. 在社交场合要注重公共卫生，忌讳随地吐痰和在宾客面前挖耳剔牙。

---

① 董希骁. 罗马尼亚出版状况及中罗出版合作展望[J]. 科技与出版，2020(01)：49-55.

6. 到罗马尼亚人家中做客，可带些礼品，鲜花最好，送花要送单数。

7. 在餐馆结账、乘坐出租车时，一般要加付 10％左右的小费。

8. 罗马尼亚人不论坐车还是在室内，最忌讳同时打开两边的窗子对吹，认为这样会生病。

9. 忌讳数字 13。

捷 克

捷克共和国地处欧洲中部，2019年人口1068万，其中90％以上为捷克族，斯洛伐克族占2.9％，德意志族占1％。主要宗教为天主教。官方语言为捷克语。首都布拉格。

捷克为中等发达国家，工业基础雄厚。2009年受国际金融危机影响经济下滑，2010年和2011年实现恢复性增长，2012年和2013年经济再次下滑。近年来，捷克实行积极、平衡、稳健的经济政策，经济逐渐呈现复苏势头。2017—2019年国内生产总值增速分别为4.6％、2.9％和2.5％，是欧盟经济发展最快的国家之一。2018年人均国内生产总值为2万美元，2019年国内生产总值为2465亿美元。汽车工业在捷克已有100多年历史，是捷克国民经济支柱产业，产值在工业生产和出口中占比均为21％，汽车产量在中东欧国家中排名第一。斯柯达汽车公司是捷克的工业龙头和百强企业之首，也是捷克最大的出口企业。

捷克国家比较富裕，人民生活水平比较高，高等教育比较发达。位于首都的查理大学是中欧最古老的学府，创办于1348年，现有17个院系。捷克技术大学创办于1707年，在中欧同类大学中拥有最悠久的历史。2020年，根据国际三大知名信用评级机构的评估结果，捷克的信用评级在欧盟排名第11位，在中东欧国家中排名第一。

近年来，捷克计算机产业迅速发展，主要是为富士康、华硕等世界知名品牌贴牌生产，产品几乎全部销往跨国公司设在欧洲的分拨中心。电子元件和电信产业发展迅速，也有一些著名的软件开发企业如AVG和A-VAST等网络安全企业。另外，捷克是全球一系列知名游戏软件的原产地。2020年捷克约有110家游戏开发公司，其中约67％开发PC游戏，多数位于布拉格，著名的有波希米亚互动工作室、战马工作室、SCS软件等，其客户大多来自国外，尤其是美国、德国、英国、俄罗斯和中国。

捷克文化产业较为发达，居民文化艺术消费意愿高。如2016年捷克居民年人均消费净支出约 5386 美元，其中文化娱乐支出占 9.5％，这个比例是相当高的。

　　捷克在对文化产业的统计和政府预算中一般将文化产业分为三个部分：传统艺术产业，包括文化遗产和原创艺术作品、风景、文化和艺术教育；文化产业，包括电影和视频、书籍和印刷品、电视台、电台、音乐、视频游戏等，统称视听和媒体领域；创意产业，包括建筑、广告、设计等。

　　2018 年捷克旅游业产值约 125 亿美元。游客主要来自德国、斯洛伐克、波兰、中国、美国、俄罗斯、英国、韩国、意大利等国。主要旅游城市有布拉格、捷克克鲁姆洛夫、卡罗维发利等。2019 年捷克共吸引游客 2198.5 万人，比上年增加 73.7 万人，创历史新高，其中外国游客 1088.3 万人。捷克拥有丰富的温泉资源，温泉度假能使身体和精神得到很好的放松，故水疗服务业发展迅速。捷克境内共有 30 多家水疗（SPA）中心，多集中在"西波希米亚温泉三角地带"的 3 个温泉小镇——卡罗维发利、玛丽亚和弗朗齐歇克。

　　捷克木偶剧有数百年的传统，现有 9 个专业的木偶剧院，约 100 个独立团体及 300 个业余表演团，开发了很多节日如赫鲁迪姆木偶节、布拉格国际木偶艺术节等。

　　2018 年捷克发行报纸、杂志 5383 种。主要报纸有《今日青年阵线报》《权利报》《经济报》《人民报》等。私营媒体比较发达。捷克通讯社为国家商业性通讯社，在国外有 12 个分社。2018 年公共电台播音约 15.8 万小时，私人电台播音约 62.6 万小时。捷克国家电视台 1954 年开播，2018 年播放时间约 44261 小时，而私人电视台播放时间约 135.3 万小时。

　　捷克网络传媒迅速发展，固定网络和移动网络遍布全国。除机构网站和个人网站外，还建立了不少搜索引擎网站，网络在信息传递等方面作用不断上升。

文化产业管理

　　捷克文化部主管文化产业，包括艺术、文化和教育活动、文物古迹、教会和宗教社团、新闻出版、广播电视传播、知识产权等。教育、青年和体育部也有部分职能涉及文化产业。

为促进捷克文化、艺术、遗产保护事业的发展，捷克文化部颁布了《2015—2020年国家文化政策》，涉及文化创意产业的内容有：国家文化支出将达到国家预算的1％；文化将被视为经济因素，也是国家经济政策的重要组成部分；通过文化和创意、艺术创作和文化遗产开发为经济带来活力，促进国民经济的部门结构现代化；国家将在各个方面刺激预算资金流入文化生活领域；通过经济和区域政策，促进文化积极参与社会发展；关于遗产保护的新立法将为可持续利用国家文化财富创造条件；文化遗产保护将使用最新的科学技术，包括信息和通信技术；通过协调国家的文化和区域政策以及土地利用规划，广泛支持社区、区域和景观的文化环境建设，作为人民生活质量和相关经济活动发展的必要条件。

除此之外，捷克政府还支持和资助专业艺术家协会或工会，包括文学翻译协会、作家协会、建筑师协会、作者和表演者协会、音乐艺术家和音乐学者协会、演员协会、影视联盟、摄影师协会等。国家电影基金是捷克独立电影工作的唯一公共财政支持工具。

目前，捷克经济发展重点是加速经济结构优化和调整，鼓励创新。与此相适应，捷克政府确立了重点支持的投资领域和优先发展行业，主要包括制造业、技术中心、设计中心和商业支持服务中心（软件开发中心、专家解决方案中心、高技术维修中心和共享服务中心等），鼓励内外资进入这些领域。

优势特色产业

音乐产业

音乐在捷克人的生活中占有非常重要的地位。18世纪，捷克布拉格、奥洛莫乌茨等地出现了一些音乐活动中心，歌剧开始进入捷克的音乐文化生活。在古典音乐领域，捷克拥有一批优秀的歌手和指挥家；在流行音乐领域，嘻哈音乐、说唱乐、电子乐、爵士乐等很受欢迎。

在世界音乐史上，捷克对古典乐的贡献巨大，布拉格可谓是除维也纳之外的另一个音乐圣地。从第一位捷克作曲家斯美塔那，到具有世界影响力的德沃夏克，再到融合 19 与 20 世纪风格的雅那切克，以及后来的约瑟夫·苏克、马丁努等，他们以不同风格将西斯拉夫音乐的气质延续到了今天。捷克的古典音乐节非常多，规模和影响比较大的有布拉格之春国际音乐节、德沃夏克布拉格国际音乐节、库特纳霍拉国际音乐节以及雅那切克布尔诺国际音乐节等。布拉格之春国际音乐节是捷克最知名的音乐节，1946 年指挥家库贝里克为纪念捷克爱乐乐团创立 50 周年而创办，在每年 5 月 12 日斯美塔那逝世这一天举行，为期 3 周，举办地主要是布拉格的鲁道夫音乐厅和市民会馆。开场往往演奏斯美塔那的名作《我的祖国》，其中包括著名的《伏尔塔瓦河》；而闭幕一般上演贝多芬《第九交响曲》。德沃夏克布拉格国际音乐节是捷克第二大音乐节，始于每年 9 月初，到 9 月下旬结束，可以欣赏到各种形式的音乐作品。库特纳霍拉国际音乐节每年 6 月举行，为期约 9 天，以古典室内乐为主体，兼含爵士、摇滚及跨界组合等。雅那切克布尔诺国际音乐节每两年一次，在秋天的布尔诺举行，为期约 20 天。①

捷克其他国际音乐节还有摩拉维亚铜管音乐节、四重奏音乐节、风琴音乐节、小铜管乐节、爵士乐节、学生管弦乐节、圣诞音乐节等。

近年来捷克的数字音乐发展迅速。2017 年，捷克数字音乐领域的收入达到 800 万美元，预计 2022 年将达到 1000 万美元。2017 年数字音乐用户普及率为 14.3%，预计 2022 年将达到 16.3%。虽然捷克音乐下载领域的用户和收入都呈现负增长，但随着互联网和音乐流媒体的普及，数字音乐的渗透率持续走高。捷克的音乐产业还在朝着互联网、国际化的方向发展。

时尚和设计业

2020 年 3 月，日本京都国立近代美术馆举办了展览《捷克设计百年之旅》，回顾了从 20 世纪初到今天捷克设计在不同领域的成果。从立体主义建筑，到玩具、动画、图画书，再到家具、餐具和玻璃工艺，捷克设计师们为设计界开拓了很多新的可能性。约 250 件展品大多来自成立于 1885

---

① 四大音乐节，带你领略捷克斯拉夫民族音乐的魅力[EB/OL]. (2021-3-1)[2021-3-17]. https://www.sohu.com/a/453406198_665589.

年的布拉格装饰艺术博物馆。

捷克西部波希米亚地区的玻璃制造和水晶生产有近800年的历史。波希米亚玻璃以高品质、精湛的工艺、精美的外观和创新的设计闻名于世。这里的玻璃制造和出口行业在18、19世纪就已经很发达，直到现在仍处于世界领先地位。如今的捷克共和国是众多玻璃设计工作室和玻璃制作学校的所在地，很多本国和外国学生都来波希米亚学习。①

20世纪初，在北波希米亚的波尼克拉村及其周边地区，有400多个家庭从事玻璃珠等小件饰品生产。熟练的工艺师每天能够生产3000多件玻璃珠——长方形、梨形或圆形，形状各异，大小不一，透明或彩色、光滑或雕花。玻璃珠曾经被用来制作项链、帽子上的别针、胸针、耳环，或者用来装饰传统服装和戏剧服装；直到20世纪上半叶，大部分产品才被重新定位，用于节日装饰品。由于其生产过程及产品本身是如此独特，波尼克拉村的玻璃珠饰2020年12月被列入联合国教科文组织非物质文化遗产名录。

进入新世纪后，捷克的设计业越来越多元。工业设计引领行业发展，服装设计在国际上享有盛誉，布拉格时装周成为时尚界新贵。2010年，布拉格继纽约、悉尼、莫斯科和柏林之后成为举办梅赛德斯－奔驰冠名时装周的国际大都市。国内外的嘉宾云集布拉格，欣赏捷克和斯洛伐克设计师们的精心之作。时装周的举办场地均设在布拉格知名的历史建筑内，如距离市政大楼不远的玻璃博物馆。组织方还在市内安排其他助兴活动。

玩具设计与制造

捷克面积只有广东省的一半，人口仅为广东省的十分之一，每年的玩具出口额却和广东省差不多，是仅次于中国的全球第二大玩具出口国。

捷克的玩具规模化生产始于19世纪初，1833年创建首家玩具厂标志着捷克玩具制造从手工作业过渡到机械化生产。早期的捷克玩具制造业集中在木制、金属制、布毛绒等品类，到20世纪50年代运用塑胶后，规模化程度进一步提高，产业中心开始向北部发达城市转移。

---

① 一份关于捷克百年设计史的指南——《捷克设计百年之旅》[EB/OL].（2020-5-1）[2021-3-17]. https://www.sohu.com/a/394330832_120048229.

　　捷克的玩具出口集中在四大国际品牌，丹麦的乐高和德国的睿思、仙霸、魔比世界都在捷克建有组装工厂。本土玩具生产则另辟蹊径，放弃价格战，转而将重心放在突出"捷克设计"和"捷克制造"的耐用、安全性上，专注于手工的精细制造，并能快速满足灵活、多样化的个性定制订单。根据捷克游戏及玩具协会 2017 年统计，除了 4 家大型跨国企业加工厂，捷克本土约有 280 家玩具企业，多为家族式经营的中小型生产企业、贸易商，还有众多个体玩具匠人。①

　　捷克人偏爱传统的玩具车、木制玩具，还有国民卡通形象小鼹鼠相关的玩具，其余玩具需求量不大。每年的人均玩具消费在 50 美元以下，低于欧洲平均水平。因此，本土厂家都会积极在展会上寻求机会，开拓海外市场。比如 2020 年的德国纽伦堡玩具展会，就有 81 家捷克玩具商参加。捷克贸易局每年也积极推动捷克玩具商走出国门。

　　捷克布拉格玩具博物馆是全球第二大玩具博物馆，馆内的主要藏品是欧美近百年来的各种玩具，芭比娃娃、小兵模型、摩托车、滑翔机、机械火车模型应有尽有。1000 多个芭比娃娃是镇馆之宝。不同时代的芭比造型和服饰各异，从 50 年代的"新款"到比基尼、沙滩装、朋克装，好似一场长达半个多世纪的时装秀。②

产业经典案例

黑 光 剧

　　在布拉格众多的剧院中，既有标新立异的现代艺术，也有著名的古典歌剧，还有学生独立表演、实验戏剧、黑光剧、民族剧等，其中黑光剧最为知名。

　　黑光剧诞生在布拉格，是捷克文化遗产瑰宝，向观众呈现一个充满颜色、音乐、古怪形式、特殊效果以及在空中飞行的演员的神秘世界——身

---

① 黄子婧. 走进欧洲玩具出口大国捷克[J]. 中外玩具制造,2020(06):66-68.
② 布拉格玩具博物馆,奢华的童年时光再现［EB/OL］.（2014-1-23）［2021-3-31］. https：//go. huanqiu. com/article/9CaKrnJBAYw.

着黑衣的工作人员们在黑幕前面移动并操作着道具，让它们看起来像是有生命的东西，和那些身着五颜六色荧光衣的演员们一样就像在空中飞跃和漂移。在斯尔内茨剧院、幻想剧院、地铁剧院、WOW 剧院都可以观赏。

国家黑光剧团也有一个自己的剧场，常年演出，保留剧目有《爱丽丝漫游仙境》《格列佛海岛历险记》《堂吉诃德》《魔笛》《中世纪历险》《布拉格之魂》《伊甸园之旅》等，剧团同时还有多个分团在海外演出。

卡罗维发利国际电影节

卡罗维发利国际电影节创办于 1946 年，每年 7 月举办，是世界上历史最悠久的电影节之一，是国际电影联合会确定的五大国际电影节之一，也是中东欧地区唯一的国际 A 类电影节。

主竞赛单元设有最佳影片水晶球奖、评审团大奖、最佳导演、最佳男演员、最佳女演员五个奖项。其他单元有专为社会主义而设的"东方阵营"、纪录片板块、展映近期佳片的"地平线与另一种视角"、鼓励不同寻常电影语言的"异象"等。

中捷文化贸易

中国与原捷克斯洛伐克共和国经贸关系始于 1950 年，贸易方式为政府记账贸易，1991 年后改为现汇贸易。2016 年 3 月习近平主席访问捷克时，两国签署了《关于建立战略伙伴关系的联合声明》，以及电子商务、投资、科技、旅游、文化、航空等领域的双边合作文件。2019 年 4 月，两国文化部签署《2019—2022 年文化合作议定书》。

2019 年中捷贸易额 176 亿美元，同比增长 7.9%，中国成为捷克第二大贸易伙伴，捷克是中国在中东欧的第二大贸易伙伴。目前，在捷克投资的中国企业超过 50 家，业务涉及制造业、金融业、商贸服务业等领域，其中既有华为、中兴、普联等，也出现了文旅企业的身影——河北荣盛康旅集团。此外，两列中欧高铁从中国通达捷克后，中国企业在布拉格建立了更多仓储物流中心，跨境电子商务发展势头强劲。

旅游业合作卓有成效。近年来，到访捷克的中国游客大幅增长，中国已成为捷克游客主要来源国之一。2018 年中国赴捷克旅游人次达 62 万，同比增长 26％。2019 年减少 1％，排名客源国第四。

影视合作逐步深化。中国多次在捷克举办电影周，越来越多的中国影视作品到捷克拍摄，如二战题材电视剧《最后一张签证》，以及反映中国改革开放历程的大型电视剧《鸡毛飞上天》等。2016 年，中捷首次合拍的动画片《熊猫和小鼹鼠》开播，由中央电视台与捷克小鼹鼠公司共同制作。2016 年浙江卫视明星户外真人秀节目《24 小时》开启捷克之旅，2017 年《奔跑吧兄弟》第 5 季第 11 期也在捷克录制。2019 年，新中国成立 70 周年献礼影片《我和我的祖国》在布拉格上映。

电子游戏等新业态合作如火如荼。捷通社 2021 年 2 月 9 日报道，中国互联网公司腾讯已入股捷克最大的游戏开发商波希米亚互动公司。早在 2018 年，腾讯就已成为《艾兰岛》的中国市场代理，而《艾兰岛》的开发商正是波希米亚工作室。

商务往来礼仪

1. 捷克人讲究礼仪、穿着，正式场合要穿正装。
2. 捷克人普遍忌讳红三角图案。
3. 避免与捷克人谈论政治和私生活等话题。
4. 捷克人不喜欢私人空间被打扰，不要在休息日打扰他们。
5. 捷克人不喜欢柳树、柳木制品和菊花。
6. 在公共场合讲究秩序，参加音乐会保持安静。
7. 多数人忌讳数字 13。
8. 送鲜花应送单数，勿送双数。

保加利亚

保加利亚共和国处于东南欧,位于巴尔干半岛东部。北与罗马尼亚隔多瑙河相望,西与塞尔维亚、北马其顿相邻,南与希腊、土耳其接壤,东临黑海,海岸线总长 378 公里。2019 年人口 700 万,保加利亚族占 84%,土耳其族占 9%,罗姆人占 5%,马其顿族、亚美尼亚族等占 2%。居民中 85% 信奉东正教,13% 信奉伊斯兰教。保加利亚语为官方语言,土耳其语为主要少数民族语言。首都索非亚,人口约 132.5 万,是保加利亚政治、经济、文化中心。第二大城市是普罗夫迪夫,第三大城市瓦尔纳。

1989 年东欧剧变前,国民收入 90% 依靠进出口贸易,外贸伙伴主要是经互会国家。1989 年后逐步向市场经济过渡,发展包括私有制在内的多种所有制经济,优先发展农业、轻工业、旅游和服务业。2004 年底,大部分国有资产完成私有化。2001—2008 年经济年增长率保持在 5% 以上,2009 年受国际金融危机和欧洲主权债务危机冲击有所衰退。2019 年国内生产总值 681.6 亿美元,增长率 3.4%。全国普及 12 年制义务教育,小学、初中、高中均为 4 年。人口素质较高,60% 的就业人口至少会讲一门外语。

服务业保持快速发展。2018 年服务业产值占国内生产总值的 68.4%,其中旅游业是重要产业之一。旅游资源丰富,著名景点有涅夫斯基大教堂、古罗马露天剧场、大特尔诺沃城堡、卡赞勒克玫瑰谷、里拉国家公园、内塞伯尔等。2018 年接待外国游客 1236.8 万人次。

玫瑰精油、葡萄酒、酸奶并称为"保加利亚三宝"。酿酒业是保加利亚的重要传统产业,20 世纪 70—80 年代保加利亚是全球第二大瓶装葡萄酒出口国。前总统珀尔瓦诺夫称葡萄酒是保加利亚的象征、是国家经济的一道亮丽风景线。每年在普罗夫迪夫国际博览会举办的葡萄酒国际展会是中东欧地区规模最大的酒类国际展会之一。保加利亚乳制品加工历史长、品种全,是酸奶的发源地,主要乳制品是牛奶、酸奶和奶酪(白酪和黄酪）。保加利亚因独有的地理位置和气候条件成为最适合种植高品质油料玫瑰的国家，享有"玫瑰之国"的美誉，其玫瑰油产量居全球第二。玫瑰油有"液体黄金"之称，用于香水、化妆品及制药和食品工业领域。昂贵的松露食材近些年成为保加利亚的重要出口产品，主要销往意大利。

保加利亚发行的报纸约650种，刊物约550种。主要报刊有：《劳动报》，1946年创刊；《24小时报》，1991年创刊；《言论报》，前身为《工人事业报》，1927年创刊，1990年改名；《现在报》，1997年创刊；《标准报》，1992年创刊；《日志报》，2001年创刊。主要通讯社有保加利亚通讯社、索非亚新闻社。广播电台主要有国家广播电台、地平线广播电台、达里克广播电台等。电视台主要有保加利亚国家电视台、BTV电视台、NOVA电视台等。

文化产业管理

保加利亚文化部主管文化、艺术以及文化遗产保护等事宜。旅游部主管旅游发展及推广等。文化产业相关部门还有：教育和科学部，交通、信息技术和通信部，青年和体育部。

20世纪90年代政变后，保加利亚的广电节目内容开始去意识形态化：广电业务受议会监督，领导人由议会任免；允许建立私人广播电台和电视台；允许外国广播电视业进入保加利亚。[1]

保加利亚宪法明确规定了公民包括记者和传媒机构享有"观点自由""媒介自由""信息自由"等权利，确保公民通信秘密和通信及传播方式不可侵犯。加入欧盟前的旧媒体法规定对记者可以施以监禁处罚，而新媒体法规定：如若侮辱诽谤是针对公职人员或与其公职有关，检察机构不再有权起诉，只有在被害人或其法定代理人提起诉讼之后，法院才进行直接受理。法律修改后，政府官员必须自己起诉记者诽谤，自己请律师，并支付诉讼费。[2]

保加利亚国家电影中心每年资助本土电影的制作、发行和放映，资助

---

① 张颖. 保加利亚[M]. 北京:社会科学文献出版社,2006:317.
② 陈瑜. 保加利亚的新闻舆论监督[J]. 青年记者,2011(10):65.

国际合拍和电影资料馆建设，还积极走出国门，在世界许多大城市举办保加利亚电影周，使外国观众有机会了解保加利亚及其电影。[①]

保加利亚高度重视文化遗产保护，其《文化遗产法》规定了文化遗产所有者的保护责任、保护对象的范围以及政府干预的相关细则。政府设有文化遗产保护督察局，专门负责监测文化遗产保护情况，监督相关责任人保护职责履行情况，并对濒危遗产进行报告。

优势特色产业

旅游业

保加利亚地形多变，气候宜人，旅游资源丰富，被誉为"上帝的后花园"。旅游业是保加利亚经济支柱产业。2018 年入境游客数量约 1237 万人次，较上年增长约 35%。其中欧盟游客约 725 万人次。

保加利亚主要旅游项目有海滨游、冬季（滑雪）游、文化历史游、生态环境游、SPA 浴疗旅游、葡萄酒旅游、探险运动游等。保加利亚东濒黑海，有瓦尔纳和布尔加斯等度假城市，每年 5 月下旬至 9 月上旬是海滨度假的黄金季节，世界各国游客蜂拥而至，最大客源国为罗马尼亚、希腊、德国、土耳其、俄罗斯。保洛维茨和班斯科是保加利亚最负盛名的冬季旅游胜地。

保加利亚温泉浴非常有特色。保加利亚温泉多达 800 多处，水温适宜疗养，疗法包括热水疗法、泥浆疗法、海水疗法、生物气候疗法等。最为著名的温泉旅游地当属希萨里亚镇，该镇从古至今都被誉为"健康之镇"，罗马帝国时期的几代帝王就曾为了健康而专门到访此镇，如今该镇依旧被认为是最好的温泉养生旅游目的地之一。

电影产业

保加利亚的电影业历史悠久。2014 年联合国教科文组织宣布索非亚为电影创作之城，极大激发了索非亚发展电影产业的热情，目前索非亚已跃

---

① 沈健. 保加利亚"玫瑰之国"的电影历程[J]. 世界知识，2019(12):75.

居欧洲十大文化创意城市之列。保加利亚计划将索非亚打造成欧洲电影中心。2015 年索非亚举办大型图片展，庆祝保加利亚电影诞生 100 周年。

电影是保加利亚人的挚爱。保加利亚电影资料馆成立于 1948 年，致力于收集并保护世界电影文化遗产，已收集超过 1.5 万部电影。该馆还向观众普及世界电影史知识，以提升观众的电影鉴赏品位；每天放映 4 至 6 部来自世界各地的艺术电影，并至少免费放映 2 部保加利亚经典电影。

影视产业已经成为索非亚经济发展的支柱产业之一。保加利亚的电影市场非常活跃。2016 年一共上映电影 7396 部，包括国产片 650 部、欧洲片 1874 部、美国片 4306 部和其他地区片 566 部；共拍摄电影 106 部。2016 年保加利亚共有 84 个广播电台，121 个电视频道，其中影视频道和音乐频道最受欢迎。

保加利亚也是许多电影强国偏爱的外景地。2006 年，美国好莱坞千禧年影业公司购得索非亚电影制片厂多数股权。此后《300 勇士：帝国崛起》《敢死队》《惊天危机》等 180 多部好莱坞大片都在保加利亚拍摄制作完成。2016 年世界各国在索非亚拍摄了 21 部故事片以及诸多电视连续剧和短片。保加利亚拥有五大优势，能够吸引国际电影人前来拍摄和制作影片：第一，拥有经验丰富、设备先进、历史悠久的电影制片厂等基础设施；第二，拥有高素质的电影专业人才，可以提供全方位的服务；第三，具有多样的地貌，可以满足各种题材影片的取景和拍摄需求；第四，具有吸引力的国家税收制度，企业税率仅为 10%；第五，物流运输、饮食服务业发达，能为来自世界各地的电影剧组提供完善的配套服务。

产业经典案例

玫瑰谷公园和玫瑰节

玫瑰最适宜在肥沃、透气、渗水性强的土壤上生长，因此保加利亚居民在 20 世纪初便选择巴尔干山和中部森林山之间海拔 350 米、总面积约 80 平方公里的谷地作为生产玫瑰的基地。这就是闻名全欧的保加利亚"玫瑰谷"。这里的春季漫长而湿润，夏天凉爽，光照时间长，冬季无严寒，是种植玫瑰的理想园地。玫瑰谷的玫瑰油产量占全国 80% 以上，是保加利亚主要的外汇来源。玫瑰谷北部和南部部分地区除了种植油玫瑰，还不断扩大薰衣草、蜜蜂花、薄荷、野蔷薇等其他能提炼精油植物的种植面积。

1996年，保加利亚旅游部门把玫瑰谷开发成公园，第一年就吸引了约20万游客，成为保加利亚第一旅游胜地。每年6月的第一个星期被定为"玫瑰节"，届时要举行玫瑰花开摘仪式。仪式前先举行"选美竞赛"选出一位"玫瑰仙女"。仪式开始，"玫瑰仙女"头戴一顶用各种玫瑰花组成的桂冠，从花丛深处走向人群，向人们祝福。然后，4匹骏马拉着彩车，车上的12名美女向人群抛撒大把的玫瑰花瓣。一架直升机在空中低旋，不停地喷洒玫瑰香水，整个玫瑰谷公园处处都飘溢着玫瑰油的馨香。由玫瑰、玫瑰花瓣、玫瑰油和玫瑰仙女组成的玫瑰节，使世界各地的游客对保加利亚留下了深刻的记忆。[①]

幽默和讽刺之馆

坐落于"幽默之都"加布罗沃的"幽默和讽刺之馆"，是一座专门收集各地幽默艺术和讽刺艺术的博物馆，藏品有动画、动漫图书、照片、绘画、雕塑和言语幽默等，包括来自世界173个国家和地区9000多位艺术家的超过4万件具有幽默属性的雕塑、油画、丙烯画、版画、中国画等艺术作品。加布罗沃人有天然的幽默感，幽默和讽刺狂欢节、幽默和讽刺艺术国际双年展都是该城的文化名片。知名幽默和讽刺大师的幽默和讽刺艺术通过多种形式形象在此展现，游客细细品味方知其中寓意。[②]

国际面具节

戴着恐怖面具的巨人、怪物招摇过市，腰间重达七八十斤的铜铃声音震耳欲聋，美丽的小仙女、男扮女装的"新娘"、老巫婆纷纷登场……保加利亚佩尔尼克市每年都会举办热闹非凡的面具嘉年华，这是巴尔干半岛上规模最大的面具巡演活动。面具节始创于1966年，1985年被确定为国际面具狂欢节，为期三天，吸引了保加利亚、塞尔维亚、斯洛文尼亚、西班牙等多国的面具表演者。千姿百态、材质各异的面具承载着人们对平安

---

① 余秉全. 保加利亚的玫瑰谷公园[J]. 园林,1998(05):34-35.

② 杨耀南. 幽默之乡——加布罗沃[J]. 国际论坛,1988(02):19.

幸福的寄托，也展现了各国民俗。

男扮女装是保加利亚面具巡演的一大传统。在保加利亚的各个巡演队伍中，几乎都能看到男扮女装的面具演员。有的男子披着白色婚纱、抹上口红扮演新娘，有的戴上褶皱面具、拄着拐杖扮演老太太，有的戴上头巾、穿着裙子扮演小媳妇。据面具节组委会主席克拉埃夫介绍，面具节是庆祝丰收、祈求来年风调雨顺的节日，男扮女装正是为了体现保加利亚人对女性劳动付出的尊重和感谢。此外，也有人说，男扮女装延续了西方戏剧中男演员饰演女角儿的传统，与中国京剧的反串异曲同工。随着时代的发展，除驱妖除魔的传统表演之外，面具节内容不断创新，烟花晚会、音乐会等其他内容不断加入，面具节渐渐演变成了狂欢派对。

中保文化贸易

中国与保加利亚于 1949 年 10 月 4 日建交，保加利亚是世界上第二个同新中国建交的国家。2014 年 1 月，两国建立全面友好合作伙伴关系。2019 年 7 月，两国建立战略伙伴关系。2019 年双边贸易额 27.2 亿美元，同比增长 5.1％。

保加利亚是中国-中东欧国家农业合作牵头国。2018 和 2019 年，保加利亚企业积极报名参加中国国际进口博览会、宁波中国-中东欧国家博览会，众多农产品、玫瑰制品、旅游产品亮相中国。保加利亚玫瑰产品、酸奶、葡萄酒等优质产品在中国市场也日益受到消费者的青睐，对中国的葡萄酒出口正逐年增加。

两国文化合作以交流互通为主，贸易金额并不高。2006 年中国在保加利亚设立了中东欧首个孔子学院，孔子学院作为交流的重要载体很好地传播了中国文化。同时两国还互设文化中心、互办电影周（展）和文艺演出、互派参加各类国际展会等。电影拉近了两国观众，成龙在保加利亚有很多影迷，2017 年保加利亚东西方出版社举行了成龙的自传《还没长大就老了》保文版首发式。

中保以旅游为代表的服务贸易也逐步开花。2015 年，双方签署《中保旅游合作谅解备忘录》。2017 年中国访保游客历史性地突破 3 万人次，较 2015 年增加 77％，2018 年较上年增加 40％以上。2018 年 6 月，23 名保加利亚学员赴华参加首次"中保旅游管理人才双边培训班",为服务贸易发展提供人才支撑。2018年4月,中国展台首次亮相保加利亚国际文化旅游博览会。

截至2018年底,中国在保加利亚投资(含经过第三国)累计达6亿多美元,已设立20多家企业或代表处,涉及领域从传统的农业、能源、汽车扩展到通信、金融、云平台、图像视觉处理技术等新兴行业。2017年开始运行的"华为保加利亚云"平台,已获得保加利亚众多政府部门和企业的青睐。2018年3月,中科创达收购保加利亚MM Solution公司,该公司在该国智能视觉技术领域居于领先地位。

2019年是两国建交70周年,两国组织了多项庆典活动。保加利亚专门发行了一枚纪念邮票,意味着两国将在新的历史起点上继续携手努力,创造中保合作更美好的明天。

商务往来礼仪

1. 保加利亚人在正式社交场合会客时,一般都施握手礼。

2. 与保加利亚人初识一般要互递名片。

3. 保加利亚人惯用肢体语言,点头表示"不",摇头表示"是"。

4. 保加利亚商人对外国商人友好热情,但他们做出决策往往要经过长时间的思索,对此应有耐心。

5. 保加利亚人时间观念较强,一定要准时赴约不要迟到。

6. 言谈时不非议当地的东正教、伊斯兰教等宗教信仰和宗教节日等。

7. 在保加利亚坐小车,一般都让客人坐到司机旁的位置上,以便更清晰地欣赏一路上的风光。

匈牙利

　　匈牙利是欧洲内陆国家，位于多瑙河冲积平原，依山傍水，西部是阿尔卑斯山脉，东北部是喀尔巴阡山。著名的多瑙河从斯洛伐克南部流入，将匈牙利分成东、西两部分。2021 年人口 968.9 万，匈牙利（马扎尔）族约占 90%，少数民族有斯洛伐克、罗马尼亚、克罗地亚、塞尔维亚、斯洛文尼亚、德意志等族。居民主要信奉天主教（66.2%）和新教（17.9%）。官方语言为匈牙利语。首都布达佩斯。德布勒森曾两次成为临时首都，目前发展较快。

　　匈牙利属中等发达国家，经济发展水平在中东欧地区位居前列。经济转轨顺利，私有化基本完成，市场经济体制已经确立。目前，私营经济的产值约占国内生产总值的 86%，私营小商店、小饮食店、小旅馆等各种服务网点发展迅速。2018 年全国零售商店 13 万多个，零售总额约 388 亿美元。2017 年服务业就业人数 281.2 万，约占全国就业人数的 63.6%。

　　匈牙利是伟大革命诗人裴多菲的故乡。他的著名诗句"生命诚可贵，爱情价更高；若为自由故，两者皆可抛"，中国人早已耳熟能详。匈牙利国民素质较高，6 岁至 18 岁实行义务教育，约三分之一的就业人口受过高等教育。国民富有创新精神，有"发明家民族"的美誉，在 1905—2004年间产生了 16 位诺贝尔奖得主，魔方、圆珠笔、火柴、全息照相术等都是匈牙利人的杰出发明。现在，匈牙利已经成为欧洲的知识和创新中心之一，欧洲创新技术学院就设在布达佩斯。匈牙利在汽车、电子信息、生物制药、水处理、农业、食品加工等行业具有优势，许多技术和工艺极具特色，很多大型跨国公司均在匈牙利设立研发中心。

　　国民文化消费意愿较高，文化消费能力较强。歌剧、舞蹈、音乐、绘画、造型、影视、图书、旅游、文博等行业发展非常充分。创意在匈牙利文化产业中几乎无处不在，其创意产业包括创意设计（字体、插画、包装、家具、雕塑、花艺、装饰）、创意舞蹈（影子舞）、创意绘画（沙画）等。

匈牙利旅游资源丰富，美丽的自然风光与古老壮丽的建筑交相辉映，全国有 8 处世界文化与自然遗产、9 处国家公园。主要旅游景点有布达佩斯、巴拉顿湖、多瑙河湾和马特劳山等。首都布达佩斯坐落在多瑙河畔，是欧洲著名的古城，被誉为"多瑙河上的明珠"。独特的自然风光和人文景观使匈牙利成为旅游大国，也使旅游业成为匈牙利重要外汇来源之一。此外，匈牙利的葡萄酒以其历史悠久、酒味醇香而闻名于世。

发行量较大的全国性报纸主要有：《匈牙利民族报》，1938 年创刊，5.6 万份；《匈牙利新闻报》，1968 年创刊，2.7 万份；《人民之声报》，1873 年创刊，3.1 万份；《世界经济报》，1969 年创刊，1.2 万份。主要杂志有《世界经济周刊》《布达佩斯时代周刊》。主要国营广播电台有科苏特广播电台、裴多菲广播电台和巴尔托克广播电台，商业电台有尤文图斯广播电台、多瑙广播电台。

文化产业管理

匈牙利国家资源部下设的国家文化秘书处原为最高文化行政部门，具体管理文化艺术和文化遗产事务。2010 年选举后匈牙利进行了文化机构调整，国家资源部下设艺术教育部，电影行业财政管理的大部分职责都转移到经济部，文化和新闻委员会也履行监管职能。

2016 年经济部发布伊里尼计划，宗旨是为国家经济长期发展创造动力，确定重点发展行业为汽车制造、专业机械、健康、旅游、食品加工、绿色经济、电子通信和军工。

现政府设有创新与技术部、国家研发和创新署，没有专设文化部，也没有专门的出版行业管理部门。文化管理职能分散，文化政策注重实用，缺乏基本的官方文件。文化政策和实践的方向很少以顶层设计、法律法规、战略计划或理论文件为指导。

成立于 1993 年的匈牙利国家文化基金会是内阁下的半自治机构，也是基于"一臂之距"原则的文化融资项目管理机构。类似的半官方机构在电影、视觉艺术、图书出版和翻译等文化行业的管理和资助中发挥重要作用。

匈牙利通过立法对与文化遗产相关的博物馆、档案馆、图书馆提供经费支持，已有多项文化遗产项目进入世界非物质文化遗产名录。国家节日作为匈牙利保存国家文化的代表性项目之一，形成了一套较完善且可行性很强的保存、管理与发展体系。匈牙利有节日登记和评级系统。2005年国家文化基金会设立了一个单独董事会对该项目进行资助，并且招募和培训监察员对各个节日进行长期跟踪监督，董事会根据监察员呈交的相关报告来决定下一年的资金分配，从而推进匈牙利各种节日的统筹管理与更好发展。[①]

知识产权办公室负责知识产权管理与保护相关工作，受财政部监督。2008年成立国家打击假冒委员会，作为打击侵权和假冒行为的主要平台，成员既有司法部、人力资源部、经济部、农业部、国家传媒和通信署、国家税务和海关署、消费者保护署、国家警察总署、知识产权办公室等政府机构，也有工业产业和版权保护组织、出版商和书商协会、品牌协会、药品制造商协会、商标协会、专业艺术版权保护协会、全国企业家和雇主协会、营销协会、汽车专业协会等非政府组织。

优势特色产业

温泉旅游

旅游业是匈牙利的支柱产业之一。2018年旅游外汇收入约72.86亿美元，接待外国游客5767万人次，有三星级及以上饭店405家、总床位8万余张，其中五星级9家、四星级229家。2019年，商务住宿的游客人数达到1280万，过夜住宿人数达到3130万；商业住宿收入同比增长9.2%，住宿总收入超过19.38亿美元，同比增长8.8%。

匈牙利80%的国土下都有温泉资源，被称作浮在温泉海上的国家。首都布达佩斯是世界著名的"温泉之都"，这里的温泉文化有着2000多年的历史。匈牙利人将泡温泉作为休闲娱乐的方式之一，他们在温泉里看报、打牌、下棋、聊天，甚至举办温泉派对。

---

① 高梦楚. 匈牙利公共文化管理体制与内容特色[J]. 山东图书馆学刊,2013(04):50-56.

匈牙利境内有上千处温泉，200 多家温泉浴场，每天可以提供 35 万立方米 30 摄氏度以上的热水，绝大部分温泉都具有医疗效果。地热资源是匈牙利最宝贵的自然财富之一，这为其发展保健旅游提供了优良的天然条件。匈牙利工业家联合会认为，保健旅游将成为匈牙利经济的一个增长点，温泉保健将成为休闲娱乐和康复治疗的一种流行方式，每年将有数以十万计来自东欧的退休老人来到匈牙利接受治疗，这将给匈牙利带来稳定的收入。

古典音乐与歌剧

匈牙利很早就接受了西方文化，但传统文化仍然是他们日常生活的基本内容。李斯特·费伦茨（1811—1886）是世界驰名的作曲家，是匈牙利现代音乐和布达佩斯音乐学院的创始人。他在器乐创作中大量运用匈牙利人民生活的题材和匈牙利民间音乐的素材，创作出《匈牙利狂想曲》等著名作品。李斯特的《梅菲斯特圆舞曲》、莱哈尔的《金与银圆舞曲》、科达伊的《加兰塔舞曲》《恰尔达什舞曲》都是在吸收了匈牙利传统民间音乐的节奏、音调及音节音律的基础上写成的。在匈牙利民间音乐基础上逐渐形成的匈牙利风格，影响了许多外国音乐家，海顿、勃拉姆斯、贝多芬、莫扎特、舒伯特等著名作曲家都在自己的作品中加入了匈牙利风格。

1923 年成立的布达佩斯管弦乐团是一个半业余的团体，1952 年更名为匈牙利国家交响乐团。乐团经常到世界各地巡演，赢得了极高的声誉。演出季从每年 9 月末到次年 6 月初，6—8 月是乐团的露天音乐会时期。①

匈牙利国家歌剧院坐落在布达佩斯市中心繁华的安德拉什大街，装饰华丽繁复，被认为是建筑大师的杰作。早在 19 世纪初，布达佩斯就有歌剧上演，1835 年达到辉煌时期，1837 年成立了匈牙利剧院，1840 年改名为国家剧院。后来歌剧表演移师至匈牙利皇家歌剧院，也就是国家歌剧院的前身。如今歌剧院每年有四五十场歌剧表演，还设有国家芭蕾舞团，乐季从 9 月到次年 6 月底。歌剧院已经成为匈牙利人社交和音乐鉴赏的

---

① 匈牙利的音乐和舞蹈概况［EB/OL］.（2017-5-1）［2021-3-25］. https：//www.crggcn.com/re-sourceDetail?id＝549505.

中心。①

产业经典案例

托考伊葡萄酒庄

葡萄和葡萄酒文化是匈牙利重要的文化遗产。匈牙利地处盆地，土壤肥沃，气候温和，葡萄种类丰富、品质优良。其葡萄栽培历史可以追溯至古罗马时期，到14世纪末基本形成了现在全国的22个产酒区。其著名的葡萄酒品牌有公牛血、托考伊·奥苏等。

托考伊葡萄酒庄是匈牙利知名的历史文化景观，2002年被列入世界遗产名录。世界遗产委员会描述：托考伊葡萄酒产地历史文化景观生动地表现了该地区低山河谷地带历史悠久的葡萄酒酿造传统。葡萄园体系繁杂庞大，包括葡萄园、农场、村庄、小城镇，还有历史遗留下来的网络般的地下酒窖，展现了著名的托考伊葡萄酒的完整酿造过程，近三个世纪以来其质量和生产都受到严格的管理和控制。

托考伊位于布达佩斯东北部，良好的自然生态条件使这里自16世纪中叶起就成为世界上卓越的甜白葡萄酒"托考伊·奥苏"的产区。这里的葡萄酒被法国国王路易十五誉为"国王之酒，酒之国王"，一直被认为有强身健体的功效。每年匈牙利都会举办丰富多彩的葡萄节、品酒会等民间活动，形成了独具特色的葡萄酒旅游业态，充分展示了其葡萄酒生产的悠久历史和灿烂文化。

西盖特岛屿音乐节

创立于1993年的西盖特岛屿音乐节每年8月在多瑙河上的西盖特岛举行，已成为欧洲最大的音乐文化节之一，每年有超过1000场演出，内容涵盖摇滚、另类摇滚、迷幻摇滚、朋克、重金属摇滚、流行、雷盖、嘻哈、电子音乐等。主要参与人群来自西欧。在2011年的欧洲艺术节上，

---

① 陆安琪．美到让人窒息的匈牙利国家歌剧院［EB/OL］．（2017-3-11）［2021-3-31］．https：//www.sohu.com/a/128524514_273545.

西盖特音乐节被评选为欧洲最佳的主要节日。2015 年有 44.1 万游客。

魅影舞团

　　匈牙利魅影舞团成立于 2004 年,是由匈牙利编舞艺术家佐尔坦·苏奇创立的一支 3 男 5 女组成的创意舞蹈团体,在影子舞和黑光表演领域有着卓越的表现。

　　魅影舞团使用全息投影结合影子舞、黑光剧和人影互动表演等三种独特表演形式。影子舞将表演艺术和科技结合,通过有趣的剪影视觉效果传递信息、讲述故事;黑光表演使舞者可以变换大小、形状、物体、阵型,像细小的颗粒单一或成群地飘移在四处、互相触碰或从舞台边缘反弹回来;人影互动表演将 3D 特效、交互映射与令人惊叹的视觉特效、舞蹈设计和独特的声音特效相结合;再通过高质量的投影技术和全景效果,打造多维度、多感知的舞台视觉体验。①

　　2013 年,魅影舞团在决赛演出中,用肢体配合音乐,展现了英国国旗、奥运五环、英国女王等形象,以超凡的创意惊艳全英国,夺得《英国达人秀》第七季冠军。

　　2014 年,魅影舞团被邀请到央视春晚,以一支糅合了长城、故宫、桂林山水、天安门前的狮子、火箭及"2014"元素的《符号中国》,博得满堂喝彩。2017 年央视再次邀请魅影舞团,他们用影子舞蹈讲述了中国神话里"嫦娥奔月"的故事。

　　魅影舞团曾为世界多国观众表演,成为匈牙利的文化使者。他们的全球巡演打破了语言和国界的阻隔,感动了各个国家的观众朋友。此外,魅影舞团还曾参与可口可乐、雪佛兰、宝马、LG 等多家大型跨国品牌的广告活动和发布会。②

---

　　①　科技遇上舞蹈:神奇的相遇,脑洞大开的舞剧[EB/OL].(2019-6-10)[2021-3-31].https://www.sohu.com/a/319650388_727689.
　　②　柳州市艺术剧院线上会员俱乐部.英国达人秀总冠军＋全球巡演文化大使——匈牙利 Attraction 魅影舞团震撼来袭[EB/OL].(2019-6-19)[2021-3-31].https://mp.weixin.qq.com/s/Mt-ZD-vqTIRM0WfQF8vIT0A.

中匈文化贸易

中国是匈牙利在欧洲以外最大的贸易伙伴。匈牙利是中国在中东欧地区第三大贸易伙伴，也是中国在中东欧地区最大的进口来源国。

匈牙利是首个同中国签署"一带一路"政府间合作协议的欧洲国家。中国社科院发布的《中国-中东欧经贸合作进展报告（2016）》设立了涵盖政治合作、贸易合作、投资合作、金融合作、人文交流等指标的中东欧双边合作指数，中匈合作综合指数在中东欧国家中排名第一。其中在营商环境各项指标中，匈牙利行政能力环境、金融环境、社会环境均排名第一，宏观经济环境、贸易环境等也居中东欧前列。

匈牙利是中东欧地区个体华商最为集中的国家之一。中国人在匈牙利生活工作条件便利，有中国银行匈牙利分行、匈中双语学校、华人私立学校等。目前约有 3 万名华人在此从事批发零售、餐饮及房地产等业务。

中匈两国在文化、艺术、教育、体育等领域都签有合作协议，往来密切。双方交流形式多样，演出有钢琴演奏、戏剧、歌剧、舞剧，展览有电影展、文物展、瓷器展、民俗展、图书展、绘画展、时装展，还有各界人员互访、文化论坛、互派留学生等。2019 年两国合作举办"中国春"文化节，重头戏是文艺表演和春节庙会，既有舞龙舞狮、腰鼓、变脸、京剧、武术、民乐等精彩演出，又有送福字、写春联、茶艺表演、剪窗花、编中国结、画脸谱等热热闹闹的民俗活动。

两国在演艺方面的合作已经结出硕果。2013 年底，上海大剧院与布达佩斯大艺术宫联合制作威尔第早期作品《阿蒂拉》。2019 年，双方联合制作莱哈尔的轻歌剧《微笑王国》，在布达佩斯大艺术宫演出时，基本沿用了中国首演时的服装设计、编舞以及传统皮影、木偶等元素，让这部有着东方风情的作品更富含中国味。匈牙利魅影舞团不仅参加了中国人最看重的春节联欢晚会和中秋晚会演出，巡回演出在中国市场也非常受欢迎。

两国人员互访频繁，旅游合作势头良好。2002 年 12 月，匈牙利成为中国公民出境旅游目的国。2016 年，中国驻布达佩斯旅游办事处开业，这是原中国国家旅游局在中东欧地区设立的首个旅游办事处。2018 年，中国公民赴匈牙利旅游人次为 25.6 万，同比增长 12.8%；旅客过夜数为 42.1

万人次，同比增长 14.6%。2019 年前往匈牙利的中国游客达 27.7 万人次，同比增长 8.2%。裕信银行是匈牙利首家与支付宝合作的银行，2019 年起裕信银行的合作商家都将支持支付宝支付。对于来匈旅游观光、短期生活和工作的中国人来说，购物支付就像在国内一般便捷。

两国出版业交流合作模式日益多元，成果丰富。目前主要有参加书展和论坛、版权贸易、合作出版、建立出版相关机构或平台、人员互访等。图书是两国版权贸易的核心产品，主要是文化艺术类和少儿类图书。据统计，2016—2018 年，我国从匈牙利引进图书版权 91 种，输出图书版权 70 种。山东画报社与欧亚方舟文化交流与出版公司、匈牙利威克集团自 2015 年起先后合作出版了《山东汉画像石汇编》（匈语版、德语版）、"中国民间孤本年画精粹"（6 种，匈语版），三方合作策划的《中匈〈西游记〉图版汇编》在中国、匈牙利同步出版。两国出版机构合作设立中国主题图书编辑室或合作出版中心，共同策划选题，共建营销渠道，激发有效需求，实现互利共赢。两国出版业合作前景广阔。[1]

2019 年第四届中国-中东欧国家创意文化产业论坛在匈举行，中匈两国在文化产业领域将会有更多合作。

商务往来礼仪

1. 匈牙利人姓在前名在后，称呼匈牙利人可以只称姓不称名。

2. 商业活动中不流行赠送礼物。如应邀到匈牙利人家中做客，可带上一瓶酒或一束鲜花。

3. 在社交场合会客时，一般行握手礼，并坚持"女士优先"原则。

4. 招待客人时不强行劝酒，主人要等客人吃完才能放下刀叉；吃饭时咂嘴巴或喝汤时发出声响被认为是不雅之举。

5. 不能用手指着匈牙利人面部，避免在其面前做出伸懒腰等不礼貌动作。

6. 忌讳数字 13。

7. 到匈牙利从事商务活动最好选在 9 月至次年 5 月。

---

[1] 黄逸秋. 曲折中发展的匈牙利出版业[J]. 科技与出版，2020(1)：41-48.

拉脱维亚

　　拉脱维亚共和国位于欧洲东北部波罗的海和里加湾沿岸，与爱沙尼亚、立陶宛并称为波罗的海三国，拥有优越的海运条件。2022 年人口187.6 万，拉脱维亚族占 62%，俄罗斯族占 25.4%，白俄罗斯族占 3.3%，乌克兰族占 2.2%，波兰族占 2.1%，此外还有犹太、爱沙尼亚等民族。主要信奉基督教路德宗和东正教。官方语言是拉脱维亚语，15 岁以上的人大多会说俄语。多数人也会讲英语，尤其是在政府和旅游等机构中。而德语和其他欧洲语言相对较少使用。拉脱维亚享有"蓝色湖泊之乡""欧洲之肺""最美女儿国"的美誉，首都里加曾当选"欧洲文化之都"。

　　拉脱维亚人口稀少，超过三分之一居住在里加。里加是拉脱维亚政治、经济和文化中心，也是波罗的海三国中最大的城市。里加历史悠久，始建于 1201 年，是拉脱维亚现存最古老的中世纪城市，2013 年被《今日美国》杂志评选为欧洲十大最美城市第一位。

　　1991 年恢复独立后，拉脱维亚按西方模式进行经济体制改革，推行私有化和自由市场经济。1998 年加入世界贸易组织。2008 年遭国际金融危机重创，国内生产总值连续两年下降达 20%。2009 年接受国际货币基金组织和欧盟 75 亿欧元贷款援助，成功实施财政紧缩，2011 年起恢复经济增长。2014 年加入欧元区。2019 年国内生产总值 305 亿欧元，增长率2.2%。服务业是拉脱维亚的支柱产业，2018 年产值为 187.3 亿欧元，占国内生产总值的 73.1%。拉脱维亚的木材加工、绿色食品、创意设计、生物制药和交通运输、批发零售等行业较为发达，有几个著名品牌：阿尔达利斯（Aldaris）啤酒厂，始于 1865 年；莱马（Laima）巧克力厂，建于1924 年；拉脱维亚黑药酒公司，成立于 1900 年，旗下 130 多种品牌产品出口至全球 170 多个市场，名牌产品里加黑药酒由多种传统草药加入纯伏特加制成；富友联合食品公司，是一家全球化的乳制品和冰淇淋制造商，总部设在里加。拉脱维亚国民文化消费的意愿和能力较强。2016 年家庭月消费支出项目中文化艺术支出 25.26 欧元，占 7.6%；餐馆、咖啡、酒店支出 16.04 欧元，占 4.8%。

拉脱维亚有非常多样化的自然风光：广袤的森林，大沼泽和郁郁葱葱的草地，500 公里的海岸线与白色沙滩，无数的湖泊和河流风景如画。有 4 个国家公园，42 个自然公园，4 个自然保护区，1 个生物圈保护区，2 个古老的植物园。有 1.4 万个野生物种。森林覆盖率接近 50%，为其旅游业发展提供了较好基础。拉脱维亚旅游发展署在充分利用自然资源的同时，也着重发展具有高附加值的旅游产品。此外，拉脱维亚还积极保护和利用现有教堂，争取东正教的支持，为旅游业提供发展契机。因为境内现有的历史文化古迹主要是东正教的教堂。① 在欧洲最后加入基督教世界的角落，拉脱维亚人在内心深处仍然是异教徒。他们在仲夏夜跳过篝火，以表达对大自然的崇拜；许多姓氏是关于鸟、动物或树木的。

2017 年拉旅游业收入超过 10 亿欧元，占国内生产总值的 4.1%，从业人员占总就业人数的 8.9%。拉脱维亚设计富有创意，旅游纪念品形式丰富，有琥珀装饰品、身着民族服装的偶人、亚麻织物、里加黑药酒、木质餐具、木质手表、手工蜡烛、熏鱼、手工围巾、帽子、袜子、皮面记事本、皮钱包、皮盒子等。

拉脱维亚国际会展涉及行业范围广泛，几乎涵盖国民经济各个领域，包括农林牧渔业、运输工具制造业、纺织服装业、能源业、美容业、通信业、机械制造业、房地产业、建筑业、文化教育业、体育娱乐业。国际展会多由各行业协会、企业联盟共同主办，并得到拉脱维亚投资发展署的支持。

拉脱维亚电信基础设施较好，有近千个免费上网点，平均网速多年来位居全球前十名，是欧洲的 Wi-Fi 之都。2017 年，拉脱维亚互联网用户占总人口比例为 84.2%，52.2%的人使用智能手机上网，98.8%的企业使用电脑、98.7%接入互联网、62.9%拥有网站。良好的通信基础设施为拉脱维亚积极发展数字经济提供了基础，电子商务、电子发票和云产业等逐渐布局并壮大。

全国现有 291 种报刊，主要用拉脱维亚文和俄文发行。拉脱维亚文报

---

① 宗教研究中心编.世界宗教总览[M].北京：东方出版社，1993：430.

纸有《拉脱维亚公报》《日报》《独立晨报》《经济日报》《拉脱维亚报》《里加晚报》等，俄文报纸有《今日新闻报》《电信报》等，英文报纸有《波罗的海时报》。电视台有 28 家，最大的公共电视台国家电视台成立于1954 年，商业电视台主要有独立电视台、电视三台和电视五台等。广播电台有 47 家，用拉脱维亚语和俄语广播。拉脱维亚国家广播电台成立于1925 年，共有 5 套节目。

拉脱维亚特别重视波罗的海地区的合作，与立陶宛、爱沙尼亚文化部门签署了文化合作方案，成立波罗的海国家文化委员会，并已经启动了几项成功的项目如室内管弦乐团、波罗的海电影和媒体学院、波罗的海博物馆学学校等。

文化产业管理

拉脱维亚宪法保障科学研究、艺术创作的自由，保护版权和专利权。

拉脱维业《文化政策指南（2006—2015）》对文化的定义是："一个社会或社会群体特有的精神、物质、智力和情感特征的综合体"，包括文学艺术、生活方式、基本人权、价值体系、传统和信仰等内容。《创意拉脱维亚（2014—2020）》设定了如下愿景：全民参与文化资源的保存和发展；以劳动就业为导向的文化创新、终身学习和教育体系；具有高出口潜力的文化创意产业。文件强调：文化构成个人和社会的价值，是知识体系的基础；社会和国家的发展、生活质量的提高取决于文化的多样性和丰富性。

拉脱维亚文化部是制定和协调国家文化政策的主要机构。同时政府权力下放，非政府组织和民间社会也被赋予了一些具体的职能。文化部门的大部分领域都有顾问委员会或理事会，其中包括文化经营者、专家和其他各部、市政府和非政府组织的代表，他们积极参与政策制定过程和财政资助分配。

1. 文化部

拉脱维亚文化部负责文化政策的制定、实施和监督，管理版权、图书馆、博物馆、音乐、美术、民间艺术、戏剧、文学、书籍、电影艺术、文化教育、文物保护等领域的事务。重点负责艺术、遗产和艺术教育等，包括文化领域的高等教育。与其他各部门共同对部分文化领域进行管理：与外交部就国际文化合作问题、与司法部就版权立法问题进行磋商；与教育部和科技部共同承担文化教育的责任；与环境保护部和区域发展部以及规划区域的行政单位合作协调文化政策；与经济部、教育部和科技部共同负责创意产业的发展。①

2. 委员会和顾问委员会

国家文化委员会成立于 1995 年，是文化部在文化政策和文化经济领域最重要的顾问机构。它的主要任务是促进公众参与文化生活，加强国家、公共文化机构和个人之间的合作。其职能是分析和指导一些文化部门的战略方向，参与编制文化预算、制定法律和投资政策草案。

文化部的顾问委员会包括文学和出版委员会、音乐委员会、国家剧院理事会、电影协会、视觉艺术委员会、国家博物馆委员会、国家图书馆委员会、设计委员会、国家建筑委员会、创意产业咨询委员会和档案理事会。2012 年，非政府组织当代艺术协会、创意工会委员会、时间文化协会和文化部签署了《文化政策发展与监测定期合作备忘录》。这是非政府部门直接参与公共文化政策的典范模式。

3. 国家文化资本基金会

国家文化资本基金会（简称 CCF）成立于 1998 年，是拉脱维亚文化建设的一个里程碑。文化项目经费筹措的职责从文化部转移到 CCF 后，完全改变了拉脱维亚文化产业的融资模式。

CCF 理事会的专家机构负责评估向 CCF 申请资金的项目，同时监测分配资金的使用流向。专家由文化部部长提名，任期 2 年。理事会成员来自文化部、财政部、国家文化委员会、创意联合委员会、自治区和各专家机构的负责人，任期 2 年。理事会决定基金的使用与分配战略，确定文化项目的优先次序，宣布项目名单并分配财政资源用于文化项目的执行。

CCF 的目标是为文化产业提供财政支持，以保证文化机构的运作，促进文化和艺术各领域创造性工作的均衡发展，鼓励保护文化遗产，促进国际文化交流。CCF 的资金曾来源于酒精（3%）和烟草制品（3%）的消费税以及赌博和彩票税，自 2004 年起由文化部直接资助。CCF 每年在文学、

---

① 李庆本，吴慧勇. 欧盟各国文化产业政策咨询报告[M]. 郑州：大象出版社，2008：166.

音乐、舞蹈、剧院、摄影、视觉艺术、文化遗产、传统文化、设计和建筑以及跨学科项目等领域资助约 30 个项目。此外还有一项旅行资助计划，使个人和团体能够赴国外短期深造。国家文化资本基金会设有终身奖学金计划，支援文化领域的杰出人士。

优势特色产业

冰球又称冰上曲棍球，在加拿大、美国和欧洲的拉脱维亚、瑞典等流行区域称曲棍球，是一项在冰上进行的团体运动，溜冰者以把冰球打进对手球门为目标。冰球主要盛行于北美北部（加拿大和美国北部）和欧洲部分地区（拉脱维亚、俄罗斯、芬兰、瑞典、捷克和斯洛伐克等），是冬季奥林匹克运动会的比赛项目和北美四大职业运动之一。冰球的魅力在于冰球是世界上速度最快也最令人兴奋的集体运动之一，拥有快速的比赛节奏、高强度的赛场对抗，球员必须集技术、平衡能力和体力于一身。

冰球是拉脱维亚的国民运动，欧洲大陆冰球联盟（KHL）和北美职业冰球联盟（NHL）中有几十名拉脱维亚球员，热忱的拉脱维亚球迷常飞到世界各国观看冰球比赛。拉脱维亚承办了 2006、2021 年冰球世锦赛。

音乐节

拉脱维亚人喜欢唱歌，其合唱音乐和民间舞蹈传统始于 19 世纪中叶，如今不仅是一种音乐活动，而且也是爱国主义的一种表现形式。在拉脱维亚的文化生活中，艺术节和庆典活动具有广泛影响力。

里加是爵士音乐爱好者的天堂，全年都有各种爵士音乐会。

里加歌剧节，创立于 1998 年，是东欧第一个大规模的艺术节，至今已成为一项珍贵的传统。

锡古尔达歌剧音乐节，每年 8 月举行，世界歌剧明星、合唱团和管弦乐团在壮观的城堡遗迹带来精彩的演出。

夏日之声音乐节，每年 8 月在利耶帕亚白沙滩上举办。

森林之声音乐节，每年 10 月举办，以冒险音乐和相关艺术为主，也为流行音乐和古典音乐提供表演平台，吸引了世界各地的演奏家、艺术家和制片人。举办地不固定，每年都让人耳目一新。①

国家歌舞庆典，是波罗的海三国传统表演艺术的集中展示，已被联合国教科文组织列入人类非物质文化遗产代表作名录。拉脱维亚国家歌舞庆典始于1873年，每五年举办一次，是拉脱维亚民族文化的象征。2013年的庆典吸引了上万名歌手、乐手、舞蹈演员，闭幕时的大合唱参与人数达4万，场面壮观。2018年7月，为纪念建国百年，拉脱维亚举办了规模空前的歌舞庆典，日本NHK电视台专门拍摄纪录片《歌声舞影自由魂 拉脱维亚百年故事》。

产业经典案例

卡梅尔合唱团

卡梅尔合唱团创立于1990年，是拉脱维亚的国宝级合唱团，曾多次获得欧洲合唱大奖赛冠军、拉脱维亚音乐大奖等。

近年来，合唱团致力于表演原创曲目，通过优秀作曲家的新作提升了无伴奏合唱音乐的形象。合唱团的重磅项目《太阳之歌》收录了17首全新的合唱歌曲，均由享誉世界的作曲家打造，2008年7月在首都里加和哥本哈根世界合唱音乐论坛上演唱。作为《太阳之歌》的延伸，合唱团在2012年2月推出《月亮之歌》音乐会，将拉脱维亚作曲家谱写的10首新曲搬上舞台。

2010年4月，卡梅尔合唱团成立20周年音乐会在拉脱维亚国立歌剧院举行，集中展现了合唱团的曲目类型和表现方式。很多作品是为这场纪念盛事特别打造的，包括由本土作曲家创作的8首现代歌曲。同年合唱团首演了《圣诞传奇》，展现了合唱团载歌载舞的能力。

卡梅尔合唱团与世界知名作曲家和音乐人合作，定期在欧洲音乐节献

---

① 点燃音乐之魂，来拉脱维亚把耳朵叫醒吧［EB/OL］.（2020-1-13）［2021-3-20］. https：//www.163.com/dy/article/F2HKI9IK0531B5YZ.html.

艺，并赴中国和美国等地巡演。①

城市建筑与新艺术主义

拉脱维亚首都里加拥有约 800 座新艺术时期建筑，三分之一的建筑具有新艺术主义特色，被誉为"新艺术建筑之都"。联合国教科文组织将里加老城评为世界文化遗产时有这样的评语：里加被公认为欧洲"新艺术"建筑风格的中心。

新艺术建筑盛行于 19 世纪末 20 世纪初，其风格倾向于"长的、敏感的、弯曲的线条，好像海草、蔓藤一般"，自然流畅、婀娜多姿，是唯美建筑装饰流派。

阿尔伯特街集中了里加最主要的新艺术主义建筑。楼房的窗顶、门侧以及墙面上布满了千奇百怪的浮雕，有凶残的野兽、扭曲的花朵、古埃及和古希腊神话的头像等。除了精美的头像浮雕外，还有依墙而立的全人体雕塑，有的右手高举火把，有的左手上扬，和谐对称，眉目传神，衣摆飘逸逼真，栩栩如生。细节观感各有不同，但建筑整体无疑是精致细腻、连贯流畅且耐人寻味的，精美的浮雕赋予了建筑稳重、豪华的气质。

阿尔伯特街几乎全由新艺术天才米哈伊尔·艾森斯坦设计，他的儿子谢尔盖·艾森斯坦是无声电影时代的著名导演。

中拉文化贸易

"一带一路"倡议受到拉脱维亚政府及社会各界的广泛认同和积极响应。中国现为拉脱维亚在欧盟外的第四大贸易伙伴，2019 年中拉贸易总额为 12.89 亿美元，同比下降 6.5%。

拉脱维亚里加中国文化中心 2019 年 10 月揭牌，在里加出席中国-中东欧国家旅游合作高级别会议的 17 国代表见证了这一时刻。

两国在演艺领域合作频繁。中国残疾人艺术团、中央歌剧院、南京小红花艺术团、甘肃艺术团、北京"雷动天下"现代舞团等艺术团体都曾在

---

① 极光拉脱维亚卡梅尔合唱团音乐会［EB/OL］.（2015-8-6）［2021-3-20］. https：//www.piao88.com/ticket/1137.html.

拉脱维亚演出，拉脱维亚波罗的海弦乐团、少女合唱团、青年合唱团、广播合唱团、卡梅尔合唱团、国家合唱团等都曾在中国演出。

旅游业是双方正在积极推进合作的领域。拉脱维亚为吸引中国游客的关注与到访，积极参加中国旅游展会，举办专场推介会，开通官方微博和微信公众号介绍其丰富的旅游资源、独特的文化和生活方式，并通过深入了解中国游客的习惯与偏好，努力打造"面向中国人的服务接待体系"。2017年中国赴拉游客22774人，较上年增长10.8%，还有很大的上升空间。2019年中国赴拉游客20233人，较上年下降11%。

近年来，中拉积极开展跨境电子商务合作，为拉脱维亚特色产品和中国物美价廉产品双向流通架设通道。拉脱维亚最大的乳制品企业富友联合食品公司致力于中国市场的线上销售，2018年在中国建成两座工厂，其中一家工厂加工的牛奶与整个拉脱维亚的牛奶产量相当，目前面临的最大挑战是从配送中心至客户间的物流问题。2019年4月，宁波市政府和拉脱维亚投资发展署签署《关于合作支持建设中国(宁波)-拉脱维亚跨境电子商务港湾的谅解备忘录》。5月，中国(宁波)-拉脱维亚跨境电子商务港湾在里加正式启动。

商务往来礼仪

1. 预约见面时，要询问拉脱维亚人是否需要带一名翻译。

2. 拉脱维亚商人重视生意超过关系，商务交流应尽快进入状态而非花长时间联络感情。

3. 有中间人帮忙推荐比直接与目标客户联系更容易取得商业谈判的成功。

4. 要了解拉脱维亚的历史及其对世界文明的贡献，谈及历史需慎重。

5. 当地人用餐不劝酒，以个人随意为佳。

6. 不要打听个人情感、收入等隐私。

7. 适当着装，不可赤膊出现在公共场所。

8. 在大街上边走边吸烟系不礼貌行为。

立 陶 宛

立陶宛位于波罗的海沿岸，与拉脱维亚、白俄罗斯、波兰和俄罗斯相毗邻。面积6.53万平方公里，2019年人口279.4万。立陶宛族占84.2%，波兰族占6.6%，俄罗斯族占5.8%，此外还有白俄罗斯、乌克兰、犹太等民族。主要信奉天主教，此外还有东正教、新教路德宗等。官方语言为立陶宛语，多数居民懂俄语。首都维尔纽斯，2019年人口81万。

首都维尔纽斯的工业产值占全国三分之二以上，却是名副其实的绿色之都。在2020年12月公布的富世华城市绿地指数（HUGSI）中，维尔纽斯绿化率为62%（不包括农业用地），居世界第三位，比世界大都市平均水平高23%，是欧洲最"绿色"的城市；森林覆盖率高达49%，草地面积占12%；绿化面积较上年增长1.07%，在排名前30的城市中增幅最大。①

2019年立陶宛经济形势良好，国内生产总值增长3.9%，居欧盟及欧元区前列；第一、二、三产业产值各占3.3%、28.1%、68.6%，共享服务和商业外包产业高度发达。维尔纽斯是中东欧地区的共享服务和商务流程外包中心，考纳斯也是这一产业的新兴城市。2017年，立陶宛的商业服务中心达到70家，雇员超过5.6万名。

凭借世界领先的宽带速度和中东欧地区最先进的信息和通信技术基础设施，立陶宛正逐渐成为软件和游戏开发小型初创企业以及信息和通信技术大型公司的区域性聚集地。2016年，立陶宛高新科技产业总产值约38亿欧元。同时，立陶宛也是金融科技和光电科技两大新兴行业之国。在2020年全球金融科技指数排行榜上，立陶宛名列第四。立陶宛的40多家光电子公司均与高等教育机构和科研机构有合作关系，立陶宛激光公司是全球领先的科研激光器供应商，几乎所有著名大学都在使用立陶宛的激光

---

① 该榜单包括全球60个国家的155个城市，前五名还有美国夏洛特、南非德班、德国多特蒙德、波兰克拉科夫。

系统。立陶宛 90％以上的激光产品都靠出口，集中在医药、工业和高功率激光器及传感器等市场。立陶宛本土有不少技术含量很高的创新企业，例如研发捕鱼声呐探测器的 Deeper 公司、研发 3D 扫描和电动汽车的 Elinta 公司等。除了金融科技领域，移动出行、网络安全、生命科学和游戏行业也是热门创意领域，有众多初创公司。

据 Surfshark 公司的调查，立陶宛数字生活质量评分排名全球第 21 位，评价指标主要包括网络资费、网络质量、电子政务普及度和先进性、电子基础设施发展和电子安全等五个方面，其中电子安全指标得分居全球第三。立陶宛有非常坚实的数据保护法，是应对网络安全风险准备最充分的国家之一。

立陶宛历史遗产众多，旅游资源丰富，主要旅游景点有维尔纽斯老城、特拉凯古堡、克拿维遗址、尼达沙丘、帕兰加、希奥利艾十字架山、德鲁斯基宁凯等，但是并未充分发挥其优势。立陶宛旅游商业协会指出目前立陶宛旅游产品收入落后于拉脱维亚 2/3，落后于爱沙尼亚 3/4，呼吁政府予以关注和持续政策支持。2018 年，立陶宛有各类宾馆、酒店等 3616 家，客房 35188 间，接待游客 362 万人次；其中外国游客 174.4 万人次，占 48％，主要来自俄罗斯、波兰、德国和拉脱维亚等国。

1997 年立陶宛启动了图书馆一体化信息系统，建立国家书目数据库并为图书馆编目。新技术还被用于口头文化遗产的数字化保存和艺术教育。

立陶宛主要报刊有《立陶宛晨报》《共和国报》《晚间消息报》《商业新闻》《考纳斯日报》《西部快报》《人物杂志》等。主要通讯社有立陶宛通讯社、波罗的海通讯社等，均为私营。主要电视台有立陶宛电视台、自由独立频道等。主要电台有立陶宛电台、M-1 电台、中央电台、自由之波电台、俄语电台"俄罗斯广播"、波兰语电台"ZNAD WILII"等。网络媒体尤为发达。

文化产业管理

立陶宛设有文化部，交通与通信部、教育科学体育部、经济与创新部也涉及部分文化产业的管理职能。

立陶宛的商业服务机构非常完善，规模比较大的有发展署、工业家联盟和国际商会。立陶宛发展署是经济部下属的非营利性国家级商业中介机构，主要业务是吸引外来投资、扩大立陶宛商品和服务的出口以及改善立陶宛国际经济形象；立陶宛工业家联盟成员包括立陶宛大部分生产企业、银行、贸易企业、外国企业代表处、研究机构和教育机构，几乎涵盖了立陶宛工业的各个领域，立几乎所有工业产品均由该联盟会员单位生产；立陶宛国际商会代表立陶宛服务和贸易企业及协会，致力于建立开放的国际贸易和投资体系。

立陶宛对于"文化"没有官方定义，文化一词在该国含义宽泛，涵盖艺术、建筑、音乐、表演艺术、文学等的表达、创作和展示以及文化遗产、业余艺术、文化生活、文化和艺术机构的产品等。① 立陶宛也未制定旅游政策，法律对旅游者概念的定义也不完整、不明确。

国家战略文件《立陶宛2030》确立的未来发展愿景之一是对世界开放的同时保持独立的文化特性。具体来说以下几个指标要居于欧盟前10位：生活质量指数、幸福指数、民主指数、可持续社会指数、全球竞争力指数和全球化指数。战略文件包含智能社会、智能经济和智能政府三个主题，其中智能经济与文化产业高度关联，如：构建灵活且富有竞争力的经济体，通过知识、创新和企业家精神提高社会产出的附加值，重视社会责任和可持续发展；改善商业环境，去除商业领域烦冗和不透明的规章制度，树立有关商业和创业的正面社会观点，确保金融资源的可得性和多样性，加强产权保护，构建开放、竞争、友好的商业法规框架；在鼓励高附加值工作的基础上，建立简单、透明、可预测的税务系统；鼓励企业的社会责任行为和资源可持续使用，推动绿色经济发展，对投资绿色科技、产品和服务的公司提供优惠措施；推进生产服务商和研究机构融入北欧-波罗的海商业、文化、科技和教育系统；将对科研的资助集中在市场相关创新上；全力吸引外来投资；等等。

---

① 李庆本、吴慧勇. 欧盟各国文化产业政策咨询报告[M]. 郑州：大象出版社，2008：179.

优势特色产业

高科技创业生态

立陶宛信息产业高度发达，截至 2020 年 4 月共有近 4 万名 IT 专家、1027 家初创企业，新鲜血液源源不断，各种创意层出不穷，创业青年热情洋溢，创业生态系统蓬勃发展。维尔纽斯和考纳斯两大城市是初创企业热衷的选址。立陶宛的创业公司并非全都是立陶宛人创立的。优惠的国家政策及发达的创业生态系统吸引世界各地的初创企业迁往立陶宛。立陶宛经济与创新部为非欧盟籍公民提供创业签证，减少他们在立陶宛加入初创公司的难度。立陶宛初创企业组织也实施人才计划，吸引欧盟以外的创业者将他们的公司迁往立陶宛。

立陶宛的二手服装交易平台 Vinted，2019 年市值超过 10 亿美元，2021 年达到 45 亿美元，是迄今为止最鼓舞人心的成功创业案例。有潜力的创业公司还有：2008 年成立的网络安全提供商特索内特（Tesonet），2022 年有上千名员工；移动出行领域的新星 CityBee，提供汽车、电动滑板车和自行车共享服务；移动出行服务提供商 Trafi，与柏林和慕尼黑的公共交通公司建立了合作关系，在立陶宛广泛实施"移动即服务（mobility-as-a-service）"项目；专注于医疗影像的计算机视觉软件公司 Oxipi；等等。[①]

2020 年 6 月，经济与创新部和财政部联合成立创新促进基金，由国有金融机构负责管理，国家、市政府和私人基金提供资金支持，以减少对欧盟的资金依赖。该基金 2021 年实施启动计划，2022 年拨付 2000 万欧元实施加速计划，用于投资基础和应用研究以及发展和创新试验，初创企业将优先获得资金用于创业和产品开发。

---

① 立陶宛创业创新环境优越［EB/OL］.（2020-9-1）［2021-3-21］. http://lt.mofcom.gov.cn/article/ztdy/202009/20200902997754.shtml.

金融科技

立陶宛初创公司的繁荣，离不开其金融科技的支持。立陶宛之所以能成为世界金融科技中心，离不开利好的法规、发达的基础设施、商业机会、具有竞争力的成本、高素质的员工队伍、经商的便利性、政府的大力支持。在世界银行发布的《全球营商环境报告2020》中立陶宛排名第11，其金融科技牌照发放速度比多数欧盟国家快2～3倍。立陶宛的跨国金融科技公司总部可能设在伦敦、斯德哥尔摩、阿姆斯特丹，但主要办事处均位于立陶宛。这种国际化工作环境与当地供给充足的人才库高度契合，大约85%的年轻专业人士精通英语、53%至少会说两种外语。立陶宛金融科技公司的多样性不仅表现为多语言的工作环境，还体现为员工性别平等，其高科技行业中女性员工和女性高管比例在欧盟高居榜首。如今立陶宛金融科技公司面临的主要挑战是如何进行国际扩张、提高客户采用度及加强产品开发。

产业经典案例

独角兽公司 Vinted

Vinted是一个二手衣物交易平台，2008年创立，初衷只是帮助创始人在搬家之前清理衣柜，很快发展成为该国最大的初创公司。

2016年，Vinted几乎弹尽粮绝，业务也停滞不前，因此改变了商业模式。首先回笼了国际扩张部署的大部分资金；其次取消所有上架费用，鼓励更多用户发布闲置物品。

现在，Vinted只对平台内交易收取5%的佣金，相应地平台承担着保护买家利益和提供物流运输的职责，物有所值的服务极大地增加了平台的吸引力。若用户发布或获取信息后进行线下交易，则无法享受平台提供的服务和保障。

2020年，Vinted收购荷兰最大的二手时尚平台United Wardrobe，加快向新市场扩张并扩大了国际影响力。

立陶宛艺术博物馆

立陶宛艺术博物馆 1933 年作为立陶宛城市博物馆建立,现由众多分支博物馆组成,藏品可分为美术、应用艺术和民俗艺术三类。美术类收藏有 16 至 19 世纪的油画、20 世纪油画、立陶宛版画、雕塑、水彩画和粉蜡笔画、艺术摄影等,其中 16 至 19 世纪的油画超过 2500 幅,15 至 20 世纪的版画超过 8000 幅,出自不同国家的艺术家之手。应用艺术类收藏包括考古陶瓷、古董陶瓷、琥珀、金属收藏、瓷器、玻璃制品、纺织品、皮革制品、家具、钱币、钟表等。民俗艺术类包括民俗应用艺术、民俗美术和民俗纺织品,琳琅满目,让人赞叹不已。

帕兰加琥珀博物馆是立陶宛艺术博物馆的分馆,建于 1963 年,琥珀收藏量居世界首位,约有 2.8 万件,其中 1.5 万件内含昆虫、蜘蛛或植物。展厅面积达 750 平方公里,包括 15 个房间,展出约 4500 件琥珀,其中欧洲第三大琥珀标本"太阳石"重达 3.5 千克。该馆收藏的人文类琥珀主要包括 15 世纪的戒指、16 世纪的十字架、过去四个世纪的琥珀首饰,以及一些念珠、烟嘴和装饰盒等。此外还收藏了来自世界其他地区的琥珀和一些精选的现代琥珀制品。①

克莱佩达时钟博物馆是立陶宛艺术博物馆的分馆,珍藏有大量具有独特外观和结构的时钟。1984 年开业时的藏品很少,很多都是从立陶宛艺术博物馆借过来的,却引起了很大的轰动,吸引了很多游客。此后,这里收集了越来越多自文艺复兴时期至现代的不同款式、不同结构、不同性能、不同年代的钟表。博物馆还给各个展厅布置了钟表所产生年代的色彩、窗帘和相关历史物品,使得游客更容易对不同年代的时钟留下深刻的记忆。②

中立文化贸易

1991 年 9 月建交以来,两国在经贸、文教、交通运输、体育等各领域

---

① 世界四大琥珀博物馆,不可不去[EB/OL]. (2016-12-15)[2021-3-31]. https://www.sohu.com/a/121615451_402469.

② 克莱佩达时钟博物馆[EB/OL]. [2021-3-31]. http://www.bytravel.cn/landscape/46/kalaipeidashizhongbowuguan.html.

的合作不断巩固和深入。但是毋庸讳言，作为西方阵营一员，立陶宛在价值观、政治立场和意识形态上亲美倚欧，2018年以来连续在国家安全威胁评估报告中把中国列为其国家安全威胁。

立陶宛政府对"一带一路"建设和"17＋1合作"态度比较积极，2018年曾举办"16＋1"农业部长会。立陶宛是2018年首届中国国际进口博览会的第一个签约参展国，总统格里包斯凯特亲自带队参加。

据中国商务部统计，2019年中立贸易额21.4亿美元、同比增长2%，其中中方出口额17亿美元、同比下降3.6%，进口额4.4亿美元、同比增长32.3%。立陶宛是中国在波罗的海地区最大的贸易伙伴，中国则是立陶宛在亚洲最大的贸易伙伴。

目前我国赴立旅游人数还十分有限。2016年立陶宛外国游客149万人次，其中中国游客1.2万人次，比2015年增长25.3%。2017年9月，立经济部部长赴华参加第22届联合国世界旅游组织大会。2019年到立陶宛的中国游客超过2.1万人次。尽管增长较快，但比例仍然微乎其微，未来发展潜力巨大。在中国大使馆经济商务处建议下，立陶宛企业署2019年推出了中英双语微信公众号"Focus On立陶宛商务"，向中国市场推介立陶宛产业、商机、文化和风土人情。

中国在立陶宛投资合作项目稳步增加，合作领域不断拓展。立陶宛宽松的金融创新政策环境吸引了不少中国金融科技企业的关注。2016年，亿赞普集团成立IBS立陶宛公司，立陶宛给予了积极支持，向其颁发了首个数字货币机构证书，拟通过该合作项目争取成为欧洲数字支付领域的领先地区。截至2019年年底，共有10家中国金融科技公司在立陶宛注册并获得立陶宛中央银行颁发的电子货币机构或支付机构牌照。

立陶宛中国商会于2019年8月成立，并借国庆招待会之机隆重亮相，立陶宛10多位副部级以上官员等政商各界近百人出席仪式。

立陶宛拥有诸多优势，与之开展投资、贸易、科技、农业、旅游合作均大有可为，但国内企业对此尚缺乏了解，在立陶宛的直接投资规模较小。据中国商务部统计，截至2019年末，中国对立陶宛直接投资存量981万美元，主要分布在通信、电网设计、电子、纺织、金融、餐饮等领域。可以说立陶宛的市场潜力仍未得到充分挖掘和释放。

鼓励企业开展高新技术和创新领域合作是两国未来合作的重要内容。

立陶宛激光、生命科学等优势产业与中国战略新兴产业重合。立陶宛本土有不少技术含量很高的创新企业也正在积极寻找中国合作伙伴，双方在创新领域合作前景广阔。

商务往来礼仪

1. 立陶宛人在日常谈吐中习惯使用"请""谢谢"等字眼，对非常熟悉的人也不例外。

2. 社交场合一定要注意女士优先，勿鲁莽失礼。

3. 在社交场合与客人相见时一般行握手礼，但忌讳在门槛处与人握手，认为这会带来坏运气。

4. 立陶宛人对在众人面前耳语很反感。

5. 避免询问立陶宛人工资、年龄、宗教等问题，也不要拿该国文化、历史开玩笑。

6. 用餐时忌讳随意摆弄餐具作响，也不愿听到咀嚼食物的声音。

7. 反感数字 13 和星期五，认为 7 是吉利数字。

爱沙尼亚

　　爱沙尼亚共和国位于波罗的海东岸，东与俄罗斯接壤，南与拉脱维亚相邻，北邻芬兰湾，与芬兰隔海相望，西南濒里加湾，边界线长 1445 公里，海岸线长 3794 公里。2019 年人口 132.9 万，主要民族有爱沙尼亚族、俄罗斯族、乌克兰族和白俄罗斯族。主要信奉基督教路德宗、东正教和天主教。官方语言为爱沙尼亚语，英语、俄语亦被广泛使用。首都塔林，始建于 1248 年丹麦王国统治时期，位于西北海滨，历史上一度是连接中东欧和南北欧的交通要冲，被誉为"欧洲的十字路口"。

　　爱沙尼亚曾是苏联加盟共和国，现为欧盟、欧元区、申根区成员国，也是北约、经合组织成员国。与美国关系良好，与欧盟关系紧密。自恢复独立以来，一直奉行自由经济政策，大力推行私有化，实行自由贸易政策。世界银行《全球营商环境报告 2018》显示，爱沙尼亚在全球 190 个经济体中营商容易程度排名第 12 位；在《华尔街日报》和美国传统基金会发布的 2018 年全球经济自由度指数中，爱沙尼亚在 180 个经济体中排名第 7 位。年均经济增速在欧盟名列前茅。2017 年国内生产总值中第一、二、三产业各占 3.4％、27.8％、68.8％，投资、消费、净出口各占 23.6％、72.7％、3.7％。2019 年经济总体形势较好，国内生产总值 280 亿欧元，增长率 3.9％，人均 21163 欧元。

　　爱沙尼亚对教育尤为重视，是全球首个要求小学生学习编程语言的国家。国民平均受教育时长为 15.57 年，在欧盟国家中排在前列。居民通常都能讲外语，年轻人普遍掌握两三门外语，主要为英语、俄语、芬兰语、瑞典语等。国民和企业的储蓄率普遍较低，文化消费意识和水平都比较高，所以文化产业各个形态发展都比较充分。

　　爱沙尼亚信息技术水平较高，电子商务较为普及，拥有先进的政府电子办公系统，酒吧、咖啡馆、商贸中心、机场、车站和码头普遍提供免费 Wi-Fi，整个国家基本实现网络全覆盖。据 2017 年欧盟统计数据，在该国

16～74 岁的人口当中，91.4% 使用互联网，82% 使用移动网络，88% 的家庭有互联网接口。公共网络服务产品多样，95% 的网民使用网络报税、订票、参加选举投票和使用银行服务，97% 的企业利用网络开拓国外市场、开展网络营销。爱沙尼亚是世界上第一个使用手机公投的国家。2015 年 3 月的议会大选，身在 116 个国家的 17.6 万多名爱沙尼亚公民通过移动网络投票。

爱沙尼亚旅游业较为发达。森林覆盖率近 50%，众多中世纪古迹保留完好，自然迤逦的田园风光和明媚的海边度假胜地每年都会吸引大批欧洲游客，年均入境游客人数超过本国人口，大大带动了爱沙尼亚旅游业发展。2017 年，爱沙尼亚食宿行业增加值为 4.15 亿欧元，旅游产业占国内生产总值比重为 3.9%，旅游业从业人员占总从业人数的 4.1%。旅游纪念品非常有特色，手工艺制品居多，例如民间传统风格的手工编织毛衣、木雕啤酒杯、毡帽、杜松杯垫、石灰石烛台、手工制作的珠宝、彩色玻璃制品与细陶制品，以及享有国际声誉的爱沙尼亚作曲家们的唱片。

2018 年，爱沙尼亚共有图书馆 926 个，其中 532 个公共图书馆、40 个科学和专业类图书馆、354 个学校图书馆；各类博物馆 246 个，影剧院 49 所。

2018 年共发行 1173 种报刊，发行量 2700 万份，其中爱文报刊 2400 万份，主要有《晚报》《邮差报》《快报》《日报》等。主要通讯社为私营的波罗的海通讯社，成立于 1990 年，2011 年有近 220 名工作人员。主要电台有：布谷电台，私营，成立于 1992 年，每天 24 小时用爱沙尼亚语广播；俄罗斯电台，私营，1998 年建台，每天 21 小时用俄语广播。主要电视台有国家广播电视台和私营的 Kanal2 电视台等，用爱沙尼亚语和俄语播放节目。

文化产业管理

历史上爱沙尼亚文化政策几经变化。在苏联统治时期，文化事业与政治紧密相联，国家既是大多数文化活动的拨款者，又是意识形态、道德和审美的审查员。1988 年后，爱沙尼亚逐步转向市场经济，在文化生活和文化政策方面逐渐远离苏联的控制，向着民营化和地方分权方向发展。在其独立后的第一个五年时期（1991—1995），文化领域出现了私有化的热潮。伴随着国家角色和职能的彻底改变，几乎所有国有文化机构都改变了所有权或组织形式，实行私有化或自治；不过，图书馆、博物馆和大型剧院仍基本上保持国有性质。在此期间，出现了"一臂之距"型基金会，如"爱沙尼亚文化基金会"。2009 年 6 月，爱沙尼亚取消集体事务部，将文化多样性和民族融合的事务归口到文化部管理。

在数字化、信息化方面，爱沙尼亚有很多值得借鉴的经验。在很大程度上，爱沙尼亚数字产业的成功得益于政府从 20 世纪 90 年代开始推动的"数字爱沙尼亚"（e-Estonia）计划。当时，爱沙尼亚刚刚独立，自然资源匮乏，行政管理体系落后，但当时的领导人敏锐地看到了互联网革命带来的机遇，决心把国家的未来押注在信息技术产业上。2014 年，爱沙尼亚政府启动了"数字居民"（e-residency）项目，允许外国人在线在爱沙尼亚开设银行账户、注册公司，成为爱沙尼亚的"数字居民"。

在联合国国际电信联盟发布的全球网络安全指数排名中，2020 年爱沙尼亚排名第三，仅次于美国、英国和沙特阿拉伯，得分超过 99 分。在数据安全方面，爱沙尼亚在近 15 年中摸索出四条宝贵经验：第一，去中心化，这意味着没有一个高度集中的数据库，政府和私营机构都拥有自己的一套系统和数据；第二，区块链技术，数据可以借助区块链技术保持独立性；第三，仅一次收集，一个数据只能由一家机构收取，这避免了重复数据和形式主义；第四，高度透明，所有公民都可以通过查阅日志文件来了解政府是如何使用自己的数据的。这个连接了 900 多个机构的系统已经运行了 14 年，被称为"X-road"。

优势特色产业

高科技新业态

Skype 这家大名鼎鼎的即时通信公司就诞生在爱沙尼亚。爱沙尼亚科技创新发达，享有"波罗的海硅谷"的美誉，人均初创企业数量位居全球第一。爱沙尼亚的数字化计划催生了一大批全球知名的信息技术企业，Skype 和 Hotmail 的案例是最为人津津乐道的，此外还有出行服务提供商

Bolt、在线交易软件 Playtech 和跨国转账软件 TransferWise。

爱沙尼亚政府十分重视宽带网络建设，铺设了大量光纤电缆，互联网服务被广泛使用。使用最多的网络功能是网络银行服务（90%）、阅读网络出版物（90%）、电子邮件（89%），22%的人使用移动网络预定交通工具，17%的人使用移动网络预订住宿服务。

在美国"自由之家"进行的 2017 年全球网络自由度测评中，爱沙尼亚在 100 个国家中排名第 6 位，测评报告称爱沙尼亚网络文化高度发达，实现线上投票和浏览电子病历，在全球范围内对网络内容的限制也最宽松。

2020 年爱沙尼亚的全球独角兽企业 500 强估值增幅高达 90%，远远高于其他国家。爱沙尼亚之所以能成为科技和创新的天堂，原因有三：一是网络基础建设发达，市民随时随地可以通过在线办公完成文件签署、税务、投票等，大大缩减办公时间。二是电子信息技术发展迅猛，非本地居民也可通过互联网的安全通道使用该国提供的各项服务，甚至包括金融、贸易往来等。三是爱沙尼亚对计算机基础教育尤为重视，要求从小学开始学习编程，其发达的职业教育也很好地适应了劳动力市场的变化和需要。在经合组织 2018 年的学生评估中，爱沙尼亚学生在阅读、教学和科学领域均排名首位，总体排名位居欧洲第一。爱沙尼亚教育体系受到了国际社会的高度认同。[1]

节庆活动

爱沙尼亚历史上诞生了阿尔沃·帕特、尼姆·雅尔维等著名音乐家。

爱沙尼亚全国合唱节自 1869 年延续至今，为爱沙尼亚人传承文化、争取独立做出了积极贡献。1869 年参加合唱节的人数只有 800 多。1960 年在塔林歌咏场修建巨大的露天舞台后，每逢歌咏节，上万名业余歌手组成的合唱团登台献技。1998 年在歌咏台广场有 30 万人参加合唱。2003 年波罗的海国家歌唱节入选联合国教科文组织人类非物质文化遗产代表作名录。

---

[1] 全球独角兽企业 500 强报告（2020）发布［EB/OL］.（2021-1-4）［2021-3-22］. http://www.cinn.cn/dfgy/202101/t20210104_237346.html.

爱沙尼亚还经常举办"能工巧匠日"。在这一天，从四处赶来的人们聚集在广场上各显其能，当众献技。评判组由选举产生。奖项有"最佳手艺""最佳陶器工""最佳锻工""最佳编织工"等。获奖者再参加市级竞赛，角逐"王中王"。获胜者头戴由陶瓷、铁或木制的王冠，脖子上挂着橡树花环。

产业经典案例

"哭泣之声"合唱团

20世纪90年代，扬-艾克·图尔维在巴黎学习格列高利圣咏。回到爱沙尼亚后，他于1996年创立了"哭泣之声"合唱团，希望以此延续咏唱这种被视为西方音乐艺术根基的古老素歌。合唱团聚集着一群志同道合者，他们坚信格列高利圣咏的本质可以突破其形式的界限，与古典、现代及其他文明的音乐无缝融合。2012年他们的专辑《Filia Sion》由ECM唱片公司发行，广受赞誉。同年，合唱团录制了格莱美获奖专辑——阿尔沃·帕特《亚当的悲歌》。2013年，合唱团与法国钢琴家让-克洛德·潘内蒂尔合作的李斯特《苦路经》赢得了法国"金音叉奖"。此外，合唱团还在2014年奥斯卡最佳外语片《绝美之城》中献声。[1]

塔林黑夜国际电影节

塔林黑夜国际电影节是国际电影制片人协会认证的国际A类电影节，东北欧最大的国际电影节之一，包含4个竞赛单元和少儿、美术动画、短片3个附属电影节，还有全年在线的电影市场——黑色电影在线。电影节是波罗的海地区电影界专业人士、投资人、融资人和管理者的重要会面机会。电影节期间会举办波罗的海电影合作市场，呈现来自欧盟和斯堪的纳维亚半岛的有前景的原创项目，在项目代表与潜在投资商、销售代理之间建立联系，其中很多脱颖而出的项目已经成功首映并参与了电影节巡回展

---

[1]　爱是力量——爱沙尼亚哭泣之声合唱团音乐会[EB/OL].（2017-12-17）[2021-3-31]. https://www.sohu.com/a/211061623_302047.

映、影院和电视台的放映。①

中爱文化贸易

1991 年 9 月建交以来，两国关系发展总体顺利，合作领域涉及政治、经济、科技、文化、教育等。1995 年双边贸易额仅为 867 万美元，2017 年达 12.5 亿美元。2016 年签订了乳制品、鲱鱼制品输华协议；2017 年，在中国-中东欧国家领导人会晤期间，两国签订了"一带一路"、数字丝路和电子商务三项合作备忘录，两国企业在各领域间的合作也随之不断深入。

两国教育领域交流不断。2010 年 9 月，波罗的海地区首家孔子学院在塔林大学揭牌。爱沙尼亚是波罗的海三国中中国留学生最多的国家。

两国演艺界合作态度积极。2018 年 7 月的爱沙尼亚萨列马歌剧节，上海歌剧院作为主宾，推出欧洲经典歌剧《卡门》、中国舞蹈专场《海之梦》以及中国原创寓言歌剧《赌命》三场风格不同、异彩纷呈的演出，共吸引 6000 多名观众，每场均座无虚席，中国舞蹈专场更是一票难求。爱沙尼亚交响乐团、国家男声合唱团、爱乐室内合唱团、"哭泣之声"合唱团、Lee 舞蹈团等优秀演出团体在中国享有盛誉，多次赴华商演，大受欢迎。从 2017 年开始，重庆演艺股份有限公司连续引进爱沙尼亚剧院剧目，并将爱沙尼亚表演艺术带到西安、镇江、厦门等多个城市。

两国在创新创业方面志同道合。2020 年胡润全球独角兽榜显示，全球前十大独角兽公司有 6 个来自中国，蚂蚁集团和字节跳动蝉联前二，滴滴出行、陆金所、快手和菜鸟网络紧随其后；全球独角兽公司仅分布在 29 个国家、145 个城市，其中美中两国占八成。而爱沙尼亚是人均独角兽企业数量最多的国家，也是 2020 年独角兽企业估值增速最快的国家。中爱两国企业合作前景广阔，潜力巨大。如华为与爱沙尼亚企业业务合作不断深入，同方威视顺利向爱沙尼亚海关交付该国采购的检测设备，顺丰速运与爱沙尼亚邮政集团携手拓展欧洲地区业务，滴滴出行入股打车软件

---

① 爱沙尼亚塔林黑夜国际电影节[EB/OL].[2021-3-31]. https://www.1bianju.com/games/game_list.asp?id=39.

Bolt，广州航新收购飞机维修公司 Magenetic MRO，还有一些中小企业成功在爱投资设厂。

爱沙尼亚的创新企业也开始进军中国市场。2018 年 6 月，在爱沙尼亚驻华大使馆内，Stigo 公司推出了全新的 B2B 共享服务——Stigo Fleet（司加车）。Stigo 是第一家在中国成功落地并开展业务的中爱合资企业。

但由于国小人少、相距遥远，爱沙尼亚市场在中国还鲜为人知。目前，爱沙尼亚的华工华商总数不过数百人，主要从事小商品贸易、中餐馆、保健按摩、旅游服务等。而爱沙尼亚主流媒体主要关注本国内政外交、经济状况以及欧盟最新政策对本国的影响，很少报道中国消息。有关报道也以介绍情况为主，鲜见情绪化的评论，对华态度中立。随着中国的崛起，爱沙尼亚政府和工商界对与中国开展各领域合作表现出浓厚兴趣，欢迎中国企业到爱投资，特别是在电商物流、清洁能源、高新科技等领域。

商务往来礼仪

1. 除非征得对方同意，否则不要用名字的第一个词来称呼对方。
2. 初次商务会面之前要将自己的职务和职责告诉对方。
3. 爱沙尼亚人办事较真，计划性强，商务会谈要守时履约。
4. 商务场合不要与生意伙伴有身体接触，不要盯着对方看。
5. 谈话时面部表情、手势不要过多，不要把手放在口袋里。
6. 普遍忌讳数字 13 及星期五。
7. 忌送菊花、杜鹃花、石竹花及其他黄色的花。

斯洛文尼亚

斯洛文尼亚共和国位于欧洲中南部、巴尔干半岛西北端，西接意大利，北邻奥地利和匈牙利，东部和南部同克罗地亚接壤，西南濒亚得里亚海，海岸线长46.6公里。2019年人口209万，斯洛文尼亚族约占83%，少数民族有塞尔维亚族、克罗地亚族、匈牙利族、意大利族等。主要宗教为天主教。官方语言为斯洛文尼亚语。首都卢布尔雅那，2019年人口28.6万。

斯洛文尼亚拥有良好的工业和科技基础、现代化的经济和产业结构，在汽车制造、高新技术、电气、制药等领域具有一定优势。经济在中东欧地区多年领跑，后劲十足，是国际公认的发达国家。2007年加入欧元区。2019年国内生产总值480亿欧元，人均2.2万欧元，服务业占比56.2%。服务业包括批发和零售、修理、旅馆、饭店、运输、通信、仓储、金融中间机构、房地产、租赁、企业服务、公共管理、社会服务、其他社区或个人服务，从业人数超过全国人口总数的1/5。

在斯洛文尼亚，文化具有特殊的历史和社会意义。对斯洛文尼亚人而言，几个世纪以来语言和文化代替了长期缺位的国家和政治制度。斯洛文尼亚是少有的将文化日定为国家法定假日的国家。高度重视教育，实行12年义务教育制。高等教育分大学教育和专业教育，来自欧盟和本地的全日制学生可免费就读大学，在职学生和研究生则需要交纳学费。2018年教育支出24亿欧元，占国内生产总值的5%。国民素质非常高，文化消费意识比较强，文化消费类型比较多元。图书、设计、传媒、影视、会展、节庆、舞蹈、歌剧、文博、动漫、游戏等各种文化产业门类发展都非常成熟。斯洛文尼亚拥有分布非常广泛的文化机构、组织和协会网络，可与西欧发达国家媲美。有众多专业剧院、歌剧团、芭蕾舞团、博物馆、画廊和文化中心，文化生活丰富多彩。卢布尔雅那被联合国教科文组织评选为2010年"世界图书之都"，马里博尔当选为2012年"欧洲文化之都"。

信息和通信业是斯洛文尼亚最具活力的部门，亦是国家优先发展的行业。信息技术和服务出口高速增长，主要产品是电信设备和服务、IT 服务和软硬件、网络服务等。境内通信设施完善，互联网普及，2018 年 87％的家庭有互联网接口。

近年来，斯洛文尼亚旅游外汇收入持续增长，旅游业已成为国民经济的重要组成部分。旅游资源丰富，气候宜人，旅游项目多样，旅游纪念品也极富特色，如据说制作传统始于 1757 年的心形姜饼、著名的伊德里亚蕾丝布艺及饰品、产自西北农场小镇的博韦茨奶酪、优质的皮兰海盐、精致的里布尼察木制品、地理标志产品蜂蜜以及提取自蜜蜂和天然植物的各种护肤品、在无花果干外包裹上奶油和巧克力制作成的普列舍伦无花果糖等，还有独特的古老创意产品——彩绘蜂箱板。古时候，斯洛文尼亚人用小木板盖在蜂箱外面，并手绘上各种各样的主题画作，以标记并区别蜂箱。这些绘画十分精美有趣，传统图案超过 600 种，内容包括宗教场景、乡村生活、民间故事等。现在，美丽的彩绘蜂箱板已经成为斯洛文尼亚独特的文旅纪念品。① 此外，在蛋壳上雕塑也是其传统工艺，经过艺术家的精雕细琢，蛋壳都成了精美绝伦的蛋雕艺术品。

斯洛文尼亚主要报刊有《24 小时报》《斯洛文尼亚新闻》《劳动报》《日报》《晚报》等。有 4 个公共电视频道即斯洛文尼亚 1 套、2 套、科佩尔台和马里博尔台，还有 31 家电视台运营的 35 个商业频道。斯洛文尼亚通讯社为国家通讯社，使用斯洛文尼亚语和英语发稿。

文化产业管理

斯洛文尼亚文化部负责文化管理和政策制定事宜。此外经济发展和技术部以及教育、科学和体育部也承担部分文化产业管理职能。

斯洛文尼亚文化产品分公共产品和私人产品，公共产品包括遗产保护、博物馆、国家电视台和国家通讯社等，由文化部通过相关机构使用国家经费运营。

---

① 这 8 件物品只在斯洛文尼亚买得到［EB/OL］.（2018-3-2）［2021-3-23］. http：//news. lvyou168. cn/20180802/48149. html.

斯洛文尼亚的文化立法非常完善。文化产业方面的法律包括《媒体法》《视听媒体服务法》《电影中心法》《广播电视法》，同时文化企业须遵守《公司法》。外资企业投资文化产业有规定和限制，2017 年 2 月制定的《促进音像制品投资的规定》，详细规定了相关标准、程序和条件。

斯洛文尼亚签订了诸多国际知识产权条约，执行欧盟的知识产权保护决议，并在国内颁布了《版权法》《工业产权法》等法律。欧盟法律规定，专利权保护期为 20 年，工业设计、外观设计专利保护期为 25 年，植物品种专利保护期为 25 或 30 年，集成电路布图设计保护期为 10 年，商标权保护期没有限制。国内著作权不须注册，保护期为作者终身及去世后 70 年。

优势特色产业

文化旅游

斯洛文尼亚风景优美，汇聚了阿尔卑斯山、地中海、潘诺尼亚平原和喀斯特地貌，地貌和气候特征多样，森林覆盖率达 66%。主要旅游区是亚得里亚海海滨和阿尔卑斯山山区，主要旅游点有特里格拉夫山区国家公园、布莱德湖、波斯托伊纳溶洞，主要旅游设施包括海滨浴场、滑雪场、温泉、旅馆、汽车宿营地等。

斯洛文尼亚文化旅游氛围浓厚，游客可以感受各种节日气氛。斯洛文尼亚节日众多，几乎各大城镇都至少有一个主打节日。艺术节展览世界知名创作者和表演者的作品，还有烤土豆节、啤酒节、葡萄酒节、甜点节、蕾丝节、巧克力节、斋戒节、购物节、长袜子皮皮娱乐节、惊悚面具节等特别的娱乐节目。无论什么主题，这些节日一直都是社交和文化的结合体。斯洛文尼亚还有忏悔狂欢节，土著还保留着戴面具驱逐冬天和辟邪的古老仪式传统。

斯洛文尼亚拥有丰富的城堡、庄园、堡垒和防御系统，它们建于中世纪、文艺复兴和巴洛克等不同时期。现在有数十家城堡被赋予有趣的功能，游客可以在里面观看各种展览和表演、听音乐会、用餐、住宿或体验一场梦想中的婚礼。

据斯洛文尼亚旅游协会统计，2018 年斯洛文尼亚共有 5553 家旅游企业，其中 2957 家为个体经营，90％以上为雇员不超过 10 人的小型企业。旅游从业人员近 4 万人，占斯洛文尼亚就业人口的 6.4％。2018 年接待游客 593 万人次，过夜 1570 万人次。国外游客主要来自意大利、德国、奥地利、克罗地亚。2019 年游客 623 万人次，其中外国游客 470 万人次、增长6.3％，当地游客 153 万人次、增长 1.3％，过夜 1578 万人次。

表演与视觉艺术

二战后欧洲掀起了一场艺术平民化运动，节日运动席卷斯洛文尼亚。如今斯洛文尼亚的艺术节可谓百花齐放，如创立于 1960 年的卢布尔雅那爵士音乐节、每年 8 月的塔尔蒂尼音乐节等，从复杂的古典乐、即兴的爵士乐到跌宕起伏的重金属音乐一应俱全。每年秋天的克拉尼国际美术节则在旧城区中心的画廊展示画家、雕塑家、摄影师、设计师、建筑师、漫画家和视频艺术家的作品。在卢布尔雅那、马里博尔及其他城镇中可以找到很多现代戏剧和舞蹈节，如每年 10 月的马里博尔戏剧节、春天的斯洛文尼亚戏剧周。1995 年创立的 EXODOS 当代表演艺术节则是斯洛文尼亚最大的现代舞台艺术节。

斯洛文尼亚的艺术节注重与技术对接，创造时代艺术新潮流。如数字大屏幕国际音乐节，组委会在竞赛的基础上增加大量视频，并邀请更多使用 360°视频或虚拟现实技术的艺术家，激励国内外更多艺术家展示自己，同时用创新技术提升他们的视频创作水平。新技术不仅允许观看视频，而且允许观看者与创作者互动，从而使观看者以某种方式成为视频的一部分。

斯洛文尼亚电影节各具特色，如山地电影节专注于登山、攀岩、越野题材的电影，LGBT 电影节专注于同性恋、无性恋题材电影且通常在 12月 1 日世界艾滋病日集中放映。还有格罗斯曼奇幻电影和葡萄酒节，观众在被各种恐怖电影惊吓后可以喝点美酒安抚下自己。

图书出版

斯洛文尼亚人均图书出版和阅读量均居世界前列。尽管地小人少，但图书出版史相当悠久。据考证，用斯洛文尼亚语记载的历史文献《弗雷辛手写本》大约出现于 10 世纪末，16 世纪又有《圣经》斯语版等宗教类图书问世。

在斯洛文尼亚的大小城市，都能看到装饰简单但空间宽裕的图书馆。以首都卢布尔雅那为例，除了国家图书馆、市图书馆以外，城市的每个区都设有图书馆，很多社区也有图书馆。国家和市立的图书馆多提供文献和典籍供读者查阅，而社区图书馆则提供大量当期杂志和生活类、文学类书籍。值得一提的是，在这些杂志中还有很多外文杂志，如英语、法语和德语杂志。所有图书馆都免费开放，借阅需花 10 欧元左右办理年卡，限制是每次不超过 10 本和半年。

自 2001 年以来，该国年均出版 4500 多种新书，人均出版数量长期位列全球前三。国家虽小，出版商却超过 1800 家，且各有特色。2004 年，斯洛文尼亚确立了公共图书借阅权，使得作者能够根据其作品在公共图书馆的借阅次数获得补偿。另外，该国图书馆的年借阅量超过了 2000 万次，即居民年人均借阅量为 11 本，其中 24% 的借阅者来自卢布尔雅那。①

卢布尔雅那集中了这个国家几所知名的大学和美术学院，人口中大学生占比非常高，故有"大学城"之称。市政厅前的大街上布满书摊书店。为了让市民们能读到更多的书，卢布尔雅那周末在市中心广场举办旧书市场，市民们可以免费到广场上摆摊，出售一些过期的杂志和旧书。很多比较新的书和杂志都以七折或更低的价格出售，买的人读完以后也可以再次出售。② 2010 年卢布尔雅那被联合国教科文组织评选为"世界图书之都"，这是对该国在图书出版与公众阅读上所做贡献的最大表彰。

产业经典案例

卢布尔雅那音乐节

卢布尔雅那音乐节是该地区规模最大、最古老、最重要的节日之一，提供世界一流的艺术体验。音乐节已经极大影响并改变了斯洛文尼亚的文

① 历届"世界图书之都"大盘点[EB/OL]. (2013-5-6)[2021-3-23]. http://www.wenming.cn/wx-ys/wenxue/201305/t20130516_1227250.shtml.

② 黄健. 世界图书之都——卢布尔雅那[J]. 广西城镇建设,2013(10):82-88.

化生活。近年来，每年夏季音乐节都会举办七八十场各类活动，约有 8 万名国内外游客观看。

　　1952 年卢布尔雅那旅游协会组织了第一届旅游周，举办了许多文化、经济、民俗、旅游和体育活动；次年开始每年组织夏季音乐节，其间举办芭蕾舞、歌剧、戏剧、音乐剧表演以及交响音乐会、大师班、青年作坊等题材多样的节目和活动。

　　第 68 届卢布尔雅那艺术节于 2020 年 7 月 1 日晚开幕，持续至 8 月 30 日。在市议会广场上，斯洛文尼亚爱乐乐团和合唱团、钢琴演奏家携手瑞士指挥家奉献了几场音乐盛宴，为卢布尔雅那夏日的夜空增添了一抹亮丽的色彩。①

斯洛文尼亚设计双年展

　　1964 年，在国家商会、卢布尔雅那市议会和不同专业协会的倡议下，斯洛文尼亚创立了工业设计双年展（BIO）。作为南斯拉夫和外国工业设计成就比较展，BIO 是 20 世纪 60 年代欧洲最重要的设计活动之一，也是世界上首个比较双年展，吸引了东欧和西欧的大量设计师。

　　BIO 两年一次，目的是鼓励和促进工业生产，促进国内国际市场上设计精良的工业品的交流，并通过教育和宣传运动提高用户的设计意识和品位。BIO 展览类别包括家具、灯具、纺织品、酒店和家用电器、光学仪器、电工机械和电信设备、工程机械、运动器材、玩具、建筑材料、包装材料等。展览作品不分国别被分组安排，体现出展品之间的相似性和关联性，从而突出了展览的比较性。展览也有竞争的一面，国际评审团会颁发最佳产品金奖、最佳设计概念荣誉奖等。BIO 21（2008）取消了国家选拔，所有作品均由国际评选委员会选择、评审并颁奖。2011 年，工业设计双年展更名为设计双年展。

斯洛文尼亚文化日

　　文学是斯洛文尼亚最有声望、最受尊敬的艺术形式。在斯洛文尼亚文

---

　　① 彭立军．卢布尔雅那艺术节在疫情下开幕［EB/OL］.（2020-7-2）［2021-3-24］. https://www.sohu.com/a/405305025_267106.

学中占据特殊地位的是普里莫兹·特鲁巴和弗兰采·普列舍伦。前者于1550年出版了第一本斯洛文尼亚语书,后者的诗作《祝酒辞》被定为斯洛文尼亚国歌。

1849年2月8日,弗兰采·普列舍伦逝世。2月8日现在是斯洛文尼亚的国家文化日。斯洛文尼亚的1000元纸币上印有普列舍伦的头像。卢布尔雅那有普列舍伦广场,广场上有他的塑像。在文化日,全国上下都举行各种庆祝活动,如诗歌朗诵、街头市民扮成普列舍伦,足见对文化的传承和重视。博物馆等各类文化机构免费敞开大门,并为所有年龄段的访客准备丰富多彩的活动。文化日庆祝活动也被许多艺术创作者视为与政客和公众对话的唯一机会。

文化日当天还会举行普列舍伦奖和普列舍伦基金奖的全国颁奖典礼,这是斯洛文尼亚艺术领域的最高成就奖。普列舍伦奖授予艺术创作者,以表彰他们的杰出艺术成就或为丰富国家文化做出的长远贡献。普列舍伦基金奖则授予在过去两年内取得重大成就的艺术创作者。卢布尔雅那大学艺术学院每年也会颁发普列舍伦学生奖和普列舍伦大学奖,授予那些在艺术和科学领域取得优异成绩的学生。

中斯文化贸易

中斯自1992年建交以来,政治关系友好,经贸合作发展顺利。近年来,在"一带一路"倡议以及中国-中东欧合作机制带动下,中斯政治互信不断深化,各领域合作全面展开。中斯政府间建有经济联委会和科技合作委员会等机制,签有共建"一带一路"谅解备忘录等多项合作文件,各领域的交流不断深化。

斯洛文尼亚多年来也一直是中国在前南斯拉夫地区的最大贸易伙伴。中国是斯洛文尼亚在亚洲最大的贸易伙伴,也是斯在欧盟外第二大进口来源国。

斯洛文尼亚对开拓中国旅游市场寄予厚望,并积极付诸行动。该国旅游局已经开通中文官网(http://go2slovenia.cn)、官方微博(@斯洛文尼亚旅游局)和微信公众号(FeelSlovenia),并在上海、广州等地举行旅游推介会,积极宣传推广其旅游景点和文化活动等。近年来,中国游客赴斯洛文尼亚旅行的热情不断走高。2018 年，赴斯中国游客数量和过夜数量分别达到 8.7 万多人次和 13.644 万人次，同比增长 25％和 37％。凭借 2018 年精彩的线上推广活动，斯洛文尼亚旅游局在 2019 年中国国际旅游展览会（ITB China）上获得"欢迎中国游客奖"（CTW Awards）。在《孤独星球》评选的 2022 年十大最佳旅行目的地国家中，斯洛文尼亚位列第五，有望迎来更多中国游客。

商务往来礼仪

1. 大多信仰天主教，往来时要注意尊重相关教规，避免触犯其禁忌。
2. 见面礼节以握手为主，拥抱、亲脸、贴面颊等仅限于亲人、熟人之间。
3. 斯洛文尼亚人信守诺言，商务会晤要守时。

克罗地亚

克罗地亚共和国位于欧洲中南部、巴尔干半岛西北部，东邻塞尔维亚、波黑，南接黑山，北靠匈牙利，西北与斯洛文尼亚相邻，南与西南濒临亚得里亚海，与意大利隔海相望。2019年人口408万，克罗地亚族占90.4%，还有塞尔维亚族、波斯尼亚族、意大利族、匈牙利族、阿尔巴尼亚族、斯洛文尼亚族等共22个少数民族。主要宗教是天主教。官方语言为克罗地亚语。首都萨格勒布是克罗地亚的政治、经济、文化中心。

克罗地亚经济基础较好，科技水平较高，属于中等发达国家，在前南斯拉夫地区经济发展水平仅次于斯洛文尼亚。2019年国内生产总值604亿美元，同比增长2.9%，人均1.5万美元。文化娱乐支出占家庭日常支出的比例超过6%。

经济以第三产业为主，第二产业为辅，旅游、建筑、造船和制药等产业发展较充分。造船业已有几百年历史，2016年收入排欧洲第二，仅次于罗马尼亚。加工业中就业人数和收入最多的是食品加工业。克罗地亚最大的私营企业阿格罗科尔集团就是零售和食品行业巨头。主要出口烟草、调味品、汤料、糖果、鱼罐头、牛肉罐头、烈性酒和啤酒等，其中"波斯图普"和"丁加奇"牌葡萄酒及部分火腿肉、奶酪、李子酒等产品享有欧洲原产地保护商标。

克罗地亚地理位置独特，是东西方文化互相影响的十字路口，也是一个巨大的历史舞台，上演着许多独特的节日、展览、演出等活动，如杜布罗夫尼克夏季运动会、斯普利特夏日嘉年华、拉布岛手工艺风俗节、普拉和莫托文电影节、瓦拉日丁的城市狂欢节、普拉视觉艺术节等。首都萨格勒布全年都有许多有趣的活动：6月的现代舞蹈周和国际现代戏剧节、7月的萨格勒布之夏晚会和国际民俗艺术节、9月的世界剧场节、10月的萨格勒布电影节，还有音乐双年展、在田园牧歌般闲适的小岛上举办的露天时尚音乐节等。享有国际声誉的管弦乐团萨格勒布交响乐团和最古老的克罗地亚室内乐团萨格勒布四重唱表演组常年在萨格勒布演出，也在全球推广克罗地亚室内音乐。里耶卡位于亚得里亚海克瓦内尔湾畔，是克罗地亚第三大城市和主要海港城市、造船和航运中心，2020 年凭借以"多元港口"为主题的文化背景成为克罗地亚首个"欧洲文化之都"。

克罗地亚是地中海旅游胜地，温和的地中海气候长年吸引着八方游客，旅游业是其支柱产业和主要外汇来源。重要的旅游资源有亚得里亚海沿岸及 1000 多个岛屿、8 个国家公园和 10 个自然公园、受联合国教科文组织保护的历史文化遗产等。许多影视剧组偏爱到克罗地亚拍摄，如热门美剧《权力的游戏》主要在此取景，为克罗地亚带来了大量影迷游客。2018 年，克罗地亚旅游收入 101 亿欧元，约占国内生产总值的 20%。2019 年游客数量约 2070 万人次，同比增加 4.9%。游客主要来自德国、斯洛文尼亚、奥地利和波兰等欧洲国家。

克罗地亚电影拥有辉煌的过去。在 90 年代初期，由于南斯拉夫解体和战争，克罗地亚电影经历了组织和生产危机。自 2000 年以来，多屏幕电影院已在所有主要城市开放，独立电影院网络在 2010 年进行了更新和数字化。积极参加欧洲影像基金会与欧盟媒体计划，增加了视听领域的国际合作。近年来，在克罗地亚视听中心倡导的公共电影政策引领下，克罗地亚电影技术迎来稳定发展和国际认可，并为纪录片、实验电影和动画电影提供持续支持，因而在克罗地亚拍摄或制作的国际合拍影片不断增加，并实现了多元化生产。

克罗地亚具有悠久的体育传统和高涨的体育热情。过去，前南斯拉夫体育协会几乎都设在萨格勒布，其中包括 1919 年成立的南斯拉夫奥林匹克委员会。1987 年，动荡的萨格勒布依然成功举办了第十四届世界大学生夏季运动会。2018 年世界杯，克罗地亚一路逆袭，决赛虽以 2∶4 败于法国，却赢得了全世界的尊重。网球也是克罗地亚人的挚爱，和足球并列为克罗地亚的第一运动。篮球水平也不容忽视。究其原因，克罗地亚驻华大使内博伊沙·科哈诺维奇在接受中国记者约访时表示"在我们的传统中，年轻人不运动不可想象"。

全国性综合性日报有《晚报》《早报》，内容涵盖政治、经济、社会等各个方面。《新报》《自由达尔马提亚报》为颇具影响力的地方报纸。《商业日报》是经济贸易类专门报刊。克罗地亚通讯社为国家通讯社，成立于

1990 年 7 月。克罗地亚国家电视台成立于 1956 年，有 4 个国内频道和 1 个卫星频道。此外，私人电视媒体新电视也颇具影响力。克罗地亚国家广播电台成立于 1926 年，是该国最有影响力的广播媒体。

文化产业管理

克罗地亚文化和媒体部主管文化艺术及媒体事宜，并负责管理国家的文化和自然遗产并监督其发展，支持地方政府进一步推动文化发展。此外，旅游和体育部、科技和教育部也有部分业务涉及文化产业相关领域。博物馆和画廊的工作由成立于 1955 年的博物馆文献中心协调。

20 世纪 90 年代独立后，克罗地亚的文化政策特别强调民族传统，目的是培养民族凝聚力。文化规划和筹资优先重视"国家利益"，并将所有其他活动留给新兴市场和非政府组织。2000 年以来，文化政策的照顾面更加广泛，强调多元文化取向，对传统文化和现代多元文化等进行统一评价，同时采取了进一步下放权力和与非政府组织直接合作等举措。研究表明，非政府组织的文化机构一直在动态增长，形成了主要由社会和外资资助的相对独立的文化产业，并与主要由政府补贴的"体制内"文化事业区分开来。

克罗地亚 2004 年修订的《媒体新闻法》，定义了新闻媒体的作用、社会义务、相关限制，以及新闻工作者的道德标准和工作权限，同时也对新闻报道违法行为进行了明确界定并制定了处罚标准。为了保证新闻媒体报道的真实性以及相关法律的执行，文化部负责对新闻媒体进行管理；但政府并不对新闻报道的内容进行审查，民众有权质疑新闻报道的真实性和报道动机。普通公民如果觉得有报道侵犯自己隐私或者涉及种族歧视等情况，可以直接向文化部提出申诉，要求文化部调查做出相关报道的媒体。

克罗地亚政府和文化部门不遗余力，从各个方面为文化遗产的保护和继承做出不懈努力。文化部设有专门的文化遗产保护机构，下设可移动文化遗产保护处、不可移动文化遗产保护处、古代建筑保护处、非物质文化遗产保护处、资料性文化遗产保护处等部门。政府每年从中央财政直接向文化遗产保护机构拨款，以保证这项工作不会因为财政问题而停顿。文化部负责文化遗产保护的一位官员表示：克罗地亚虽然国家不大，但在文化遗产的保护问题上仍然力图建立一种公众意识，除了由政府牵头拨款修缮、维护博物馆、艺术馆等文化场所及街头的雕塑、纪念碑等文化建筑，也通过各种展览来提高市民对文化遗产的兴趣，并由爱好逐渐转化成自发保护的意识，从而延续全体国民共同保护和继承文化遗产的传统。

　　克罗地亚现行经济发展战略由智能专门化战略、能源战略、矿产原料战略、创新战略、投资促进战略、企业发展战略、个人潜能发展战略等单项战略组成，其中与文化产业相关的主要是创新战略和智能专门化战略，后者由教育和科学技术战略、旅游发展战略、研究和创新基础设施发展计划等单项战略和计划组成。

　　克罗地亚鼓励投资发展的行业包括：开发和创新业务，如产品制造及流程现代化；商业支持业务，如服务中心、外包中心、物流分销中心、信息通信系统和软件中心；高附加值服务业，如创意服务、旅游服务、管理咨询、教育服务和产业工程服务等。文化产业多个领域都在这个范围内。

优势特色产业

旅游业

　　作为地中海重要的旅游目的地，克罗地亚有着悠久的旅游传统和巨大的发展潜力。克罗地亚拥有保护完好的自然环境、文化遗产和历史遗产，有温和的地中海气候，位置靠近欧洲市场，地形从阿尔卑斯山脚延伸到潘诺尼亚平原、多瑙河流域直到令人流连忘返的亚得里亚海岸，发展旅游业的先天条件极为优越。

　　克罗地亚有8个国家公园，其中普利特维采湖区已被联合国教科文组织列入世界遗产名录，此外还有十几处自然公园。

　　克罗地亚的世界文化遗产有：杜布罗夫尼克老城、斯普利特的戴克里先宫、希贝尼克的圣詹姆斯大教堂、特罗吉尔中世纪古城、波雷奇的幼发拉底大教堂、赫瓦尔岛上的斯塔里格拉德平原等。

　　克罗地亚的世界非物质文化遗产有：杜布罗夫尼克的守护神圣布莱斯节、短音阶双声部歌唱和演奏、传统儿童木制玩具制作、戈里亚尼的春季王后游行、赫瓦尔岛的"跟随十字架"游行、响铃狂欢节盛会、克罗地亚花边制作等。

克罗地亚提供的旅游项目丰富多样，包括航海旅行、潜水、会议旅行、生态旅游、乡村旅游、文化旅游、宗教旅游、探险、狩猎、钓鱼、健康之旅、电动帆船之旅和游船观光。①

文博业

克罗地亚主要城市都有博物馆、美术馆、画廊。政府不但从行政上和经济上为文化遗产保护提供支持，还注意提高本国民众对文化遗产的重视程度。在克罗地亚小学和中学的文化类课程中，教师们在介绍本国和外国的艺术与历史时，非常注重培养学生保护文化遗产的意识。学生们从小就理解文化遗产是国家财富的一部分，每个公民都有义务去保护它们。

首都萨格勒布人口少，博物馆、艺术馆却有数百座之多。除了与城市历史有关的藏品之外，萨格勒布的博物馆和艺术馆还收藏来自世界各地、具有重要历史和艺术价值的物品，珍贵藏品有萨格勒布木乃伊、世界上最长的伊特鲁里亚语经文、尼安德特史前人类（克拉皮纳人）遗迹。米玛拉博物馆藏有本国著名画家的绘画作品数千幅，以及各种小型雕塑、手工制品近万件。国家博物馆、历史博物馆、文化博物馆、绘画展览馆、雕塑陈列馆等也有众多展品。值得一提的是，萨格勒布的博物馆和展览馆不仅有每日开放的长期展品，每月还有定期的临时展览，展出本国居民收藏的名画、带有民族风格的手工制品等，以给所有市民传播和保护文化遗产提供一个平台。

相关部门也考虑到利用这些文化设施来提高旅游业的附加值。吸引游客多参观博物馆和艺术馆，一方面可以延长其停留时间，增加住宿、餐饮和晚间娱乐消费；另一方面也可使旅游者了解克罗地亚文化，丰富国家文化形象。② 每年的1月30日晚上是克罗地亚的"博物馆之夜"，克罗地亚所有博物馆免费开放，很多博物馆还特地安排了富有特色的临时展览和活动。

---

① 克罗地亚概述[EB/OL].[2021-3-23].http：//go2croatia.cn.
② 赵嘉政.克罗地亚：发展旅游不忘保护[N/OL].光明日报,2007-05-31[2021-3-31].https：//www.gmw.cn/01gmrb/2007-05/31/content_615234.htm.

　　萨格勒布的失恋博物馆只有几百平方米，却是世界上知名的失恋主题博物馆，拥有世界各地失恋者捐赠的成千上万件展品。展品未必价值连城，但即便是一个玩偶、一件婚纱、一封情书，讲述的都是一段段刻骨铭心的爱情故事，引人共鸣。失恋博物馆已在世界多地举办展览，吸引了上百万的参观者，2011 年被授予"欧洲最有创意博物馆奖"。博物馆的主人格鲁比希奇说，展品是情侣们分手后的遗存，留下了人们生命中重要的印迹，收藏起来是对美好感情的回味，分享经历是走出情伤的一种方式。

产业经典案例

萨格勒布电影公司和动画电影节

　　作为萨格勒布动画学派的代表，萨格勒布电影公司自 20 世纪 50 年代起逐渐成长为动画片的重要生产基地，其作品在各国动画节、电影节上展映并获得好评。在美国迪士尼动画雄霸江湖的时代，人们习惯了迪士尼动画的叙事模式与明显的商业化和娱乐性倾向，而前南斯拉夫电影人的艺术动画作品反其道而行，造型简约而内涵深刻，恰如从东南欧吹来的一股清风，令人耳目一新，一度被动画业界视为具有革命性的意义。[①]

　　在近 30 年的时间里，萨格勒布电影公司自己创作脚本、设计、导演，生产了 600 多部动画片，先后获得过约 400 个国际大奖。1962 年，萨格勒布动画大师杜尚·武科迪奇的动画电影《合成/替代品》斩获奥斯卡最佳动画短片奖。集画家、导演、艺术家身份于一身的杜尚·武科迪奇学习的是建筑专业，曾专门为杂志画漫画。他一直在萨格勒布定居和工作，直到去世。1994 年，萨格勒布国际动画节授予他"动画终身成就奖"。

　　萨格勒布国际动画节始于 1972 年，为期一周，汇聚了前南斯拉夫地区各代电影制作人及不同风格和类型的动画电影。动画节致力于促进和提升动画片的艺术与生产，通过民族的、个人的或者主题性的回顾来重温历史，同时吸纳世界范围内新出品的动画片，其间还有各种展览、讲座、小组讨论会等相关活动。从 2005 年起，该动画节由两年一次改为一年一次，

---

　　① 潘薇. 前南斯拉夫的动画电影[J]. 设计视界,2006(04):55-60.

但为确保作品质量，竞赛单元仍然每两年举行一次。

中克文化贸易

1992 年中克建交，2005 年建立全面合作伙伴关系。2019 年中克贸易额 15.4 亿美元，同比增长 0.2％。

中国是巨大的新兴旅游市场国，克罗地亚很重视来自中国的游客，尽最大努力创造游览和接待条件，有计划地对有资质接待中国游客的旅行社和导游进行培训和考核。克罗地亚一些大型旅行社纷纷在华开设办事处，积极参与和中国有关的出境旅游交易会和研讨会。^① 2016 年，到访克罗地亚的中国大陆游客 10.20 万人次，在亚洲次于韩国（37.78 万人次）和日本（12.10 万人次）；同比增长 16.1％，远高于日韩两国。2019 年中国与克罗地亚签署旅游合作谅解备忘录。

2017 年第 40 届克罗地亚国际图书与教育展，中国图书进出口（集团）总公司展出了 180 多种 200 多册中国图书，以及国家哲学社会科学文献中心学术期刊数据库和"易阅通"国际数字资源交易与服务平台等丰富资源。2019 年 11 月，《习近平讲故事》一书克罗地亚文版在克发布。

两国演艺业合作密切。2017 年 8 月，由北京市演出有限责任公司、河北省对外文化交流中心、保定市京津冀文化产业发展股份有限公司等共同投资举办的"丝绸之路"中国民谣音乐节在克罗地亚普拉广场上演。萨格勒布爱乐乐团多次到中国演出，2017 年还举办访华专场新年音乐会。克罗地亚钢琴天才马克西姆在中国知名度极高，自 2009 年以来几乎每年都在中国巡演，他倾情演奏的《克罗地亚狂想曲》令人印象深刻。

商务往来礼仪

1. 不能直接登门造访克罗地亚人，需要提前预约。

2. 注重商业伙伴的举止。出席商务活动或社交等正式场合，男士要穿西装系领带，女士都要化妆。

---

① 张智勇．克罗地亚欢迎中国游客[N]．光明日报，2014-04-15(08)．

3. 在社交场合与客人见面时，要与被介绍过的客人一一握手，并报出自己的名字。正式场合应该用头衔加姓氏来称呼克罗地亚人。

4. 在商务谈判中，克罗地亚人寒暄之后就会直奔主题。商务代表一定要非常熟悉业务，懂礼貌，善倾听；谈话要言简意赅，避免滔滔不绝。

5. 讨论应该避开政治。

6. 赠送鲜花时数量不能是双数。

阿尔巴尼亚

　　阿尔巴尼亚共和国位于东南欧巴尔干半岛西岸，北接塞尔维亚与黑山，东北与北马其顿相连，东南邻希腊，西濒亚得里亚海和伊奥尼亚海，隔奥特朗托海峡与意大利相望，海岸线长 472 公里。2018 年人口 285 万，其中阿尔巴尼亚族占 82.58%，少数民族主要有希腊族、罗马尼亚族、马其顿族、罗姆人等。56.7% 的居民信奉伊斯兰教，6.75% 信奉东正教，10.1% 信奉天主教。官方语言为阿尔巴尼亚语，流行的外语有英语、希腊语、意大利语和德语。首都地拉那，2019 年人口 90.6 万，是阿尔巴尼亚政治、经济、文化中心。第二大城市都拉斯是欧洲最古老城市之一，濒临亚得里亚海，是境内最大海港，在 1914—1919 年间为阿尔巴尼亚首都。

　　阿尔巴尼亚是传统的农业国，农业在国民经济中占有十分重要的地位。药用及香料植物、橄榄油、蜂蜜、葡萄酒等特色农产品都具有一定的市场竞争力。工业基础薄弱，工业体系建设较为落后。服务业发展较快，以旅游业为代表的第三产业已成为拉动经济增长的重要动力。近年来经济保持稳定增长。2019 年国内生产总值为 158 亿美元，增长率 2.9%，人均5448 美元。

　　阿尔巴尼亚是欧洲最不发达国家之一，文化产业发展并不突出，并且资源分布不均衡。阿尔巴尼亚的文化生活高度集中在首都地拉那，国家机构几乎都设立在这里，导致首都以外的文化供给不佳，国家歌剧院、芭蕾舞剧院、国家戏剧院等特色机构基本只在地拉那演出。据阿尔巴尼亚国家统计局 2018 年 9 月公布的家庭预算调查结果，娱乐和文化支出在家庭消费支出中只占 3%。基于互联网的数字经济和新业态等也有待发展。截至2018 年底，阿尔巴尼亚固网宽带用户约 36.1 万，同比增长 19.2%，家庭、人口宽带普及率分别为 50% 和 12.6%。

　　近年来，阿政府将旅游业作为优先发展的产业，加快旅游基础设施建设，规范旅游从业市场，加强对外宣传，不断加大旅游资源开发力度，进一步激发旅游市场的活力和潜力。旅游已经成为阿尔巴尼亚重要的创汇行业。地拉那被知名旅游杂志《孤独星球》评为 2018 年欧洲最值得去的 10 个城市之一。世界贸易组织发布的贸易统计报告显示，2017 年阿尔巴尼亚服务出口 31.93 亿美元，其中旅游服务占比 60.8%。2018 年阿尔巴尼亚吸引外国游客数量超过 590 万人，同比增长 15.8%。据世界旅游业理事会（WTTC）公布的数据，2018 年阿尔巴尼亚旅游业对经济的贡献超过 42.75 亿美元，约占全年国内生产总值的 27.3%；带动约 28.7 万人就业，约占就业人口总数的 25.2%。2019 年，以旅游和走访亲友为目的的阿尔巴尼亚入境外国游客达 610 万人次，同比增长 8.1%。阿尔巴尼亚在北部库克斯、南部发罗拉筹建新机场，以改善基础设施，进一步释放阿尔巴尼亚旅游业的潜力。

全国有报刊 100 余种，主要有《全景报》《阿尔巴尼亚报》《当代报》《阿尔巴尼亚人报》和英文版的《阿尔巴尼亚日报》《地拉那时报》等。阿尔巴尼亚电信通讯社为国家通讯社。有广播电台、电视台各 70 余家，其中绝大多数为私营，主要电视台有阿尔巴尼亚广播电视总台、Top Channel 电视台、TV Klan 电视台、Ora News 电视台等。

文化产业管理

阿尔巴尼亚文化部统管文化艺术事宜，旅游和环境部以及教育、体育和青年部两个部亦涉及部分文化产业业务。

视听媒体管理局（AMA）是阿尔巴尼亚最主要的媒体管理机构，负责电台、电视台及数字媒体执照的审批发放及后续监管，其前身是成立于 1999 年的国家广播电视委员会。媒体协会是阿尔巴尼亚最主要的媒体行业自律组织，成立于 1995 年，负责组织媒体从业人员培训、开展对外交往、进行学术研究、参与行业立法、制定职业道德准则和行为规范等。

阿尔巴尼亚文化政策建立在欧洲标准和模式之上，目标是努力促进文化认同和多样性，支持创造力和参与文化生活，以"打倒与世界其他地方尤其是西方之间的隔离墙"。从这个意义上说，文化和艺术被认为是有助于民主发展的工具。2010 年的《文化艺术法》取代 2006 年的《表演艺术法》，在实施层面加大了集权力度。

政府高度重视旅游业发展，给予多种优惠政策。1993 年颁布"旅游业发展鼓励措施"吸引投资。2016 年 4 月政府决定在国家预算中设立基金支持旅游业的研究、推广和教育项目以及创新模式，支持的对象可以是自然人或法人、本国人或外国人、私人部门或公共部门，经济部将组织评审委员会对旅游项目成本及社会、环境和经济影响进行评估以选择资助项目，资助金额将占到这些旅游项目实施成本的 50% 以上，在项目开始时预拨 30%，结束时支付发票余额。为了吸引外资投入，还实施特别保护政策：凡对阿公共基础设施和旅游、电力或农业领域不动产投资 1000 万欧元以上的外国人，根据相关规定获得该不动产后，如出现产权纠纷，政府将对外国投资者予以"国家特别保护"，并代为与第三方进行纠纷处理；如最终需赔偿，则由阿政府支付，而与外国投资者无关，以解除其后顾之忧。

1994 年阿尔巴尼亚签署了《伯尔尼公约》。有关知识产权保护的法规主要有 1999 年的《集成电路设计保护法》、2005 年的《版权法》和 2008 年的《工业产权法》等。

优势特色产业

电 影 业

阿尔巴尼亚电影在二战后于 1947 年首次亮相。新阿尔巴尼亚电影制片厂创建于 1952 年，1958 年制作了第一部长篇电影《塔娜》，其部分作品在欧洲邻国放映并在国际活动中获奖。

20 世纪 50—70 年代，中国和阿尔巴尼亚有过一段特殊的友好时期，两国相互支持提携，是一对非常亲密的无产阶级兄弟。在这段时期，中国人民接触到了大量阿尔巴尼亚电影。[①] "文化大革命"期间，《第八个是铜像》《海岸风雪》《宁死不屈》《地下游击队》《山鹰之歌》《创伤》《战斗的早晨》等一大批阿尔巴尼亚电影满足了我国亿万观众的观影需求。这批思想深邃、风格颖异的阿尔巴尼亚电影，不仅成了人们宝贵的精神食粮，而且对许多文艺爱好者产生了很大影响，正像知名主持人崔永元所说："我

---

① 山鹰之歌——阿尔巴尼亚电影记录[J]. 电影评介，2004(03)：56.

们是看阿尔巴尼亚电影长大的，是阿尔巴尼亚电影影响我走上了文艺之路。"①

2005 年，阿尔巴尼亚电影《魔眼》突破了关于独裁和移民的雷同主题，深刻探讨了媒体操纵的全球性问题。该片在 2005 年开罗国际电影节上获得最佳编剧奖、费比西国际影评人奖、最佳男主角奖和银金字塔奖，在 2006 年瓦伦西亚地中海电影节上获得摄影铜棕榈奖及最佳音乐奖，在 2007 年的里雅斯特电影节上获得观众选择奖第三名、导演因为"对阿尔巴尼亚电影所做的杰出贡献"获得表彰。目前阿尔巴尼亚电影仍在艰难发展中。②

民俗文化

阿尔巴尼亚素有"山鹰之国"之称，拥有独特而多元的文化。该国文化艺术受到统治阿尔巴尼亚超过 500 年的奥斯曼帝国的极大影响。什昆宾河南北的文化群体虽然有很大的差异，却保持着强烈的文化认同和民族认同。

阿尔巴尼亚的文学、音乐、舞蹈和戏剧作品等民间艺术具有丰富的艺术价值。传统文学涵盖了诗歌、民间故事、短篇小说、传说、谚语和逸事等。从 1937 年到 1944 年，约 15 卷民间文学作品以《国家观光》为题发表。建筑是阿尔巴尼亚历史文化的重要载体，主要博物馆有地拉那的国家历史博物馆、克鲁亚的斯坎德培博物馆、科尔察的中世纪艺术博物馆、吉罗卡斯特的武器博物馆、斯库台的民间文化博物馆等。

阿尔巴尼亚民间低声部复调音乐 2005 年入选人类口述和非物质遗产。这一传统音乐广泛应用于各类社会活动，如婚礼、丧葬、丰收庆典、宗教仪式以及节日庆典。近几十年来逐渐增加的文化旅游和学术研究促进了这一特有民族传统的复兴。

阿尔巴尼亚的民俗庆典活动特别丰富。最重要的全国民俗节每四年一次，在吉罗卡斯特城堡中举办。传统节日"夏节"实际是春节，据说在其

---

① 郑恩波. 镌刻在我心中的阿尔巴尼亚电影[J]. 艺术评论,2009(09):54-62.

② 布鲁斯·威廉姆斯,蒋涛,王文斌. 红色转型——新阿尔巴尼亚电影及其与过去的对话[J]. 当代电影,2017(8):94-100.

传统历法中一年只分冬夏两季，3 月 14 日是冬去夏来的日子，遂称夏节。这天地拉那市民会齐聚街头，举行各种欢庆活动，迎接春天的到来。此外，还有全国狂想曲家和民间乐器演奏者节、全国城市民歌节、全国民间乐器节、佩尔梅特国际多元文化节等。

产业经典案例

地拉那国际电影节

2003 年创建的地拉那国际电影节是阿尔巴尼亚唯一的国际电影节，具有奥斯卡资格认证，为来自阿尔巴尼亚、欧洲和全世界的电影艺术家和电影爱好者创造了一个分享和交流的友好空间。阿尔巴尼亚是一个热情友好的国家，电影节除了激烈的竞争，还致力于成为文化的交汇点，让全世界所有喜爱电影的人进行电影语言交流。电影节的口号和座右铭是"思维不同，观赏相同"（Think Different，See Alike）。地拉那国际电影节长年在全国各地开展宣传活动，尤其注意与各地的小型社团和青少年中心建立合作伙伴关系，以发展受众，提高影响。

千窗之城

培拉特被誉为"千窗之城"，是阿尔巴尼亚的世界文化遗产。从奥苏姆河畔向山顶远望，一座座古旧房屋沿陡峭山脊而建，外墙一律刷成白色，造型简洁干净，从山脚层层叠叠向山上蔓延。房子一座连着一座，屋顶一个挨着一个，窗户之间靠得很近，形成了优美的几何图案，层叠错落，铺满整面山坡，在阳光下熠熠生辉，耀眼夺目。这些建筑大多建造于奥斯曼帝国时期，其中最古老的是最高处的古城堡。奥斯曼旧式民居一般都有两三层，第一层由灰泥和砖石筑成，没有窗户；二层和三层的墙上开有多扇木窗，以保证采光和空气通畅。街道大部分是狭长的小巷，碎石铺路，随着山势时有起伏，在这样的街道上最适合的交通工具就是双脚。当地人给这种碎石路起了一个新的名字，叫作"博物馆之路"。许多拜占庭时期的教堂和奥斯曼时期的清真寺点缀在民居当中。穿行在老屋的迷城里，游客可以充分感受到古老的奥斯曼风情。

中阿文化贸易

阿尔巴尼亚与中国传统友谊深厚，是最早与新中国建交的国家之一。近年来，两国关系进展顺利，高层交往和各级别对话频繁，政治互信增强，经贸、人文等领域合作取得有效进展。在"一带一路"倡议及"17＋1合作"机制引领下，中阿经贸合作迎来前所未有的良好机遇。2015年中阿贸易额较上年增长8.27％，中国首次成为阿第二大贸易伙伴。2019年中阿双边贸易额7亿美元，同比增长8.7％。其中中方出口额6亿美元、同比增长11.3％，进口额1亿美元、同比下降4.7％。

昔日两国文艺作品曾在彼此国家风靡一时，成为两国人民共同的美好回忆。新时代，两国演艺界的合作再传佳话。在两国文化部共同努力下，双方定期互派演出和展览。近年来，在阿尔巴尼亚举行的"手拉手——相约地拉那"百名中阿青少年交流、中国电影周、"美丽中国"扇面画展等活动，均取得良好效果和较大反响。2017年1月13日，中阿交响乐团在地拉那联袂举办中国新春音乐会，演绎世纪经典和家喻户晓的中国名曲，再续中阿友谊新乐章。2018年8月21日，中国笛箫演奏家张维良率领中国竹笛乐团在阿尔巴尼亚港口城市都拉斯上演"笛箫传天籁"主题音乐会。

旅游成为中国和阿尔巴尼亚合作的新亮点。2012年两国签署《关于中国旅游团队赴阿尔巴尼亚共和国旅游实施方案的谅解备忘录》。阿尔巴尼亚正在努力将自身打造成中国游客在巴尔干半岛的重要旅游目的地。为此，从2016年开始，阿尔巴尼亚派出团组密集参加在中国各地举行的旅游展会、推介活动等，积极向中国游客推广阿尔巴尼亚旅游线路。为了接待好中国游客，阿尔巴尼亚做了多方面的准备，比如现在很多当地导游都有汉语水平资格认证，有些甚至还在中国进行了专门学习，能用中文流利介绍阿尔巴尼亚的历史、文化、传统、景点、古迹等。阿尔巴尼亚旅游局还针对中国游客市场推出了中文版的旅游推介材料。近年来中国赴阿游客持续增长，国内多家旅行社开辟了赴阿旅游业务。2018年4至10月，阿尔巴尼亚允许包括中国在内的9国公民持普通护照免签入境、停留期不超过90天，成为继塞尔维亚、波黑之后第三个对华免签的欧洲国家。2019

年，阿方继续在旅游旺季给予中国公民免签证待遇。2016 年 10 月，中国光大控股有限公司成功收购地拉那国际机场 100％股权，并接管该机场的特许经营权至 2027 年。这将为中国游客飞赴阿尔巴尼亚旅游提供更多便利。

广电媒体合作助力中阿关系升温。2013 年 7 月 1 日，中国国际广播电台调频台在阿尔巴尼亚正式开播。2014 年 5 月中国国际广播电台台长王庚年访阿。2015 年 4 月中国国家新闻出版广电总局代表团访阿，双方签署《经典图书互译出版项目合作协议》，12 月《习近平经典引句解读》阿文版出版发行仪式在地拉那举行。2016 年 4 月 13 日，中国驻阿尔巴尼亚使馆举办欧洲华文媒体与阿媒体见面会。2017 年 9 月《习近平谈治国理政》阿尔巴尼亚文版首发式在地拉那举行。2018 年 9 月，国家广播电视总局局长聂辰席访阿。2019 年，电视纪录片《习近平治国方略：中国这五年》、电影《乌珠穆沁的孩子》在阿尔巴尼亚广播电视总台播出。

商务往来礼仪

1. 居民主要信奉伊斯兰教，交往中注意避免触犯相关禁忌。

2. 阿尔巴尼亚文化中摇头表示同意，点头表示不同意。

3. 不要询问阿尔巴尼亚人的宗教信仰、政治态度等。

4. 在农村，人们通常是宰一只小羊或用羊头来款待最尊贵的客人。若客人不吃，主人会感到很不愉快。

5. 忌讳数字 13 和星期五。

6. 在商务方面，阿尔巴尼亚人通常决策较慢，不愿仓促表态。与阿尔巴尼亚人谈生意时要有耐心。

塞尔维亚

塞尔维亚共和国位于巴尔干半岛中北部，东北接罗马尼亚，东接保加利亚，东南接北马其顿，南接阿尔巴尼亚，西南接黑山，西接波黑，西北接克罗地亚，北部与匈牙利相连。面积8.84万平方公里。2021年人口687万，六成是城市人口。主要宗教为东正教。官方语言是塞尔维亚语。首都贝尔格莱德，著名城市还有诺维萨德、尼什、克拉古耶瓦茨等。

从地理位置和政治文化方面看，塞尔维亚有史以来就处在东西方两个世界的中间。先是在东西罗马帝国之间，而后又生存在奥斯曼帝国和西方基督教世界的夹缝中。在东西方势力东征或西征道路的十字路口，历史上频繁上演着民族大迁徙和民族大融合，不同的文明、文化、宗教、气候和地貌在这里交融交汇，多民族、多种文化元素和多种宗教信仰的混合是塞尔维亚社会的重要特征。塞尔维亚曾多次成为欧洲和世界重大事件的焦点。两千多年来，贝尔格莱德被摧毁和重建过数十次，留下了古罗马帝国、奥匈帝国的遗风。东部摩拉瓦河畔的斯塔里斯是一座历史悠久的古城，1195年成为尼曼雅王朝的首都，那里有一系列令人印象深刻的城堡、教堂和修道院等中世纪遗址，其中1979年入选世界文化遗产的斯塔里斯和索泼查尼修道院是西方文明和拜占庭世界之间联系的见证。一战后塞尔维亚成为南斯拉夫的主体部分，1992年塞尔维亚与黑山组成南斯拉夫联盟，后改名为塞黑，2006年黑山共和国独立。

近年来，塞尔维亚积极实行经济改革，推进私有化，改善投资环境，经济实现增长。2019年国内生产总值为459亿欧元，增长率4.2%，人均6557欧元。

塞尔维亚是一个热爱科学、有着创新精神和传统的国家。塞尔维亚第一个印刷厂成立于1537年，第一座博物馆成立于1837年。塞尔维亚电影业也起步较早。1896年6月，法国卢米埃尔兄弟拍摄的第一部电影在巴黎上演半年后，贝尔格莱德市就放映了巴尔干地区的第一场电影。① 塞尔维亚盛产创意人才，尼古拉·特斯拉（1856—1943）是塞尔维亚最著名的发明家、物理学家、机械工程师、电机工程师和未来学家。他发明和创造了交流电系统，对现代世界产生了深远影响，他的多项相关专利以及电磁学的理论研究工作是无线电通信的基石。贝尔格莱德的国际机场以他的名字命名，塞尔维亚纸币上印有他的头像。至今，塞尔维亚也保持着对科学的无限热爱。与众不同的科学节将科学带入平常百姓的生活中，力争使所有人都能对科学产生浓厚的兴趣，了解科学对日常生活的影响。自 2007 年以来，历年科学节举办了许多科学展览、讲座、互动演示，累计吸引了超过 50 万名参观者。2015 年塞尔维亚承办了欧洲科学活动大会。

　　塞尔维亚没有对创意产业的官方定义，而是使用联合国教科文组织的概念。文化一直是塞尔维亚民族认同的重要组成部分，在某些困难的历史时期他们只有通过文化才能存在和生存。拜占庭文化对塞尔维亚产生过深远影响。② 在 20 世纪 60—70 年代，创意产业和艺术创作一度蓬勃发展。近年来，创意产业日益成为塞尔维亚经济的重要组成部分，是推动其进入创新经济和社会的关键动力。塞尔维亚的创意产业大多集中在首都贝尔格莱德，是以文化活动和工业活动为基础的产业网络，特别强调新思想和新理念的结合。

　　塞尔维亚通信网络在巴尔干地区处于领先地位。截至 2017 年，家庭电脑普及率 68.1%，笔记本电脑普及率 43.7%，家庭互联网接入率 68%；企业互联网接入率达 98%，其中 81.3% 拥有企业网站。信息通信技术（ICT）产业是塞尔维亚具有比较优势的产业。目前，塞尔维亚有近 2000家 ICT 企业，70% 以上具有大学及以上学历的员工和相对较低的薪金水平（税前月薪 1000~2000 欧元）是塞尔维亚信息通信技术产业的核心竞争力。表现在文化产业上就是 IT 相关的行业设计、软件开发以及游戏产业尤为发达。塞尔维亚 Nordeus 公司开发的一款足球游戏《Top Eleven》，在 2013 年发布了 iOS 和安卓版本，2017 年下载量突破 1.7 亿次，玩家遍

　　① 宋文富. 步履维艰的塞尔维亚电影业[N/OL]. 光明日报，2007-3-20[2021-3-31]. https://news. sina. com. cn/w/2007-03-20/043811451747s. shtml.

　　② 朱宁虹. 人类艺术圣殿[M]. 北京：中国戏剧出版社，2006：346.

布全球，成为最受欢迎的足球游戏之一，极大带动了贝尔格莱德游戏产业的发展。2016 年世界著名游戏企业育碧在贝尔格莱德成立了东欧第四个制作工作室。随着东欧地区 IT 行业的爆炸性增长，育碧的新工作室基本设在东欧，这些工作室目前仍然是活跃状态。

塞尔维亚有悠久的手工艺传统。塞尔维亚东部的皮罗特因拜占庭风格的陶瓷而闻名，也是基里姆地毯的生产中心。此外，塞尔维亚金属加工技艺比较有名。

塞尔维亚旅游资源丰富。有许多自然保护区的地理、生物、生态平衡系统都达到国际标准。在联合国教科文组织列出的受《湿地保护公约》保护的世界重要湿地名单上，塞尔维亚的就有 9 处。塞尔维亚还有灿烂的历史文化遗产，既有史前考古遗址，也有古罗马文化遗址，更有大量中世纪的教堂和修道院，其中不少被联合国教科文组织列入世界文化遗产名录。塞尔维亚约有 200 处古堡或古城堡遗址，不过经历了多个世纪的战争破坏，如今保留下来的只有中世纪土耳其人统治时期修建的军事工事。首都贝尔格莱德拥有丰富多样的历史建筑，又充满现代都市精神，这种文化交织给贝尔格莱德带来了许多美名：文化之城、灵感之城、运动之城、节日之城等等。塞尔维亚的文化生活非常丰富，经常举办各种文化节，如斯坦利戏剧节、国际爵士音乐节、城市电影节、吉他艺术节、国际农业展等。2019 年共有旅馆 4000 多家，接待外国游客 184.7 万人次，主要来自德国、中国、土耳其、希腊等，接待国内游客 184.3 万人次。

2019 年，全国共有报纸 340 余种，主要有《政治报》《新闻晚报》《快报》《今日报》《信使报》等，用塞尔维亚文出版。期刊主要有《新闻周刊》《时代》等。南斯拉夫通讯社是国家通讯社，贝塔通讯社、FoNet 通讯社为主要私营通讯社。电视台主要有国家电视台、PINK 电视台、N1 电视台等，广播电台主要有国家广播电台、贝尔格莱德广播电台、B92 电台等。主要网络媒体有南通社网站（www. tanjug. rs）、B92 网络信息网站（www. b92. net）。

文化产业管理

塞尔维亚设有文化和信息部，主要负责管理文化艺术以及媒体等相关事宜。此外，教育、科学和技术发展部，青年和体育部，以及负责创新和科技的不管部，都有职能涉及文化产业相关领域。

塞尔维亚《文化法》体现了如下原则：文化艺术创作的表达自由；文化主体的自主性；向公众和公民提供的文化内容的开放性和可用性；尊重欧洲的、民族的文化传统和文化表现形式的多样性；将文化发展纳入社会经济和政治长期发展规划；文化民主政策；下放决策权力，组织和资助文化活动；鼓励文化艺术创作和历史文化遗产保护；将文化环境视为生活环境的组成部分并促进其可持续发展。2008年7月，文化部提出推动境内的文化平等、保持文化多样性和文化差异的可持续性、推动公共文化服务以履行政府对文化艺术发展的责任、支持艺术发展和文化创新、发展现代高效的文化管理体系、尊重作者权利等。塞尔维亚涉及保护知识产权和工业产权的法律还有《专利法》《版权法》《商标法》《发明法》《反垄断法》等。

塞尔维亚把发展信息技术产业、推动国家数字化革命和大力发展教育产业作为新政府的两大优先执政目标。信息通信技术产业是塞尔维亚大力推动发展的核心产业之一，为此政府积极完善信息通信产业法律法规，推动实施电子商务、电子政务、电子财会、电子健康等智能信息化计划，以提升政务公开度、商业效益、政府廉洁度和民生水平。此外，塞尔维亚陆续向国外投资者开放了数字电视、有线和无线宽带网络基础设施等信息通信市场，希望吸引更多外商投资。

优势特色产业

设计业

设计业是塞尔维亚经济和社会发展的重要领域。自2000年以来，塞尔维亚创造力的新时代逐渐转向年轻的新观念、新潮的创作形式和表现形式，在舞台设计、时尚、多媒体和电影等方面散发出耀眼光芒。新的创意力量在不断孕育，很多设计师在伦敦国际时装秀上展示出了塞尔维亚的创造力。在一些重要的外交场合，玛丽亚·扎哈罗娃、希拉里·克林顿等都曾穿戴过独特的马鲁什卡围巾和塞尔维亚饰物。

贝尔格莱德时装周创立于 1996 年，每年两次，于 3 月与 10 月举行，已经成为巴尔干地区最重要的时尚文化传播活动。时装周集合该地区知名度较高的国际时尚品牌、年轻设计师、学生、商业家等，给塞尔维亚乃至全世界的设计师提供了一个交流经验与灵感、打开设计师和品牌知名度的良好平台。时装周还致力于时尚教育传播，将不同产业与时尚相结合。专业的参与者和广泛的媒体宣传使时装周在国际上站稳了脚跟。

贝尔格莱德设计周于 2006 年由民间组织创立，致力于推广年轻设计师、设计学生以及本地的创意设计产品，每年都会邀请国际知名专家开设讲座、精英课以及圆桌会等，吸引国内外年轻设计师与商业团体前来交流合作。设计周将国内时尚界与周边市场、世界时尚中心联系起来，将时尚形象与化妆品、计算机技术、移动通信、汽车工业、各种软饮料和酒结合起来，从而成为汇聚和推送营销信息的理想场所。设计周也与贝尔格莱德文化中心、法国文化中心、匈牙利应用艺术博物馆等多家相关机构合作，同时也有很多在贝尔格莱德生活和工作的外交代表和外国同行参加，进一步扩大了其影响力。

节庆活动

贝尔格莱德被誉为活动之城。其活动种类丰富，数量繁多，常年吸引着欧洲乃至世界各国的游客们来到此处，体验这座城市躁动的生命力。贝尔格莱德的文化节日包括博物馆之夜、音乐节、啤酒节等。

博物馆之夜是欧洲一项重要的文化普及活动，由法国文化部于 1999 年发起创办，2005 年后推广至欧洲其他国家和地区。贝尔格莱德拥有众多博物馆，如国家博物馆、军事博物馆、人种学博物馆、汽车博物馆、历史博物馆、尼古拉·特斯拉博物馆等，数量众多，种类齐全，有 68 所加入博物馆之夜。为了使人们主动去了解自己的民族文化和艺术，博物馆之夜会举办演出、演讲等现场活动，将现代元素融入古老建筑，增加参与感和娱乐性，让枯燥的博物馆"活"起来，进而实现向大众推介珍贵文化遗产的目的。

贝尔格莱德以夜市知名，2010 年曾被评为全球夜生活最丰富的城市。贝尔格莱德的夜是包容的夜，音乐家、艺术家、美食家藏龙卧虎，古代的、现代的、超前的相互交融。夜市是举行活动的理想场所。夜市多集中在夏季，出售小吃和小商品，从下午 6 点一直营业到午夜。除了一般的杂货商，还会有年轻设计师、熟食贩卖者、艺术家等各种不同的小摊贩加入夜市，让一个个普普通通的农贸市场在夜幕下变成巨大的餐厅和艺术馆。街头音乐家、乐队、舞蹈队给整个夜市笼上一层轻松浪漫的氛围；餐馆、大厨和艺术工作室往往一拥而上，推出有机食品、传统熟食、葡萄酒、水果酒、汉堡及自酿啤酒等各种美食和精美的手工艺品，全方位刺激游人的嗅觉、味觉、听觉和视觉，为居民和游客提供美好的就餐和购物体验。

贝尔格莱德 BEMUS 音乐节集合了古典音乐会、歌剧、合唱团、儿童歌唱班等。BEMUS 音乐节创立于 1969 年，是塞尔维亚最古老、最重要的音乐节，也是东欧最著名的音乐节之一，于 2002 年加入欧洲节日协会。BEMUS 音乐节曾经吸引了许多著名艺术家和团体，包括阿姆斯特丹交响乐团、哥德堡交响乐团、布达佩斯交响乐团、法兰克福交响乐团、慕尼黑交响乐团、北京京剧团等。

贝尔格莱德吉他艺术节创办于 2000 年，宗旨是通过举办艺术比赛、邀请著名演奏家演出、开设大师班等形式，为古典吉他爱好者和专业人士提供学习交流平台，向大众提供由世界级古典吉他大师所讲授的实践课以及专业理论课，促进古典吉他艺术的发展[①]。此外，音乐节还举办各种展览、竞赛、音乐会、午夜吉他咖啡馆等活动。中国著名古典吉他演奏家杨雪霏曾在此倾情献艺。

贝尔格莱德啤酒节创立于 2003 年，是东南欧最大的啤酒节之一，被英国"独立电视台"列入世界上最盛大的 20 个活动。该节日为期 5 天，无需门票，每年约有 50 万人参观，游客可以购买和享受来自世界各地众多品牌的啤酒[②]。贝尔格莱德啤酒节声名远扬，除了入场免费，还得益于以摇滚为主的多样化音乐活动、多种国内外啤酒品牌齐聚、呼吁环境保护的社会运动等[③]。

---

① 杨雪霏献艺贝尔格莱德吉他艺术节[EB/OL].（2011-2-10）[2021-3-28]. http://rs. china-embassy. gov. cn/zsgx/whjy/201102/t20110214_3370330. htm.

② 拥抱夏天：塞尔维亚夏季节日超全攻略[EB/OL].（2019-5-5）[2021-3-26]. http://www. mafengwo. cn/gonglve/ziyouxing/272185. html.

③ 贝尔格莱德啤酒节[EB/OL].（2016-3-25）[2021-3-28]. https://cn. wtcf. org. cn/csfc/csjqhd/2016032510476. html.

产业经典案例

尼什爵士音乐节

尼什（NISVILLE）爵士音乐节是塞尔维亚的四大音乐节之一，也是东南欧最大且最受欢迎的爵士音乐节。1995 年首次举办，2005 年后成为尼什市的官方文化活动，2010 年被塞尔维亚文化部评为"具有民族价值的节日"，被国家旅游组织纳入官方推荐的欧洲旅游盛事名单，其重要性得到了塞尔维亚官方和商会的认可。

尼什爵士音乐节一直在发扬当代爵士乐的多元文化特点，呈现传统的爵士乐形式及其与世界音乐传统的融合，并着重展示巴尔干地区的音乐。[①]音乐节在尼什城市堡垒内举行，这里已经成为该地区的"爵士乐中心"，每年都会吸引世界各地的演出者和游客，如萨克斯演奏家格蕾丝·凯利（Grace Kelly）、歌手所罗门·伯克（Solomon Burke）等，中国音乐人孔宏伟、秦四风、李晓川等也都在此巡演过。除了为游客们表演，音乐家还有机会举办讲习班，为艺术交流提供平台。[②]

出口音乐节

出口（Exit）音乐节源自 2000 年塞尔维亚国内的一次追求民主和自由的学生运动，历史背景决定了强调社会责任是该音乐节的核心精神。在2014 年 1 月于荷兰格罗宁根举办的欧洲节日奖评选中，出口音乐节力压来自 34 个国家的 360 个音乐节，被评为"最好的大型欧洲音乐节"。此外，出口音乐节还曾荣获 2007 年英国节日奖评选的最佳海外音乐节奖、2009—2012 年欧洲节日奖评选的最佳音乐节奖等。[③]

---

① 在本地区最著名的音乐节期间游览塞尔维亚［EB/OL］.［2021-3-31］. http://lvyou168.cn/magelantravel-serbia-balkan/cultural_events_serbia.html.

② 塞尔维亚，站在世界十字路口的传奇王国［EB/OL］.（2015-12-17）［2021-3-31］. http://www.fengsung.com/n-151217111759875.html.

③ 盘点欧洲十大最"热"的夏季音乐节［EB/OL］.（2015-8-19）［2021-3-31］. https://www.sohu.com/a/28307652_109401.

贝尔格莱德国际书展

贝尔格莱德国际书展是中东欧最大、欧洲第三大书展，从 1956 年开始每年秋季举办，集图书展销、版权贸易、主题论坛于一身，是该地区最盛大的文化交流活动之一，为增进各国间的相互了解和合作提供了重要平台。[①]

2014 年第 59 届国际书展的主宾国是中国。活动由中国国家新闻出版广电总局主办，中国图书进出口（集团）总公司承办，是中国第一次在中东欧地区举办国际图书展主宾国活动。从展台设计到区域设置都运用了大量中国元素，并设置多项互动内容为塞尔维亚人及各国来宾直观了解中国悠久的历史文化提供平台。书展展示了 5000 多册当代中国出版的精品图书，举办高端论坛、研讨会、文化艺术展、作家交流、中国文化展示会等数十场交流活动，并通过书法、印刷、茶艺等方式向塞尔维亚读者们详细全面地展示了中国文化的魅力，获得了塞尔维亚书展主办方的高度评价。[②]

中塞文化贸易

中塞友好关系源远流长，塞尔维亚是中国在中东欧地区首个建立全面战略伙伴关系的国家，双方各领域、各层次交往频繁。中塞政府间签有《关于共同推进"一带一路"建设的谅解备忘录》《在共建"一带一路"倡议框架下的双边合作规划》，建有经贸混委会机制，签有《投资保护协定》《避免双重征税协定》《基础设施领域经济技术合作协定》《文化合作协定》《科技合作协定》等协议。

塞尔维亚是中国在巴尔干地区重要的经贸伙伴。中国长期保持塞尔维亚第五大贸易伙伴的地位，并长期处于顺差地位。2019 年中塞双边贸易额 13.9 亿美元、同比增长 46.3%，2020 年 1 至 8 月双边贸易额 13.8 亿美元、同比增长 63.4%。华商是联系两国的重要桥梁。目前在塞尔维亚的华

---

① 贝尔格莱德国际书展：中国第一次成为主角［EB/OL］.（2014-10-28）［2021-3-31］. http：//www. wenming. cn/book/pdjj/201410/t20141028_2256312. shtml.

② 第 59 届贝尔格莱德国际书展圆满落幕［EB/OL］.（2014-11-3）［2021-3-31］. http://news. cri. cn/gb/42071/2014/11/03/5931s4751654. htm.

人约 5000 人，绝大部分经商，主要从事零售业，集中在贝尔格莱德、诺维萨德、尼什、潘切沃、莱斯科瓦茨等城市，一些中小城镇亦有中国个体商铺。旅塞华商投资建设的中国商品销售中心，也逐渐从日用商品向购物、餐饮、文化消费综合体发展。贝尔格莱德新区的"Belmax 贸易中心"，总投资 1800 万欧元，总建筑面积 12 万平方米，经营场地约 5 万平方米，集批发、零售、办公、服务、中国特色餐饮及文化和娱乐消费等功能于一体，2008 年 3 月起分两期陆续招商开业。

两国在文化产业领域合作默契，携手构建了中国-中东欧文化创意产业合作机制。2016 年 6 月 5 日由中国国家文化贸易学术研究平台发起，中国文化部、塞尔维亚文化和媒体部主办的首届中国-中东欧文化创意产业论坛在贝尔格莱德开幕。论坛围绕"我们共同的未来：创意产业与文化贸易"，深入交流和研讨了中国与中东欧国家文化创意产业领域巨大的合作潜力，成果丰硕。作为"16＋1"机制框架下第一个关注文化创意产业和文化贸易的学术交流活动，这届论坛是中国第一次在 16 国中的非欧盟国家举办的 16＋1 论坛，也是首个在塞尔维亚举办的"16＋1"机制框架下的活动，填补了中国-中东欧国家在文化产业与文化贸易合作领域的空白，具有里程碑意义。

两国影视业的合作由来已久。对很多中国人来说，塞尔维亚是《瓦尔特保卫萨拉热窝》《桥》等著名影片的故乡，是广为传唱的《啊，朋友再见》的诞生地，人文交流合作传统为新时期两国友谊提供了深厚底蕴。据塞尔维亚驻华大使巴切维奇透露，《瓦尔特保卫萨拉热窝》《桥》的翻拍协议已经正式签署，将为两国加强文化交流带来新的契机。[①]

旅游业的合作已进入快车道。塞尔维亚和中国自 2017 年起开始互相免签，塞是欧洲第一个真正对华免签的国家。2018 年 11 月 29 日塞尔维亚文化中心在北京 798 艺术区举办开幕式。2018 年中国访塞尔维亚游客首次突破 10 万人次，较 2017 年增长 98％，过夜人次达到 17.9 万，同比增长 89％，均创下历史新高。中国成为仅次于波黑的塞尔维亚第二大境外游客来源地。2019 年有超过 14 万中国游客涌入塞尔维亚，中国成为塞尔维亚最大的客源国。2019 年 9 月 18 日中国与塞尔维亚首次警务联合巡逻启动

① 毛莉，吴正丹."我们和中国有'钢铁般的友谊'"[N]. 人民日报海外版，2019-12-25(09).

仪式在贝尔格莱德举行，塞尔维亚成为继意大利、克罗地亚后第三个与中国开展联巡的欧洲国家。2021 年 3 月，塞尔维亚国家旅游局、黑山国家旅游局携手途牛旅游网推出以"欧洲野性灵魂"和"慢探险之旅"为主题的两场线上专场直播分享及一场线上直播培训，1 个小时内吸引 591.9 万用户在线观看，峰值 41.6 万人，点赞数超 373.9 万。

在文化遗产保护领域，两国也启动了实质合作。2019 年 5 月 31 日，文化和旅游部产业发展司副司长马峰率领由文旅部、华为塞尔维亚分公司及北京邮电大学相关负责人组成的联合工作组，分别与塞尔维亚负责创新与技术发展的不管部部长顾问、文化和信息部部长助理等人举行工作会谈，共同探讨两国文化遗产数字化产业合作的具体路径。工作组还与塞国家博物馆、南斯拉夫历史博物馆和民俗博物馆的三位馆长及相关部门负责人举行工作交流，对接"博物馆数字化"合作项目。

在数字化技术方面，两国也有深度合作。华为 2005 年进入塞尔维亚市场后，已经成为塞尔维亚三大运营商的战略合作伙伴，为塞尔维亚百姓提供高速网络，同时与塞尔维亚政府多个部委、大型企业以及多个城市建立了信息通信技术（ICT）领域战略合作关系，在国家宽带、平安城市、智慧教育、智能电网、智慧城市等领域深入合作。华为高度重视在塞尔维亚的企业社会责任，开展"未来种子"、eLTE 实验室等项目，为当地培养了大量 ICT 人才。2020 年 9 月，华为开放其位于贝尔格莱德的创新与数字发展中心，该中心在该区域数字化转型过程中起到了主要推动作用。华为希望激励本地合作伙伴和初创企业社区，在该中心孵化更多先进的 ICT 解决方案，共同为本地区工业应用创新贡献力量。2020 年 12 月，华为与塞尔维亚信息技术与电子政务办公室签署合作协议，成为克拉古耶瓦茨国家数据中心的商业合作伙伴。

在中国驻塞尔维亚使馆和中国国家广电总局的积极推动下，腾讯视频出品的最新美食纪录片《风味人间》在塞尔维亚旅游电视台播出，将中国美食和传统文化介绍给塞国观众。塞尔维亚巴尔干旅游电视台与中方版权单位签署合作协议，获得了《风味人间》两季共 16 集纪录片在塞尔维亚及前南地区的播放授权，进行当地语言译制后在该频道的黄金时段播出。巴尔干旅游电视台是塞尔维亚专业的旅游、文化类商业电视频道，覆盖 100 多万有线电视用户。在新冠病毒疫情蔓延全球之时，中塞旅游交流与合作受到冲击。在人员往来受限的情况下，在塞旅游频道播放中国美食纪录片，不仅会丰富当地的文化生活，也会加深塞民众对中国文化的了解。①

商务往来礼仪

1. 塞尔维亚人十分讲究称呼和问候，要在姓氏前冠以"先生""夫人"或头衔表示尊敬。

2. 与塞尔维亚人商谈一定要事先约定，不能贸然拜访，见面时要相互递交名片。

3. 塞尔维亚商人出席商务活动或社交场合，很注重衣着和礼貌。男士着西装打领带，女士要化妆并佩戴首饰。要入乡随俗，适应不同场合，着装得体，与客人首次见面不要穿休闲服。

4. 在社交场合与客人相见时，要与被介绍的客人一一握手，并报出自己的姓名。

5. 商洽具体业务时不可含糊其辞，要明确表态，以避免不必要的误解。要注意以礼相待，措辞得体，避免谈论科索沃战争、南斯拉夫战争等话题。

6. 到家里拜访，一般习惯送实物礼品或鲜花，不要穿鞋子进去。

7. 重要节日习惯相互送礼，礼品一般为酒类、鲜花及经典办公文具套装等。递交礼品时，要当面拆掉包装纸，展示并介绍礼品内容。

---

① 中国大型美食纪录片《风味人间》即将在塞尔维亚播出［EB/OL］.（2020-8-7）［2021-3-31］. http://www.china-ceec.org/chn/hzjl/glyhz/rw/t1805395.htm.

北马其顿

北马其顿共和国位于欧洲巴尔干半岛中部，西邻阿尔巴尼亚，南接希腊，东接保加利亚，北接塞尔维亚。2019年人口207.7万，主要民族为马其顿族（64.18%）、阿尔巴尼亚族（25.17%）、土耳其族（3.85%）、罗姆人（2.66%）和塞尔维亚族（1.78%）。居民多信奉东正教，少数信奉伊斯兰教。官方语言为马其顿语。首都斯科普里，2019年人口63万。

1991年马其顿脱离南斯拉夫独立，宪法定国名为马其顿共和国。希腊认为这一国名暗示马其顿对希腊马其顿省有领土和文化遗产要求，反对马其顿加入欧盟和北约。2018年6月，两国政府达成协议，以马其顿更名为"北马其顿"作为希腊同意其加入欧盟和北约的条件。2019年1月，马其顿按照协议更改国名。

北马其顿一直以吸引外资、发展开放经济体为促进国内经济发展的重要手段，在区位、税收、劳动力等领域具有较强竞争力。近年来，北马其顿曾在世界银行最佳改革国家排行榜排名第5位、世界银行营商环境报告排名全球第10位，在资本流动、政府运行、投资者保护等方面表现出色。随着国内外环境改善和各项改革措施推进，北马其顿经济保持稳定增长。2019年国内生产总值126.9亿美元，增长率3.6%，人均6112美元。

总体来说，北马其顿人口少、国土面积小，经济在欧洲相对落后，在国际政治中话语权不强。科技水平不高，全国只有100多家科研机构，大部分在高校。教育基础设施如学校、教育器材等薄弱，近年来也面临教育人才外流、教师队伍素质下降、年龄结构老化等问题。失业率也比较高，2018年失业率为20.7%，为独立以来最低水平，女性和少数民族失业情况较为严重。相较于其他欧洲国家，北马其顿人均生活支出偏低，文化消费水平也不高。在文化产业领域，图书、旅游、手工艺、文艺演出等传统业态比较成熟，基于数字技术的新业态发展尚不充分，也缺少具有领军意义的文化企业和具有国际影响力的文化品牌。

北马其顿旅游资源丰富，有美丽的自然风光和古老的文化传统，主要景区有奥赫里德湖、多伊兰湖、马夫罗沃湖、普雷斯帕湖等。有1000余处教堂和修道院，4200余处考古遗址。古罗马斯库皮古城遗址位于斯科普里郊区，建于公元1世纪后期。斯科普里还有古罗马时期的水渠，约建于公元1世纪，长386米，有55个拱洞，由石头和砖建成，直到18世纪还在使用。斯科普里的雕像特别多，被称为"雕塑之城"。在斯科普里市中心，距马其顿广场不远，有一座特里莎修女纪念馆。特里莎修女是世界著名的天主教慈善工作者，于1979年获得诺贝尔和平奖。她一直在印度从事慈善工作，她创立的仁爱教会为数以万计的印度加尔各答难民提供了援助。一生培养了4000多名修女、10万多名义工，以及123个国家的610万多名慈善工作者。纪念馆原是她的故居，展示了她的生平和事迹，还保留着她生活过的房间及使用过的物品。① 歌舞节、狂欢节等丰富多彩的活动也吸引了众多游客。2019年，北马其顿旅游直接从业人员2万人，带动就业10万人；游客1184963人次，其中国外游客757593人次。在《孤独星球》评选的2020年十大最佳旅游国家中，北马其顿位列第三。

葡萄酒是北马其顿的阳光产业。马其顿曾是罗马帝国最重要的葡萄种植区域之一，其葡萄园耕作精致，所产葡萄品质极高。历经几千年的发展改进，马其顿人在保留传统工艺的基础上，逐步更新设备，提高技术含量，所酿造的葡萄酒享有盛誉。北马其顿独立以来，每年约有90%的葡萄酒出口到西欧各国。每年10月1日至5日，在首都斯科普里举办以葡萄酒和烟草为主要展览品的国际农产品及食品交易会，吸引了大量国外烟酒商。

2019年出版报纸20种，总发行量947.7万份，主要报纸有《新马其顿报》《日报》《晚报》《信使报》等。刊物7种，总发行量72万册，主要刊物有《论坛》《东方》《马其顿太阳》《马其顿体育》等。通讯社有国家新闻社、马其顿新闻社和马其顿新闻中心。全国有公共电视台52家，其中中央台13家，用马其顿语、阿尔巴尼亚语等7种语言播放。共有61个广播电台，其中国家广播电台3个。

---

① 北马其顿斯科普里文化印象[EB/OL].（2020-1-22）[2021-3-31]. https://www.sohu.com/a/368483958_155679.

文化产业管理

北马其顿文化部管理文化艺术等相关事宜，包括出版、音乐、舞台演出、电影、画廊、图书馆、档案馆、博物馆、电影院、文化中介活动、版权保护等。另外教育与科学部、信息社会与公共管理部、经济部亦有部分职能涉及文化产业相关领域。

1998 年的《文化法》规定了一些关乎国家利益的基本原则，例如保持文化的连续性、保护优秀的文化成果、鼓励文化多样性、保护和发展不同社区的文化认同等。为了实现文化的可持续发展，北马其顿每五年制定文化发展国家战略，文化部据以制定战略计划，其中《文化部战略计划2016—2021》明确文化部的活动将侧重于促进和巩固民主、人权和自由，具体目标有：鼓励艺术创造，促进个人发展，促进敏感群体相互了解、平等参与文化生产和社会文化生活，积极发展民营的文化机构；广泛传播文化，促进公平和积极的公众参与，推动区域和国际文化合作；等等。

政府对媒体有一定的管控。其《广播法》规定外国人参与广播公司的投资比例不能超过 25%。

高度重视文化遗产保护，将文物交易与军事工业、武器交易、麻醉品交易等并列，除此以外的投资领域均对外开放。积极发展旅游业，鼓励外商投资旅游业。

1993 年北马其顿加入世界知识产权组织（WIPO），2003 年加入世贸组织，不断加大保护知识产权力度，主要体现在打击盗版软件等方面。北马为加入欧盟，以欧盟标准积极修改知识产权法律，如《工业产权法》《作者权益法》《海关保护知识产权法》等。负责知识产权保护的部门有两个：一是工业产权办公室，主要保护专利、商标、服务标识、设计、模型等；二是文化部版权办公室，主要保护著作权及其他相关权利。此外，内务部主要负责打击知识产权相关的网络犯罪，海关署也有权扣押涉嫌侵犯知识产权的货物。外国知识产权在北马其顿相关部门注册后享受国民待遇。

优势特色产业

文化遗产旅游

马其顿拥有辉煌灿烂的古代历史文化，公元前 4 世纪的传奇皇帝菲利普二世与他的儿子亚历山大大帝建立的马其顿帝国是世界历史上第一个地跨欧、亚、非三洲的大帝国。在这段时期，希腊与罗马都臣服于马其顿，马其顿达到了它发展的巅峰。今天，保存于北马其顿的斯库皮等古城的古罗马圆形剧场和教堂，可以让世人了解公元前 4 世纪的建筑风格，其内部精美的镶嵌图案和壁画展示了当年大帝国的风范。此外，3 万年前石器时代的人类遗址、拜占庭时代的教堂和奥斯曼帝国的清真寺等遍布于北马其顿境内，文化旅游资源极为丰富。

千余处教堂和修道院是北马其顿的宝藏，其中有约 15 万平方米的壁画、约 2.3 万个图标、240 个圣像和其他木雕。

圣索菲亚教堂是北马其顿最重要的世界遗产之一，建于中世纪，如今仍保存得很好。教堂内部保留了 11 到 13 世纪的美丽壁画，是这个国家的艺术佳作和文化瑰宝。这里曾是奥赫里德大主教的教区，在奥斯曼帝国入侵时期被改建成清真寺。

在斯科普里西北郊的斯库皮古城，公元 518 年发生了灾难性的大地震，现在依然可见罗马帝国和拜占庭城市的废墟。1963 年 7 月，斯科普里市中心发生 6.1 级地震，85％的建筑毁于一旦，12 万多人无家可归。当时，火车站大楼保留了下来，后来被辟为地震博物馆。如今，火车站大楼上的时钟指针仍停留在地震开始的时刻：5 时 17 分。它让人们永远铭记那灾难性的一刻，时刻告诫人们不要丧失对地震灾害的警惕。地震博物馆展示了当时地震的惨烈状况，也向人们普及关于地震的科学知识。

北马其顿的旅游纪念品富有传统文化特色，金银饰品做工精良，瓷器、铜像、木雕、皮革、服装制作技艺精湛。

图书出版业

1995 年北马其顿国有出版社私有化后，出现了许多新的出版商，登记出版活动的实体有两三百个。文化部也不断拨出财政资源刺激文学创作和出版活动，用于支付稿酬、文学奖奖金和出版商的印刷费用。2008年2月，政府推动"百年马其顿文学"出版资助项目，于2009年初完成，总计131卷，3.2万页。2010年，文化部完成了"马其顿语100名诺贝尔奖获得者"的翻译项目，耗资约50万欧元。2011年，文化部完成了"英语语言中的马其顿文学"130卷的项目，涵盖了过去千年马其顿文学的发展史。文化部和教育部还联合开展了一系列文学外交活动，其主要内容是马其顿文学作品外译和世界名著内译。①

为了覆盖更广，斯科普里市图书馆使用"图书馆巴士"——一种专门的货车，把书带到当地最偏远的村庄。图书馆巴士有约1500名注册用户，大部分是儿童，每人每年支付约0.9美分的象征性会员费。2008年，文化部出台了一项新措施，以改善图书馆的经费困境：每个出版社都有义务每年向国家和大学图书馆捐赠110本文化部支持的图书。这项措施每年将为图书馆提供大约3万册新书。

小而精致的电影产业

北马其顿的电影产业规模极小，年产量屈指可数，但是质量非常高，已经为世界影坛奉献多部经典。1994年上映的《暴雨将至》获得第51届威尼斯国际电影节金狮奖，是首部获得奥斯卡最佳外语片提名的马其顿电影。著名电影学者戴锦华对此片予以高度评价，认为其故事形式很难被复制。其导演、编剧米尔科·曼彻夫斯基2012年曾担任第69届威尼斯国际电影节评委，2017年担任第20届上海国际电影节评委。2020年的纪录电影《蜂蜜之地》获得第35届圣丹斯国际电影节评审团大奖、第54届美国国家影评人协会最佳纪录片奖、第92届奥斯卡最佳纪录片提名和最佳国际影片提名，是历史上首部同时获得这两项提名的作品。它讲述了中年养蜂人的故事。在三年的时间里，导演在恶劣的条件下连续拍摄了400多个小时的镜头。养蜂人住在一间破旧的没有电的小屋里，导演就睡在屋外的帐篷里。他们唯一的计划就是等待扣人心弦的镜头出现。影评人对这部电

---

① 国家语言文字工作委员会组编. 世界语言生活状况报告（2018）[M]. 北京：商务印书馆，2018：21.

影赞不绝口。《洛杉矶时报》写道："很少有纪录片如此详尽地讲述了地球奇迹正在被人类贪婪蹂躏的故事，它让人感到亲切又愤怒。"

产业经典案例

奥赫里德古城

在北马其顿西南部奥赫里德湖的东北岸，有一座景色秀丽、气候宜人的古城。这里有中世纪的教堂、修道院、壁画、城堡与塔等古迹，也是国际疗养、游览的胜地。1979 年被列入世界遗产名录，1980 年扩展为文化与自然双重遗产。

奥赫里德是一个历史积淀深厚、历经沧桑的城市。除了塞缪尔城堡，古城内的老房子也很有特点，几乎都是上大下小、白墙红瓦。据说当年老百姓为少缴土地税，才设计了这种上大下小的房子，这成为当地的一个标志。现在，这些老房子多被用作家庭式旅馆、酒吧、餐厅和手工艺制作坊。

在奥赫里德古城中，有一个古老的造纸作坊，是国家手工制纸博物馆。这里是欧洲少有的曾使用中国古代四大发明之一的传统造纸术的地方，15 世纪开始改用世界伟大发明之一谷登堡印刷机至今。现在谷登堡印刷机只有两台存世，一台就在奥赫里德。在国家手工制纸博物馆，手工艺人给游客展示从纸浆到纸张再到用谷登堡印刷机印制的整个过程。古城中有一座 2000 多年前的圆形古剧场，建于古希腊晚期或古罗马时期，后来不断修补，现只剩观众席的半个区域，但仍然十分壮观，且很多砖石仍是2000 多年前的。

每年夏季的奥赫里德歌舞节是一次联合大演出，来自世界各地的音乐舞蹈家在这里表演。从 20 世纪 60 年代起，巴尔干歌舞节都在这里举行，使这座古老的城市充满了生机，也为旅游者带来了无限的快乐。从 7 月起，整个城市沉浸在古典音乐、爵士乐、音乐剧和民歌中。①

---

① 　未西寅.北马其顿奥赫里德市文化印象[N].中国文化报,2020-01-15(4).

国家歌舞团

北马其顿国家歌舞团是一支杰出的专业民族歌舞团，1949 年创建，致力于传承北马其顿丰富的文化遗产，并肩负着民族文化研究、遗产收集、节目制作和演出的光荣使命。

歌舞团以高端而专业的表演吸引了国内外大量观众，曾获得多项大奖和多方认可。1950 年在英国获得"兰戈伦国际艺术节"金奖。歌舞团的足迹遍及上百个国家和地区，被称为北马其顿向世界展示绚烂文明的移动博物馆和文化使者。由于对促进马其顿传统文化艺术传承做出的卓越贡献，该团 2008 年获得政府颁发的最高荣誉认证。

中马文化贸易

1993 年，联合国以"前南斯拉夫马其顿共和国"的临时国名接纳北马其顿，中国投了赞成票。10 月 12 日两国建交。两国外交部建有磋商机制。

中马两国政府和民间文化交流频繁。两国文化部于 2011 年签署了促进两国文化交流的双边协议，近年来每年都有各种文化交流活动。2017 年 9 月，两国文化部签署《2018—2023 年文化合作执行计划》。2019 年 11 月 25 日，第四届中国-中东欧国家文化合作部长论坛在北马其顿召开，论坛通过了《中国-中东欧国家文化合作斯科普里宣言》和《中国-中东欧国家 2020—2021 年文化合作计划》，新建"17＋1"文化合作网络信息平台。

北马其顿总体投资环境良好。近年来政府下大力气改善商业环境，为外商投资提供优惠政策，力图通过吸引外资来提振本国经济。前总理尼古拉·格鲁埃夫斯基连续于 2012 年 5 月、2013 年 7 月、2014 年 7 月和 2015 年 11 月四次访华，在北京、上海、广州、香港等城市进行商业路演，组织北马其顿投资环境推介会。

两国在"一带一路"倡议框架下，进一步深化各领域合作，共同推动中国-中东欧国家合作提质升级。2019 年双边贸易额 2.82 亿美元，同比增长 83%。其中中方出口 1.34 亿美元，同比增长 26.4%；进口 1.48 亿美元，同比增长 206.8%。据海关统计，近年来，中国对北马其顿出口商品主要有手机、通信设备、便携式电脑等，中国从北马其顿进口商品主要有矿物、钢铁及其制品等。

　　旅游业的合作前景广阔。赴北马其顿旅游的中国游客数量稳步增长。据北马其顿统计局统计，2018 年外国游客总数为 707345 人次，同比增长12％；其中中国游客 13724 人次，同比增长 45％。

　　两国在影视领域的合作已结硕果。由北马其顿国家电视台与中国驻北马其顿大使馆合作摄制的系列电视纪录片《携手丝路》首映式于 2020 年 1月 29 日在斯科普里举行。该纪录片在北马其顿国家电视台播出 1 个月，分别以教育、文化与艺术、友好城市与旅游、美食与中医、经贸与合作等为主题，全面展示了中国和北马其顿在经贸投资和人文交流等领域的合作成果。2020 年 12 月 27 日，北马其顿收视率前三的泰尔马（Telma）电视台首播 20 集电视纪录片《宝藏中国》。应中国驻北马其顿大使馆邀请，国际在线山东、陕西、黑龙江等 9 家地方频道在第一集中为北马其顿观众录制了来自中国的新年祝福。

　　北马其顿企业努力开拓中国市场，参加在上海举办的葡萄酒博览会和在宁波举办的中国-中东欧国家投资博览会等，推销他们的产品。斯多比（STOBI）品牌在中国以 100％原瓶原装进口葡萄酒为主营业务，主打中高档酒品，在全国多地有品牌专卖店，各大电商平台有售，京东有旗舰店。在驻华大使倾力支持下，先后成为该国独立 27 周年暨与中国建交 25 周年招待晚宴指定用酒、2019 年中国全球外交官之夜晚宴指定用酒，一举树立了国际优质精品葡萄酒的品牌形象。2021 年 1 月，斯多比（深圳）酒业有限公司获得 AD-VC 广告基金三年 10 亿元的投资。[①]

商务往来礼仪

1. 北马其顿人热情好客，登门做客不要迟到，应带些小礼物。
2. 在下午 5 点前拜访或打电话到人家是不礼貌的，注意避免。
3. 赠送鲜花不能送双数，双数的花一般用于葬礼。
4. 进入北马其顿的教堂必须注意着装整洁与举止文雅。

---

　　①　风投基金瞄准葡萄酒行业:斯多比葡萄酒品牌获 AD-VC 10 亿广告投资［EB/OL］.（2021-1-29）［2021-3-31］. http://gs. sina. com. cn/finance/2021-01-29/detail-ikftpnny2701037. shtml.

波　　黑

波斯尼亚和黑塞哥维那，简称波黑，位于巴尔干半岛西北部，东邻塞尔维亚，东南部与黑山接壤，西部及北部邻克罗地亚。国土面积 51129 平方公里。2016 年人口 353 万，波斯尼亚族约占 50.1%，塞尔维亚族约占 30.8%，克罗地亚族约占 15.4%，三族分别信奉伊斯兰教、东正教和天主教。首都萨拉热窝市，人口约 27 万，是波黑第一大城市和政治、经济、文化中心。

波黑由波黑联邦（约占波黑领土 51%）和塞族共和国以及布尔奇科特区组成。波黑的行政区划有两大特点，一是按两个实体划分为联邦行政管辖区和塞族共和国行政管辖区，二是按三大民族划分为波族控制区、塞族控制区、克族控制区。波黑联邦（波斯尼亚族和克罗地亚族）有 10 个州，分为 80 个区县；塞族共和国有 61 个区县。巴尼亚卢卡市（塞族居多数）是塞族共和国政治、经济和文化中心，人口 18.5 万。

波黑经济对周边地区以及欧洲国家的依赖度较高。20 世纪 70 至 80 年代，波黑经济是工业出口导向型经济；90 年代，内战导致波黑国内生产总值下降 60%，基础设施遭到破坏。目前，波黑的大部分产能得到恢复，但发展仍然面临相当大的困难。贫困人口增加，在欧洲失业率最高、市场购买力最低。根据世界经济论坛发布的 2019 年全球竞争力报告，波黑以 54.7 分（满分 100 分）在 141 个国家和地区中排名第 92 位，其他前南国家排名均高于波黑。在国际社会援助下，波黑经济恢复取得一定进展。2018 年国内生产总值 186.5 亿美元，增长率 3.7%，人均 5771 美元。2019 年国内生产总值 201.63 亿美元，实际增长率为 2.68%，人均 5785 美元；失业率为 32.6%，青年失业率达到 33.8%。

波黑全国共发行各类报刊 138 种，主要有《每日之声报》《解放报》《独立报》《塞族之声报》《自由波斯尼亚周刊》等。全国有电视台 48 家，主要有波黑国家电视台、波黑联邦电视台、塞族共和国电视台等。全国有电台 131 个。波黑专业网络媒体主要有波黑联邦的 ONASA 和 FENA、塞族共和国的 SRNA。

文化产业管理

波黑设国家集体元首，称作波黑主席团，任期 4 年，由波斯尼亚族、塞尔维亚族和克罗地亚族各 1 名成员组成。主席团主席为轮值制，由三族代表每 8 个月轮换一次。波黑政府称部长会议，由部长会议主席和部长组成，任期 4 年。部长会议主席由主席团任命，经议会代表院批准。部长由部长会议主席任命。现政府没有专门的文化部、旅游部等，外贸和经济关系部、外交部部分职能涉及相应的文化产业管理。

波黑政府提供外国投资保障基金，用于鼓励投资农业及食品加工、环保、再生资源、旅游等行业。

波黑通信管理局（CRA）为管理广播和电信行业的国家机构。《公共广播服务系统法》规定了媒体系统的整体运作及其组成部分之间的关系。《通信管理局广播行为准则》为各类节目制作提供了标准，要求广播电台和电视台保持报道的公正性、专业性，客观表达所有社会群体的不同立场和观点。《视听和广播媒体服务守则》规定了媒体广告和赞助的相关问题。《选举期间媒体政治主体表述规则》要求广播公司提供准确、完整、诚实的信息，并公平、公正地对待政治竞争者。

公共媒体信息领域一度管控严格，禁止外国投资，规定除了限制或禁止外资进入生产和销售军用武器、弹药、军用设备和公共媒体信息领域外，外国投资可以自由进入波黑市场。限制外国投资的公共媒体信息领域包括：广播、电视（包括有线电视）、电子媒体（包括互联网）以及在当地市场出版和发行的出版物。外国投资须向上述领域的实体政府及地方法定部门申报，经过严格审批后方能按程序开展投资活动。此外，受限制领域的外方投资额不得超过投资企业总资产的 49%。不过，波黑关于外国投资的行业限制正在逐步被取消。2015 年 3 月，波黑《外国投资法》修正案允许外国投资者在报纸、杂志等纸媒领域拥有超过 49% 的股权。

波黑关于知识产权的法律有《版权法》《地理标志法》《地形法》《集体管理版权法》《商标法》《设计法》《专利法》等。波黑知识产权研究所是国家知识产权主管部门，直属于波黑部长会议。内设主任和副主任，下设工业产权部、知识产权制度发展部、财务和会计服务部、人事和总务处。其中工业产权部下设专利处、特殊标志处、信息系统处；知识产权制度发展部下设知识产权制度发展处、版权和相关权益处。

优势特色产业

旅游业

波黑人喜欢休闲、度假、时尚，主要文化产业是旅游业。波黑将旅游列为重要产业，主要景点是萨拉热窝和莫斯塔尔。萨拉热窝的旅游业主要集中在历史、宗教和文化方面。从文化意义上讲，波黑是多元文化主义的瑰宝，东西方文化汇聚和渗透于此。在这个独特的欧洲国家中，在古老的城市中，往往同一条街上有清真寺和犹太教堂、天主教教堂和东正教教堂。国家博物馆藏有希伯来文手抄本《哈加达》，写在 14 世纪末或 15 世纪初西班牙产薄皮革上。截至 2022 年，波黑有 3 项世界文化遗产：莫斯塔尔老城的老桥及周边地区（2005），维谢格拉德的索科洛维奇古桥（2007），斯特茨奇中世纪墓园（2016）。首都萨拉热窝是 1984 年冬季奥运会举办地，冰雪旅游资源丰富。波黑也正在成为越来越受欢迎的滑雪和生态旅游目的地。波黑在阿尔卑斯山南部，拥有广阔的野生环境和未受破坏的自然环境，吸引着探险家和自然爱好者。旅游设施主要有旅馆、浴场、家庭旅馆、汽车宿营地、温泉和疗养地等。2019 年，波黑共接待游客 164 万人次，同比增长 12%。其中本国游客约 44 万人次，增长 7.3%；外国游客约 120 万人次，增长 13.8%。根据欧盟委员会 2019 年 10 月的数据，波黑旅游业年收入约 4 亿马克，对国内生产总值的拉动约为 1%。

波黑人在工作间歇、业余及周末等必饮咖啡，因此各式咖啡馆和各色咖啡亭在波黑比比皆是，形成波黑街头一大亮丽风景。人们往往通过喝咖啡聊天、交友、商谈业务等。

电影业

波黑的电影传统可以追溯到南斯拉夫时期，当时萨拉热窝就是容纳了巴尔干地区众多名流的文化中心。如今波黑拥有一批知名的电影制片人、编剧和摄影师，如 1969 年出生的丹尼斯·塔诺维奇，曾为许多著名纪录片导演或写过剧本。2001 年执导的首部电影《无主之地》（《无人地带》）获得第 74 届奥斯卡金像奖最佳外语片奖，是世界电影史上获奖最多的处女作之一。2003 年担任第 56 届戛纳国际电影节评委。2013 年执导的剧情电影《渺生一页》获得第 63 届柏林国际电影节评审团大奖，同年担任第 19 届萨拉热窝电影节评委会主席。2016 年执导的剧情电影《死于萨拉热窝》获得第 66 届柏林国际电影节评审团大奖，同年担任第 6 届北京国际电影节评委。

产业经典案例

萨拉热窝电影节

萨拉热窝电影节始于 1995 年，20 多年来它不仅未被战火与动荡侵蚀，反而逐渐强大起来，成为欧洲十大电影节之一。翻开电影节的片单，我们发现，它不为夺取眼球四处猎取名导热片，而是清晰坚定地形成自己的定位。主竞赛单元的影片全部来自巴尔干国家，如 2015 年有土耳其的《黑马》、匈牙利的《索尔之子》、希腊的《海上骑士》以及克罗地亚、塞尔维亚、波黑的《艳阳高照》等参赛。其中，《艳阳高照》的巴尔干气息尤浓，电影以三对男女青年的爱情为主线，叙述克罗地亚独立战争前后两个民族的冲突创伤。巴尔干素以"欧洲火药桶"著称，这些电影用艺术诠释了这个概念。当年电影节最高荣誉"萨拉热窝之心"最佳影片奖颁给了《完美的一天》。这部混合了公路片元素的政治黑色喜剧，以克罗地亚和塞尔维亚的民族冲突为故事背景，让观众在一路笑声中感受地区冲突的荒谬。2015 年的电影节宣传海报主题为安吉丽娜·朱莉，这并非倚重其好莱坞明星光环，而是因为其导演处女作《血与蜜之地》即以波黑战争为背景，不仅在波黑拍摄，片中角色亦由当地演员扮演。萨拉热窝电影节立足东南欧，努力展现这一地区独特的文化艺术。不少优秀影片和电影人从中脱颖而出，如塔诺维奇导演的《无主之地》，先是赢得萨拉热窝电影节大奖，随后成为奥斯卡最佳外语片。2015 年获得萨拉热窝电影节评委会大奖的

《索尔之子》，很快又参加了 9 月的多伦多电影节。萨拉热窝电影节并不固守地区性，它的主竞赛单元非常"巴尔干"，展映单元却非常国际化。2015 年有来自 57 个国家和地区的 259 部影片参展，伍迪·艾伦新片《无理之人》、乔纳森·德姆新片《瑞克和闪电》等都是夜晚露天影院的热门。

第 25 届萨拉热窝电影节 2019 年 8 月 16 日开幕，来自 56 个国家和地区的 270 部影片参展，创下历史新高。开幕影片为波黑女导演塔诺维奇执导的《儿子》。

第 26 届萨拉热窝电影节 2020 年 8 月 14 日晚开幕。受新冠病毒疫情影响，本届电影节全程在线举行。开幕片为波黑导演扎利察执导的故事片《焦点，祖母》。来自 56 个国家和地区的 187 部电影参加，其中有 49 部参与最高奖项"萨拉热窝之心"的角逐。观众通过在线平台观看影片，研讨会、观众与导演及演员对话等传统活动也改为在线进行。

中波文化贸易

1992 年 5 月 22 日，联合国接纳波黑，中国投了赞成票。1995 年 4 月 3 日两国签署联合建交公报。近年来，在"一带一路"倡议合作框架下，两国的经贸、文化、艺术、教育、新闻等各领域交流密切，每年都有文化互访活动。

中波两国在贸易和投资方面有很强的互补性，双边贸易虽然规模小，但增幅可观。2019 年中波贸易额 1.9 亿美元，同比增长 1.9%。其中中方出口 1.1 亿美元，同比增长 3.5%；进口 0.8 亿美元，同比下降 0.5%。

前南斯拉夫电影《瓦尔特保卫萨拉热窝》在中国的放映，使这座城市在中国家喻户晓。波黑希望继续加强与中国的旅游合作，实现双边旅游往来的常态化，同时欢迎中国企业投资波黑的旅游设施项目。2018 年 5 月 29 日，两国《关于互免持普通护照人员签证的协定》正式生效，极大便利了两国人员往来，有力促进了两国经贸、旅游等各领域合作的发展。2018 年 12 月，两国在北京签署《关于中国旅游团队赴波黑旅游实施方案的谅解备忘录》。2019 年波黑中国游客 102758 人次，增长 76.5%，在波黑外国游客中列第 2 位。

波黑拥有发展多样化农业的自然条件，食品加工业有悠久的历史传统。波黑有 104 万公顷天然草地和牧场，35 万公顷土地专用于果园、葡萄园以及种植用于生产医药保健品的草药和香料香草等。近年来，南部地区流行种植蜡菊等芳香植物，其具有较高的商业潜力。波黑的葡萄酒、果汁、蜂蜜、芳香精油产品等已经出口至中国。2018 年 6 月，由中国食品土畜进出口商会香精香料分会组织的中国香料代表团访问波黑，开展天然香料产业的考察与交流。6 月 12 日，中国食品土畜进出口商会与波黑对外贸易商会在萨拉热窝签署合作备忘录，为两国的香料行业搭建交流合作平台。

波黑各界非常重视同中国的合作。2020 年 9 月 29 日，在新中国成立71 周年和中波建交 25 周年之际，在中国驻波黑大使馆支持下，中国-中东欧研究院联合波黑"一带一路"建设与促进中心出版首部聚焦中波关系的波黑当地语学术论文集《"一带一路"倡议与中国-中东欧合作：波黑视角》。论文集收录了波黑主席团前塞族成员伊万尼奇、波黑巴尼亚卢卡大学政治系教授绍拉亚、波黑"一带一路"建设与促进中心主任博里奇等 8位前政要和专家学者的学术论文，内容既有对中波在"一带一路"倡议和中国-中东欧合作框架下开展各领域务实合作的解读与思考，也涵盖对波黑社会、媒体、青年群体的"中国观"的定性、定量研究，由波黑主席团轮值主席扎费罗维奇作序。作者们多角度梳理回顾中波建交 25 年来两国关系发展，并为中波合作建言献策。

中国驻波黑大使馆 2021 年 3 月 12 日发布消息说，收到波黑安全部、波黑联邦民事保护局分别颁发的抗疫证书。波黑联邦民事保护局在抗疫证书中感谢为波黑抗疫提供帮助的中国民间组织和个人，并表示特别授予无锡市少年宫合唱团的孩子们"抗疫贡献奖"。据悉，自波黑暴发疫情至当时，中国政府、企业、民间组织和个人共向波黑捐赠 18 批次抗疫物资，并举办 3 次视频会议分享抗疫经验。

商务往来礼仪

1. 波黑主体民族众多，交际时要尊重各族的风俗习惯以及不同的宗教规则。

2. 参观清真寺、教堂等宗教场所时，着装需整洁，不可太暴露。女士需用头巾包住头发。

3. 去波黑人家里做客，可送花、葡萄酒或巧克力等，送的花必须是单数（但不能是 13）枝。

4. 每年的 7—8 月是波黑的休假季节，机关、企事业单位的大部分人员轮流休假，每人休假期限通常约两周。访问波黑的日程最好避开这两个月。

5. 选好合作伙伴。对合资、合作方进行认真深入的考察，最好选择平常有业务来往或经政府部门推荐的信誉好的公司。

6. 选好经营方式。为避免因合资双方经营理念、管理方式和文化等方面差异引起的麻烦，可选择独资。某些重要职位如财务、销售、公关和法律顾问可聘用当地人员，或与当地律师、会计师事务所签订"购买服务"合同。

7. 信用管理公司 TMC 集团的研究报告将波黑列为收取货物和提供服务最难的 13 个国家之一，建议与其做生意时收取预付金。

黑　　山

　　黑山位于欧洲巴尔干半岛中西部，东南同阿尔巴尼亚为邻，东北同塞尔维亚相连，西北同波黑和克罗地亚接壤，西南濒临亚得里亚海，海岸线长 293 公里。黑山面积 1.38 万平方公里，2019 年人口 62.2 万，其中黑山族占 45％、塞尔维亚族占 29％、波斯尼亚族占 8.6％、阿尔巴尼亚族占 4.9％。全国 72％的居民信奉东正教，19％信奉伊斯兰教，3.4％信奉天主教。官方语言为黑山语，英语在青年人中普及程度较高。黑山首都为波德戈里察。古都采蒂涅是黑山反抗奥斯曼帝国入侵时期的政治、军事、经济、文化中心，现有人口约 1.7 万，是黑山的历史文化中心。

　　黑山是欧洲最年轻的国家之一，2006 年脱离"塞尔维亚和黑山"独立并加入联合国。前南斯拉夫解体后，黑山因受战乱、国际制裁影响，经济一路下滑。如今虽然在经济领域取得了长足进展，但痼疾仍存，如基础设施建设滞后、经济规模小、商品缺乏竞争力、外贸逆差大、公共债务高、失业率高等。互联网尚未充分发展，截至 2019 年底互联网宽带接入端口有 17.9 万个，100Mbps 及以上接入速率的互联网宽带接入用户仅占 15.5％。

　　随着外部环境改善及各项经济改革推进，黑山经济逐步恢复，总体呈增长态势。黑山政府将旅游、能源、农业、基础设施作为重点领域，重视改善投资环境和吸引外资。2019 年国内生产总值 48 亿欧元，增长率 4.2％，三大产业占比各为 9％、21％、70％，失业率 16.4％。

　　旅游业是黑山国民经济的重要组成部分和主要外汇收入来源。几百年来，在东正教、伊斯兰教以及斯拉夫文化、中欧文化和亚得里亚海文化的影响下，黑山留存了许多重要的历史文化遗产，包括古罗马人、哥特人和拜占庭帝国留下的建筑和宗教艺术品等，杜米托尔山、塔拉河谷和科托尔老城等入选世界文化遗产。黑山自然旅游资源也非常丰富，拥有杜米托尔山、洛夫琴山、比奥格勒山、普罗克莱蒂耶山、斯库台湖等国家公园。

《孤独星球》杂志将黑山海滨城市科托尔评为 2016 年全球十佳旅行目的地之首,将黑山北部山区评为 2017 年全球十佳旅行目的地之一。

2019 年,黑山有 8 家剧院、9 家电影院、31 家博物馆、35 家图书馆。主要报纸有《胜利报》《消息报》《昼报》《每日新闻报》等。黑山通讯社是黑山唯一通讯社。最主要的电视媒体是黑山广播电视台。

文化产业管理

黑山设有文化部管理文化艺术相关事宜,可持续发展和旅游部管理旅游业,体育和青年部、科学部、教育部等亦有部分职能涉及文化产业相关领域。

黑山共和国宪法规定:"科学、文化、艺术创作所得的科学艺术作品、科学发现、技术发明的自由发表应当得到保障。"《黑山公共广播服务法》《媒体法》《电子媒体法》《获取信息法》等规定了言论自由和新闻自由,限制是不得损害他人尊严、声誉和荣誉或损害公共道德和国家安全。基于民族、种族和宗教理由的煽动仇恨行为被视为犯罪。黑山的版权法于 2016 年通过实施,适用于文学、科学和艺术作品的作者的著作权和相关权利。

黑山对文化产业的管理比较严格,多个行业需要特许经营,如:博彩业、体育休闲设施、体育场馆及文化活动场地的建设、保护和使用,有天然药物及其他自然价值地区的设施建设、保护、使用及修复改造等。

优势特色产业

旅游业

黑山拥有丰富的建筑文化遗产、多样的景观和气候、保存完好的自然环境,有四处世界遗产。2007 年过夜游客 730 万人次,同比增加 23%;旅游业收入约 4.8 亿欧元,同比增长 39%。2019 年旅游业收入达 11 亿欧元,约占国内生产总值的 22%;接待游客 265 万人次,同比增长 20%,其中国内游客 14 万人次、增长 5.9%,国外游客 251 万人次、增长 20.8%;游客最多的城市为布德瓦(34.7%)、乌尔齐尼(16.1%)、新海尔采格

（14.5%）等。

黑山森林和水资源丰富，森林覆盖面积94.2万公顷，约占国土面积的三分之二，适合发展生态旅游。1991年，黑山宪法提出要成为世界首个生态国家。此后，黑山政府颁布并实施了诸多关于发展可持续旅游业的法律法规、政策规划，并成立了可持续发展部际办公室。可持续发展理念不仅广泛应用在黑山旅游业中，也是黑山的整体发展国策。旅游业是黑山经济繁荣的主要动力，占国内生产总值的20%以上。黑山几乎所有的经济活动都是为了促进旅游业的发展，帮助旅游业成为黑山经济支柱产业是一项国家战略。[①]

自然生态和人类多样性价值使黑山成为地中海沿岸最具吸引力的地区之一。黑山分为三个界线明显的自然区域：沿海地区、岩溶谷地和高山地区。黑山因地制宜设计了丰富多彩的旅游项目，游客一天之内可以在湖泊或大海中游泳、在河上漂流、在山上滑雪。

产业经典案例

科托尔自然与文化历史区

科托尔自然与文化历史区位于黑山东南海岸深海湾内，旁边高耸着陡峭的洛夫琴山。科托尔城建立于公元7世纪，因其著名的石雕肖像工艺而成为当时重要的艺术与商业中心。

科托尔建造了大量教堂和修道院。在1814至1918年间，科托尔成为奥匈帝国的海军基地，从那时起居民始终保持与海洋的联系。位于多山景区的科托尔小城自中世纪以来遭受了地表剧变，但还是保留了中世纪的痕迹。除了城墙和大门外，还有许多古罗马-拜占庭式、哥特式、文艺复兴风格的教堂和宫殿。

科托尔自然与文化历史区由海湾边上的许多遗迹构成。这些遗迹因其精心选择的地理位置和在城市中的布局而具有独特的价值。科托尔及其周边曾是该地区连续数个世纪的创造中心。科托尔为画家和银匠设立的学校

---

① 黑山共和国——一个新兴的旅游胜地[J]. 上海商业,2010(10):64-65.

及其工艺美术传统对亚德里亚海岸产生了深远而持久的影响。海湾地区这些城市的成功联动，其遗迹和文化资源的种类、质量和多样性，加上其独特可靠的保护设施，构成了独一无二的整体景观。科托尔是在完美保护历史文化遗产的同时进行现代化城市规划的成功案例。

中黑文化贸易

2006 年 6 月 3 日黑山宣布独立，6 月 14 日中国宣布承认黑山，7 月 6 日双方建交。建交后双边关系发展顺利，两国保持高层交往，经贸、人文等各领域交流与合作稳步推进。

中黑政府间建有经济联委会和科技合作委员会机制，文化产业领域签有《中国中央电视台与黑山广播电视台合作协议》《关于中国旅游团队赴黑山旅游实施方案的谅解备忘录》《关于文化、教育、社会科学和体育领域的合作协定》。随着"一带一路"国际合作和"17＋1 合作"的蓬勃发展，中国与黑山双边关系迎来了历史最好时期。

黑山已正式成为中国组团出境旅游目的地国家。双方已缔结互免签证协定，中国公民持外交、公务护照在黑山进行短期旅行通常无须事先申请签证。[①] 2014 年，黑山国家统计局开始单独公布中国游客数字（此前中国被列入"亚洲其他国家"），当年中国游客 7932 人次、占黑山游客总数的 0.53％，过夜 1.44 万人次、占黑山过夜游客的 0.15％。2017 年，黑山政府针对中国游客推出签证便利化政策，持普通护照的中国公民以旅游团组（2 人及 2 人以上）方式集体出行，可免签入境、过境并停留不超过 30 天。此后，中国游客逐年大幅增长。2018 年接待中国游客 4.27 万，占黑山游客总数的 1.94％。2019 年中国游客 7.48 万，占其游客总数的 2.83％。

目前，在黑山华人约 100 人，主要集中在首都附近的图兹市，多从事批发、零售等行业，与当地人相处和睦。

两国在中医药领域的务实合作不断深入。黑山议会在 2015 年立法规定了中医治疗作为替代性医疗的合法地位。在首都波德戈里察有西巴尔干地区的第一所中医院黑山中医院。现在，前来这家中医院就诊的民众越来

---

① 中华人民共和国国家旅游局. 一带一路旅游概览［M］. 北京:中国旅游出版社,2015:217.

越多，不乏当地名人。通过患者的口口相传，现在黑山大部分人都知道在首都有一家中医院，一些患有疑难杂症、西医疗效不明显的病人纷纷从各地赶来尝试，甚至还有病人从周边国家慕名而来。2017 年 9 月 14 日中国北京同仁堂与黑山中医院合作成立的中医药发展中心在首都波德戈里察揭牌，旨在进一步推广中医药文化。中国同黑山就抗击新冠病毒疫情相互支持、守望相助。中国政府、企业、地方和民间机构向黑山提供医疗物资援助，双方医疗专家通过视频会议交流抗疫经验。

商务往来礼仪

1. 黑山为多民族国家，应注意各民族及东正教、天主教及伊斯兰教的礼仪。

2. 黑山人非常注重商业伙伴的举止，中方代表应注重个人的形象和礼节。

3. 会客时，要与被介绍过的客人一一握手，并报出自己的名字。

4. 在黑山，见面必须事先预约，贸然到访不礼貌。

5. 黑山每日三餐时间与中国不同，早餐在 10 点左右，午餐在 15 至 16 点之间，晚餐在 21 点左右，就餐时间尽量勿扰。

6. 到黑山从事商务活动，最适宜的时间是每年 9 月至来年 5 月。

7. 适应当地支付环境。黑山进口商通常愿意通过电汇方式分期付款，先预付一定比例。目前当地负债企业较多，中国企业最好通过较为可靠的银行信用担保方式收款。

8. 在商务谈判中，黑山人寒暄之后就会直奔主题。如果想给对方留下好印象，一定要非常熟悉业务，懂礼貌；谈话要言简意赅，避免滔滔不绝。

斯洛伐克

斯洛伐克共和国是欧洲中部的内陆国，东邻乌克兰，南接匈牙利，西连捷克、奥地利，北毗波兰。人口约545.7万人，斯洛伐克族占81.15%，匈牙利族占8.43%，罗姆人（吉卜赛人）占2%。居民大多（约62%）信奉天主教。官方语言为斯洛伐克语，主要少数民族语言为匈牙利语，主要外语为英语、德语和俄语。布拉迪斯拉发是斯洛伐克首都，人口64.2万，是总统府、议会和政府所在地，也是文化中心，拥有数家大学、博物馆、歌剧院、美术馆等重要的文化与教育机构，以及许多大型商业与金融机构的总部。

斯洛伐克虽然可追溯的历史悠久，但作为一个独立国家出现的时间还很短。1992年捷克和斯洛伐克联邦共和国解体，1993年斯洛伐克共和国成为独立主权国家。2004年3月加入北约，5月加入欧盟。2007年12月加入申根区，2009年1月加入欧元区。

独立后斯洛伐克推行市场经济，加强宏观调控，调整产业结构，经济稳定，在过去多年里是欧盟经济增长最快的国家之一。近年来政府不断加强法治建设，改善企业经营环境，大力吸引外资，逐渐形成以汽车和电子产业为支柱、以出口为导向的外向型市场经济。2019年国内生产总值为941.8亿欧元，同比增长2.3%，人均1.73万欧元。

电子工业是斯洛伐克经济的重要支柱产业，也是吸纳就业最多的产业之一。电信业起步早，普及度高。早在2009年登记在用移动电话数量已超过人口总数，覆盖率大于100%。互联网广泛应用于政府公务、贸易、能源、交通和金融等领域。

斯洛伐克劳动力中受过中高等教育的人数比例处在欧洲前列，国民素质比较高，文化消费意识比较强，文化消费水平比较高。

斯洛伐克文化基础设施普及度高。剧院很多，许多城市都有大型戏剧表演场所，国家剧院、国家歌剧院、科希策州立剧院等都具有广泛影响力。斯洛伐克还有近 100 个博物馆和 26 个美术馆，包括爱国博物馆、自然科学博物馆、矿业博物馆、农业博物馆、考古博物馆、乐器博物馆、军事博物馆乃至硬币、钟表、家具、民俗服饰展览博物馆等等。在每个主要城市几乎都能找到画廊，展览的既有过去重要画家的作品，也有鼓舞人心的当代艺术。斯洛伐克国家美术馆收藏了古代和现代的大师作品、国内和国外画家和雕塑家的作品。斯洛伐克国家博物馆建于 1893 年，收藏了斯洛伐克的历史遗产、考古发现和音乐展品。第二大城市科希策是东部的经济、文化中心，有三所大学，众多的教堂、博物馆和剧院，2013 年被评选为"欧洲文化之都"。

斯洛伐克文化和创意产业占国内生产总值的比例处在欧盟前列。文化是斯洛伐克民族认同的重要方面，创意活动激发了民众对民俗文化的兴趣。在每年五月的文化节上，富有创造力的年轻自由艺术家、小企业家们，通过融入现代元素来复兴古老的传统工艺和艺术，创造了一种新的、独特的现代文化。这不仅引领了时尚潮流，更是对斯洛伐克文化传统和文化遗产的重新发现和认同。[①]

斯洛伐克自然风光静谧质朴，历史文物景点众多，拥有城堡、温泉、雪山、森林、喀斯特岩洞等多种旅游资源。加入欧盟和申根协定后，旅游业成为斯洛伐克发展迅速、前景广阔的产业之一。根据斯洛伐克统计局数据，2019 年游客数量达到 640 万人次，同比增长 14.9%，其中国内游客 390 万人次、增长 18.5%，国外游客 250 万人次、增长 9.7%。外国游客主要来自捷克、波兰、德国、匈牙利、奥地利等国。

2014 年斯洛伐克共发行报纸杂志 1400 余种，主要日报有《真理报》《存在报》《新时代》《经济报》《经济日报》等，主要通讯社有国家商业性通讯社斯洛伐克通讯社和私营的斯洛伐克信息通讯社，主要电视台有国家电视台、JOJ 电视台、Markiza 电视台等。

---

① Kristina Baculáková. 斯洛伐克的五月——文化月，也是文化创意产业的季节[EB/OL]. (2019-6-26)[2021-3-31]. https://www.sohu.com/a/323080997_100021948.

文化产业管理

斯洛伐克文化部作为国家中央行政机构，在支持少数民族文化创新、鼓励民间工艺品生产、传承民族语言及文化遗产、助力斯洛伐克文化外交展示、发展媒体视听艺术、维系平衡宗教关系等领域起到至关重要的作用。为了促进创意产业发展，斯洛伐克政府制定和落实了一系列政策措施，成立创意产业孵化器及创意产业集群。充满喜剧色彩的雕塑和玩偶是首都布拉迪斯拉发独特的风景线。

1989年政治变革后，斯洛伐克在文化政策方面解除了审查制度和思想监督，支持鼓励自由多样的文艺创作，保障创作者的平等权利，为各种文化活动引入透明融资。1993年独立后，斯洛伐克文化部设立国家文化基金，规划戏剧、音乐、画廊、纪念碑、博物馆、视听艺术、公共教育、媒体等各种文化区，建立了区域文化中心来管理地方文化。2000年斯洛伐克加入欧洲国家文化政策审查方案。2005年加入联合国教科文组织《保护和促进文化表现形式多样性公约》，正式接受了公约规定的文化产业的定义，即"生产和销售文化活动、产品与服务"。斯洛伐克文化政策主要文件是2003年的《无核文化政策国家报告》和2004年的《国家文化政策战略》，后者是斯洛伐克政府首次考虑到文化战略的重要性。2011年以来颁布了许多相关文件，包括2014年的创意产业发展战略及行动计划。

斯洛伐克对传媒等文化产业的管理相对较为严格，将博彩业、广播电视与军需生产、部分矿产资源开采及影响环保的行业并列为限制行业，投资者须满足相关行业要求并得到政府部门的许可后方能注册。斯洛伐克重视数字新业态，将IT研发、客服中心和工业生产、技术中心并列为鼓励行业，认为人工智能、电动汽车、5G网络、自动化、物联网、大数据、区块链等新科技将成为产业升级和经济增长的新动力。《投资激励法》是主要的投资引导和优惠政策框架，明确提出优先鼓励资金进入工业、技术中心、战略服务和旅游行业，2018年修订后更加重视支持高科技、高附加值的研发领域和在东西部失业率较高地区的外来投资，更多采用税收减免而非直接补贴的资助方式。

斯洛伐克政府十分重视知识产权保护，是许多多边和双边知识产权保护协议的签署国。斯洛伐克法律对专利、商标、注册设计、版权和商业机密都提供保护。其版权法保护创造性文学、艺术和科学作品。版权不需注册，在作者有生之年和逝世后 70 年期间受到保护。

优势特色产业

旅游业

斯洛伐克拥有独特的自然风光和文物景点，旅游资源和产品几乎涵盖了所有旅游类型。自然旅游资源包括塔特拉山国家公园、多瑙河沿岸风光、山石岩洞等，人文旅游资源包括木结构教堂、圣马丁大教堂、斯皮思城堡、贝特里亚庄园、主教宫等。政府每年拨出巨额资金用于保护文化遗产。至 2020 年，斯洛伐克共有 7 处世界遗产、9 个国家公园和 14 个风景保护区。斯洛伐克近三分之二地区是农村，充分利用良好的自然条件推动山区旅游业发展。

1. 城堡旅游

斯洛伐克是世界上城堡最多的国家之一，曾经有 300 多座城堡，现在大约有 180 处登记为受保护的城堡和遗迹、109 处国家保护文物古迹，还有约 1200 处庄园房屋。其中斯皮思城堡、波切尼斯城堡、奥拉瓦城堡、布拉迪斯拉发城堡、特伦钦城堡、班斯卡-什佳夫尼察的新城堡等世界闻名。城堡不仅吸引来自世界各地的游客，还吸引了不少电影制作方来此取景拍摄。波切尼斯城堡是一个中世纪城堡，始建于 12 世纪，拥有一些原始的哥特式和文艺复兴时期的元素，每年接待数十万游客，也是幻想和童话类电影的热门拍摄舞台。

2. 溶洞旅游

斯洛伐克有 2400 多个已知洞穴，其中已探明的有 400 多个，还不断有新的洞穴被发现。斯洛伐克岩溶系统的洞穴被联合国教科文组织列入世界遗产名录。这些洞穴以拥有世界上最高的石笋、文石和烧结层以及充满冰层的深渊而著称，在中欧是独特而壮观的现象。每个溶洞各具特色，吸引着游客和探险爱好者涉足，洞穴经营机构则根据自身优势开展特色业务。如有的洞穴的气候有助于呼吸系统疾病减缓相应症状，就被用于石疗；有个洞穴拥有方解石瀑布、宝塔般的石笋和湖泊以及一个自然形成的"音乐礼堂"，每年八月会在此举行音乐会。

3. 温泉旅游

斯洛伐克拥有 1200 多个矿石温泉，主要集中在西南地区，皮耶什加尼是斯洛伐克最有名的温泉城。斯洛伐克温泉开发历史悠久，发展出水疗和健康旅游，成为享誉欧洲的疗养胜地。现在全国温泉治疗床位已超过1.2 万张，按照水域和气候建立了 25 个自然愈合水疗中心，具有相当大的国际影响力。斯洛伐克还有超过 40 个温泉浴场，在此基础上开发的水上乐园项目也颇受欢迎。[①]

产业经典案例

维霍德纳民间艺术节

在斯洛伐克传统文化中，歌舞有着极其重要的地位，斯洛伐克人生性热情活泼，普遍能歌善舞。诞生于 18、19 世纪之交的"双人转圈舞"流传最广也最受欢迎。这种舞以歌唱和独舞开始，随后邀请舞伴相拥转圈，有时也有个人即兴表演，后来与外来舞蹈"恰尔达什舞"结合。

维霍德纳民间艺术节是斯洛伐克最负盛名的民俗节，始于 1953 年，创办主旨在于促进斯洛伐克艺术家间的交流。每年吸引世界各地的大量游客。2014 年 7 月 3 日至 6 日第六十届维霍德纳民间艺术节，有超过 1400名民间艺术家带来了各类精彩的演出。2017 年艺术节于 6 月 29 日开幕，在为期 4 天的活动中，超过 2100 名来自世界各地的艺术家进行歌舞、服饰等露天表演。观众还有机会现场品尝传统美食、学习传统舞蹈和传统工艺品制作等。节日期间，当地居民会盛装迎接外来游客，餐饮、住宿等配套服务供不应求，增加了当地人收入，刺激了当地旅游经济的发展。

斯洛伐克国际艺术电影节

艺术电影节自 1993 年创办，2016 年迁移到科希策。电影节展示世界

---

① 安柯. 斯洛伐克与中国旅游合作研究[D]. 重庆：西南大学,2013.

电影新作，并放映电影史上的著名经典作品以及斯洛伐克传统优质电影。电影节的重头戏是故事片和短片的奖项角逐，国际评审团将授予最佳影片、导演和演员蓝色天使奖。非竞争部分的内容包括知名电影制片人的作品、各国著名电影、在电影史和主题类型中均具有影响力的经典电影以及备受赞誉的电影制片人的简介和回顾展。

艺术电影节的组织者一直关注的是如何吸引斯洛伐克观众，激发民众对电影艺术的热情，并教育和培养电影迷和鉴赏家。观众的自发兴趣是艺术电影节的不懈追求。为了吸引年轻游客，电影节注重营造浪漫气氛，设计吸引人的节目，广邀明星和名流。①

中斯文化贸易

1993 年斯洛伐克独立后，即与中国建立大使级外交关系。近年来，两国关系发展顺利，合作领域不断扩大。据中国海关统计，2019 年，中斯贸易额达 88.92 亿美元，同比增长 14.3%。斯洛伐克是中国在中东欧第四大贸易合作伙伴。

中斯两国传统友谊深厚。早在 1994 年双方就签署了 1994—1995 年度文化合作计划。文化周、文化日、电影周、摄影展、文艺演出、艺术展等都成为常规交流活动。2016 年，中方开始在斯洛伐克举办"欢乐春节"活动。2017 年，中国在斯洛伐克举办中斯丝绸之路艺术联展，包括多场"中国故事·中国西藏"主题图片展。2018 年，中国在斯洛伐克举办首届乒乓球友谊赛和"亚洲文化节"。2019 年，两国共同发行中斯建交 70 周年纪念邮票，共同举办系列文体庆祝活动。

2017 年 4 月，斯洛伐克政府批准了经济部提交的《2017—2020 年斯洛伐克与中国发展经济关系纲要》，将重点在商业、旅游及创新等领域与中国开展合作，其中特别提到"一带一路"倡议的实施。

教育领域的合作卓有成效。两国于 1993 年起互派留学生。2007 年斯第一所孔子学院在斯洛伐克技术大学揭牌。2015 年 11 月，双方签署两国

---

① 第 28 届斯洛伐克国际艺术电影节［EB/OL］.［2021-3-31］. http://moviest. com/filmfest/filmfest-detail. html?filmfestId=169.

教育部 2016—2019 年教育合作计划。2017 年 10 月，天津大学与斯洛伐克技术大学牵头成立中国-中欧国家科技创新大学联盟。2019 年 11 月，双方签署《关于相互承认高等教育学历学位的协议》。

文化设施及配套器材交易规模可观。液晶显示板、电视机零件、自动数据处理设备、视频游戏控制器等是两国主要贸易商品。

旅游业合作处于起步阶段。2019 年 10 月，双方签署《关于旅游合作的谅解备忘录》。2019 年，中国赴斯洛伐克旅游人数约 5.79 万人次，同比下降 13.5％，占斯洛伐克外国游客的 2.3％；过夜游客约 7.9 万人次，同比下降 9.4％，占外国游客在斯过夜总人次的 1.3％。

目前，华人在斯洛伐克总人口中所占比例较小，但是在经营领域非常活跃，主要开展服装、鞋袜、箱包、食品及小百货贸易批发业务。注册的华人公司 2800 余家，是促进中斯文化及经贸往来的重要力量。

商务往来礼仪

1. 斯洛伐克商人常常需要较长时间了解生意伙伴、建立信任关系，商务交往中要有耐心。

2. 斯洛伐克人时间观念强，参加商务会议不要迟到。会议开始后要直奔主题，不能拐弯抹角。

3. 通过电话、邮件等方式对斯洛伐克人发出商业邀请，至少要提前两周。会面时间要选在上午 9 点后，或下午 1 点到 3 点。

4. 男士在商务场合一定要西装革履，且要穿深色西装；女士也要穿西装套装或是庄重的礼服。

5. 不要长时间盯视斯洛伐克人，不要与其交叉握手或交叉谈话。

6. 喜欢使用数字 8、12、14 等，忌讳 13。

7. 斯洛伐克人非常喜欢石竹花和玫瑰花，认为它们是幸福的象征，视其为"国花"。送花以单数枝为吉祥。不要赠送小朵菊类花卉，因为多为祭扫使用。

8. 公共场所和宾馆、酒店到处贴着禁烟标志，吸烟范围受到严格的限制。

希　　腊

希腊共和国位于巴尔干半岛最南端，2019 年人口 1112.8 万，98％以上为希腊人。官方语言为希腊语，英语也被广泛应用。东正教为国教。首都雅典，常住人口是希腊总人口的三分之一，全国 53％的工业集中于此。第二大城市萨洛尼卡是北方工业重镇，人口约 111 万，也是整个巴尔干地区的经济贸易中心，其国内生产总值约占全国的 30％。希腊的华侨华人总数将近 2 万，也主要集中在这两个城市。

希腊是欧洲古文明的发源地之一，拥有众多的文明古迹，并对亚、欧、非三大洲的历史有过重大影响。希腊的开发历史很长，农业和林业资源丰富，工业水平也较为发达，比较知名的产业有酿酒、橄榄油、葡萄干、运输业、纺织、冶金、造船、化学炼油工业等等。

希腊经济以旅游、航运和金融等服务业为主。希腊是世界航运大国，共有各类港口 444 个，其中 16 个为国际港口。2018 年初，希腊航运总吨位依然保持国际领先，散货船和邮轮数量全球排名第一；希腊控制的船队占全球船舶总价值的 19％。工业和农业在国民经济中的比重较低，制造业基础较为薄弱，希腊经济的重心在于第三产业，尤其是旅游业。希腊是著名的旅游国家，游客可以参观历史古迹，也可以欣赏自然风光。世界文化遗产哈罗德古剧场和保存最好的埃皮达夫罗斯古剧场都是艺术节的重要演出场地。作为一个独特的目的地，希腊以最好的方式将历史、文化、商业和娱乐结合在一起：卓越的会议设施、独特的博物馆、考古遗址、购物和夜生活一起组成丰富多彩的旅程，戏剧、艺术设计和手工制造业也在持续发展。

希腊报纸近 200 种，杂志上千种，但发行量有限。全国发行量较大的主要日报有《消息报》《每日报》《论坛报》《自由新闻报》等。电视业是比较完善的信息、娱乐和文化的传播媒介，私营电视台主导了绝大部分市场。希腊新公共电视台 2013 年 6 月成立，前身为希腊广播电视公司，2013

年受债务危机影响被政府接管，受政府新闻部领导，统一管理国营电视台2个、广播电台4个，并依法批准核发地方和私人广播电视台的许可证。首家私营电视台于1988年开播，现有私营电视台近百个，私营广播电台近千个。

当前，希腊正积极推进"下一代网络"建设计划，主要包括铺设光纤电缆、提高互联网速度和加强边远地区网络建设等。

文化产业管理

希腊文化和体育部在保护希腊历史文化遗产和推动当代文化发展方面起着保障和协调作用。相关管理部门还有：旅游部，数字政策、通信和媒体部，教育、科研、宗教事务部。

政府高度重视文化网站建设。为了宣传希腊文化，扩大希腊文化遗产和现代艺术作品在国际市场上的竞争力，同时创造就业机会，发掘文化资源的经济价值，希腊文化部实施了 EPPOS 项目，即统一文化信息系统。希腊的文化管理部门、剧院、电影院、艺术节、博物馆、纪念馆、考古遗址等都建有自己的网站，并相互链接，既宣传了希腊文化，又获得了一定的经济效益。这些网站日均接待约3000位访问者，80%来自国外。

重视电影等视听产业。1982年，为了扶持本土电影，提高国产片的质量，希腊文化部决定资助国产片制作。次年，工业和发展银行下属的希腊电影中心开始赞助剧本创作。1986年，为了在海外推广希腊电影，专门成立了"希伦斯电影"机构。此外，政府推出一年一度的国家电影大奖资助本土电影。[①] 从2020年11月起希腊政府为本国企业的视听作品制作提供30%税收减免，对本土和海外公司联合制作的预算超过10万欧元的项目给予最高达40%的退税，并提供本地专业摄制团队和技术支持，项目范围涵盖电影、电视剧、动画、纪录片和电子游戏。为此，希腊政府已经拨出7500万欧元用于激励未来5年的影视制作。[②]

---

① 宋晓敏. 希腊的电影发展概况[EB/OL]. (2008-1)[2021-3-31]. https://www.crggcn.com/resourceDetail?id=658977.

② 梁曼瑜. 中国片方可用好希腊"影棚"[N/OL]. 环球时报，2020-11-25[2021-3-31]. https://finance. huanqiu. com/article/40q8qEjWRuK.

重视文化旅游。文化旅游是希腊旅游业的主体。除了引以为傲的文物古迹、博物馆、艺术馆等，希腊各地政府每年都要举办很多艺术节，既丰富了人们的生活，又扩大了地方知名度，吸引了游客。希腊政府认识到文化旅游业所具有的可持续性与发展潜力。发展文化旅游不需要大量资金投入和科学技术，是解决就业和发展经济的捷径。为吸引投资，希腊旅游部简化投资审批程序，并扶持新的旅游投资项目，特别是合资及社会投资的旅游项目，以及因近年经济形势萎靡而未完成的项目。

希腊以各种方式支持文艺创作。例如，文化部与私人画廊合作，支持"摄影月"活动，为摄影作品的销售提供平台。强制把公共建筑物预算的1％用于收购艺术作品。给受到认可的作家和艺术家发放名誉退休金。支持专业艺术家协会，资助作家联盟、视觉艺术和表演艺术协会等。希腊有很多文化协会，大多是当地历史和传统文化爱好者协会以及电影俱乐部，他们在出版、组织讲座等方面很活跃，一般都会获得国家或地方的财政支持。希腊独立影视制片人协会（SAPOE）成立于1975年，是唯一能代表90％希腊电影、电视、广告和新媒体制作公司的团体。

优势特色产业

旅游业

希腊是欧洲文明的发源地，历史积淀深厚，文化遗产丰富，城堡、神庙、祭坛、剧场等古遗址遍布全国各地。希腊目前共发现250多个古遗址，2万多个古建筑，包括教堂、修道院和其他纪念性建筑。其中有30多处被联合国教科文组织评为世界文化遗产，包括雅典卫城、奥林匹亚古遗址、德尔菲太阳神庙、马其顿王菲利普二世陵墓等。

希腊的自然风光也独具特色，既有海滩、雪山、森林，又有平原和湿地。目前希腊建有10个各具特色的国家公园，51处自然保护区，开发了7000多个溶洞。游客在希腊不仅可以畅游蓝天碧海，还可以体验滑雪、登山、皮划艇、独木舟漂流等项目。希腊拥有罕见美景和独特生态系统组成的生物区，加上气候温和，也是生态旅游的理想目的地。

旅游业是希腊外汇的主要来源，也是维持其国际收支平衡的重要经济门类。旅游业产值占希腊国内生产总值的 18%，员工人数超过 90 万人，占劳动人口的五分之一。

20 世纪 60 年代以来希腊旅游业发展迅速，入境游客人数连年增长。2004 年雅典奥运会的举办为希腊旅游业腾飞打下了良好的基础，希腊基础设施得到明显改善。国家旅游组织已经正式出版发行了数百种介绍希腊旅游资源的书籍、小册子、录像带、光盘等。面对世界旅游市场，所有的宣传品都用英语、法语、德语、意大利语、西班牙语、荷兰语等主要语言制作。

近年来，希腊政府将旅游业发展重心从增加游客数量转向提高游客消费水平，取得较好的经济和社会效益。2018 年希腊接待入境游客 3307.2 万人次、同比增长 9.7%，收入 160.86 亿欧元、同比增长 10%，其中欧盟游客占比 64.7%。受欢迎的旅游景点比较集中，南爱琴海、克里特、阿提卡、中马其顿和爱奥尼亚群岛五个地区的旅游收入占全国的 88.1%。2019 年旅游收入达 181.5 亿欧元，创历史新高。

希腊拥有得天独厚的自然风光和历史资源，为影视制作提供了优质且丰富的取景资源，人们耳熟能详的电影《妈妈咪呀》《谍影重重 2》《碧海蓝天》《柯莱利上尉的曼陀林》《牛仔裤的夏天》都曾在希腊取景。中国影视剧组也偏爱希腊，《北京爱情故事》就取景于号称拥有"最美日落"的浪漫小岛圣托里尼岛。

图书出版

1920 年希腊现代出版业起步，一些大型书店出现在雅典和塞萨洛尼基。二战后，廉价的百科全书、历史丛书、科学专著陆续出版并飞入寻常百姓家。随着希腊平均家庭消费的增加和教育普及程度的提高，20 世纪 80 年代中期开始，希腊出版业的发展呈现出强劲势头。特别是从 1990 年到 2006 年，希腊年出版图书品种数从 3000 种增加到了 9000 种，图书出版业的增速超过了报纸、杂志、电影等其他媒体。

希腊出版业是一个以传统家族经营为主的行业，出版社主要集中在雅典，比较出名的有大西洋出版社、凯兹罗出版社，也有政府出版机构如国家统计署出版与信息部。书刊发行渠道主要有出版商→书商→读者以及出版商→批发商→书商→读者两种方式。希腊图书版权主要出口国为塞浦路斯、法国、波兰等，出口的图书主要为希腊语、英语学习教材。全国性的行业组织如希腊国立图书中心和希腊出版商、书商与文具商联合会等在出版业的发展设计和政策执行方面发挥着重要作用。

自 2005 年开始，希腊每年都会举办塞萨洛尼基国际图书博览会，每届都会吸引来自世界各地的近千家出版商和书商，展品包含图书、漫画、电子媒体和日历、艺术品、地图、杂志、报纸及科教产品等。在展会现场，各出版商和书商也可以出售和购买版权、建立新的合作关系、开发新的业务机会、了解行业最新发展趋势等。[①]

产业经典案例

希腊国家考古博物馆

博物馆是希腊辉煌灿烂古代文明和现当代社会文化发展水平的见证。早期的博物馆重在体现古代希腊的黄金时代，随后慢慢建立了展示近代发展成就的历史博物馆和民间艺术博物馆。希腊的博物馆巧妙地将参观考古遗址与哲学会议结合起来，从而通过现代文化展示古代文明的辉煌。

19 世纪下半叶，希腊政府投入大量人力物力，耗时近 30 年，在首都雅典市中心建成了规模浩大、气势宏伟的国家考古博物馆。博物馆主馆为仿古希腊神庙的三层建筑，分为新石器时代、迈锡尼时期、雕刻艺术和陶瓷 4 个展区，收藏文物约两万件，包括公元前 6100—公元 1100 年间的文物，以及尚未为世人了解的史前青铜时代基克拉迪文化遗址的文物。[②] 它是世界上最著名的古典博物馆之一。该馆收藏的文物均为真品实物，没有一件赝品或复制品，这是和其他世界级古典博物馆相比最为突出的特点；而且所有的藏品都有清楚的发掘记录和科学的年代测定，这在当今世界上收藏古希腊文物的著名博物馆中是不多见的。

① 李嘉珊，张莹雨. 希腊：文化创意产业概况与特点[J]. 北京文化创意，2020(1). 转引自 https://www.sohu.com/a/389402366_488939.

② 宋晓敏. 希腊的博物馆发展概况[EB/OL]. (2008-1)[2021-3-31]. https://www.crggcn.com/resourceDetail?id＝658993.

中希文化贸易

1972 年建交以来，中希两国友好、互信合作关系稳步发展，在联合国等国际组织中合作密切。近年来，中希全面战略伙伴关系持续发展。2019 年中希双边贸易额为 84.6 亿美元，同比增长 19.8%；其中中国对希出口 77.4 亿美元，同比增长 19.1%；自希进口 7.2 亿美元，同比增长 28.9%。

两国间签有多项文化交流协定。2014 年 6 月，两国签署关于互设文化中心的协定。2015 年为中希海洋合作年，双方在海洋基础设施建设、海洋科技、海洋文化等诸多领域开展了一系列交流活动，并达成多项合作成果。2017 年 4 月，"中希文化交流和文化产业合作年"启动。

2021 年是希腊中国文化旅游年，活动强化了中希文化合作，巩固了两国人民的友谊。在文化方面，两国加强在文化遗产和当代艺术创作方面的合作，如共同打击非法贩运文物、促进考古研究、举办考古展览和当代艺术展览、将文化遗产数字化，并交流保护古迹和考古遗址的专门知识。两国还在联合国教科文组织《保护世界文化和自然遗产公约》框架内、在发展文化旅游方面开展合作。两国将继续开展戏剧作品交流，合作推动音乐创作。在旅游业方面，两国将在统计数据交流、管理、旅游目的地推广、优质服务认证等问题上开展合作，并为记者提供旨在提高认知度的旅行，以宣传新兴旅游目的地。两国将共同努力提高公众认知度，并利用展示会、美食研讨会、节庆等活动以开发当地文创产品和旅游项目，进行旅游和文化的宣传。

商务往来礼仪

1. 不要拒绝希腊人喝咖啡或用餐的邀请。

2. 希腊人斜着脖子表示肯定，仰头表示否定。

3. 不要长时间凝视别人；不可用手掌心对着别人；当众打喷嚏和用手帕擦鼻涕被认为是不礼貌的。

4. 进教堂或修道院参观时必须穿戴得体。不论男女，裸露着肩膀与膝盖进教堂被认为是对神不虔诚和亵渎。

5. 收到对方信函，一定要及时回复。

6. 希腊实行 5 天工作制，通常上班时间从上午 8 时至下午 3 时，然后用午餐。晚餐一般在 9 点左右。希腊人十分注重休闲放松时间，周日及节假日多数商店关门。

7. 圣诞节、希腊东正教复活节前后一周及每年的 7—8 月为度假时期，不宜进行商务拜访。

8. 政府工作人员守时观念强，在拜访希腊政府机关或工厂时，一般需要提前两周左右预约。

塞浦路斯

塞浦路斯位于地中海东北部,为地中海第三大岛。人口约122.7万,其中希腊族占58.66%。国民中希腊族信奉东正教,土耳其族信奉伊斯兰教。主要语言为希腊语和土耳其语,英语可以通用。首都为尼科西亚。

塞浦路斯虽然地理上属于亚洲,但在政治、经济和文化方面通常被视为欧洲国家。2004年5月加入欧盟,2008年加入欧元区,此后经济进一步融入欧洲。塞浦路斯的金融、保险、服务及旅游业等较为发达。注重发展度假旅游产业,近年来旅游业成为国家外汇收入主要来源和拉动经济增长的支柱产业。主要旅游城市有帕福斯、利马索、拉纳卡等。2019年游客397.7万人次,同比上升0.96%,旅游收入约为26.83亿欧元。

塞浦路斯文化事业较为发达,博物馆、图书馆、美术馆等构成了完善的大众文化服务体系:国家当代艺术美术馆,是一座新古典主义风格的建筑,也是塞浦路斯主要的艺术品收藏展览场所;国家革命纪念馆,建于1962年,收藏有1955—1959年期间有关"埃欧卡"反对英国殖民统治斗争的文物、文献和照片;塞浦路斯民族博物馆,前身是国家民俗艺术馆,收藏有19世纪至20世纪初的塞浦路斯民俗艺术品。此外,在塞浦路斯的主要城市均设有地方级的各类博物馆。[①]

塞浦路斯有报刊30余种。希腊族报刊主要有:《自由爱好者报》,1955年创刊,发行量2万份;《黎明报》,1956年创刊,发行量1.4万份;另有《公民报》《斗争报》《今日报》《自由新闻报》《真理报》《新闻报》等。土耳其族主要报刊《灰狼报》,1951年创刊,发行量5000份。

---

① 何志龙. 塞浦路斯的文化设施概况[EB/OL].(2014-6-12)[2021-3-15]. https://www.crggcn.com/resourceDetail?id=172862.

文化产业管理

塞浦路斯的文化管理部门是教育和文化部。过去负责组织和推动旅游发展的机构是塞浦路斯旅游组织，属半官方机构，由工商部监督管理。2019年副部级旅游部正式成立，这是塞浦路斯旅游业发展的里程碑，将帮助旅游行业更好应对国际竞争，以及随之而来的问题和挑战。

塞浦路斯的新闻出版机构可自由独立地运行，不受政府的任何干预和控制。宪法明文规定："每个公民都有以任何方式演讲和表达意见的自由。这项权利包括持有意见的自由、接受意见的自由和表达意见的自由，不受任何公共当局的干涉，不限国界。"1989年颁布的《新闻出版法》亦保障新闻自由。报纸可以不受限制地自由流通。塞浦路斯记者联合会要求记者自律，遵守联合会行为准则。

塞浦路斯广播电视局由主席、副主席和5名成员组成，所有成员由部长会议任命，任期6年。塞浦路斯内政部新闻和信息办公室负责宣传和推行政府、众议院、司法机构、半官方组织和独立机构的政策和工作。①

优势特色产业

旅 游 业

塞浦路斯是一个风光绮丽的岛国，旅游资源丰富。岛上有层峦叠嶂、林木葱郁的高山，又有清澈、绿蓝交错的海水和平缓的沙滩；既有悬崖绝壁，又有风景优美的海边渔港；有质朴宜人的传统村庄，又有异国情调的海边街景；漫山的橄榄林，遍野的葡萄园，挺拔的棕榈树，构成一幅幅绚丽多彩的画面。塞岛至今还流传着许多脍炙人口的以大海为渊源的神话传说。爱神阿芙洛狄特是人们心中爱和美、光明和力量的源泉，她的美丽传说至今还深深吸引着人们，爱神成为塞岛的骄傲和象征，塞岛也因此成了

---

① 何志龙.塞浦路斯的新闻出版业发展概况［EB/OL］.（2014-6-13）［2021-3-15］.https：//www.crggcn.com/resourceDetail?id＝172899.

爱神之岛。

塞浦路斯就像是中东和欧洲的历史博物馆，拥有多项世界文化遗产。当地古代文明的痕迹和气息几乎遍布这个岛的每个角落。

为了更好地展现塞浦路斯独特之处，吸引更多游客，塞浦路斯旅游部门主动出击，积极宣传，在传统的"阳光海滩"度假游方式的基础上，围绕"四季塞岛"这一主题，推出了一些定制活动和旅游产品。如结合文化艺术、回归自然、体育赛事、健康题材等，积极开发旅游形式，举办相关文化艺术活动，开展文化艺术游；利用优越的地理位置和训练有素的人才，积极举办各种国际会议，开展商务会议游；通过举行体育活动和赛事，如自行车赛、高尔夫球、徒步旅行等，开展体育游；借助美丽的古代传说，开办婚礼蜜月游；还有回归自然、返璞归真的乡村游、自然游等各种主题的旅游方式。

旅游业经过几十年的发展，已经成为塞浦路斯经济的重要支柱，且地位越来越重要。旅游业不仅是国家外汇收入主要来源，而且为社会提供了就业机会，并促进了餐饮、旅馆、娱乐、交通、购物消费等相关行业的发展，繁荣了市场，活跃了经济，对拉动经济增长起了明显作用。2019年塞浦路斯入境游客同比增加近 1%，连续第七年增长，达到近 400 万人次，创下历史新高。英国是主要客源国，入境游客为 133 万人次，增长 0.2%。俄罗斯是第二大客源国。

产业经典案例

洪 水 节

塞浦路斯主要节日有元旦、主显节、希腊国庆节、塞浦路斯民族解放斗争日、复活节、国际劳动节、洪水节、圣母升天节、塞浦路斯国庆节、希腊民族日、圣诞节等。除一些旅游区商店和大型商场外，所有政府部门、公司、银行及大部分商店在公共假日都关门。政府及银行、邮局等工作日下午两点半下班，大部分超市周日、周三下午歇业。

洪水节寓意辞旧迎新，是塞浦路斯的传统庆祝活动，为期 5 天，通常在 6 月的第一个星期一、希腊东正教复活节前 50 天举办。洪水节也称圣灵节，因为它是为了庆祝圣灵降临在信徒身上。沿海各城镇都会庆祝此节日，大型庆祝活动集中在拉纳卡。活动中人们会在海滨唱歌、跳舞、打水仗，许多食品零售亭整齐地排列着，还有划船和游泳比赛。①

中塞文化贸易

1971 年 12 月 14 日两国建立大使级外交关系。1980 年 7 月两国在北京签署了政府间文化合作协定，此后共签署了 9 个年度执行计划，组织了丰富多彩的文化交流活动。2016 年中国使馆和帕福斯市政府共同举办"中国文化之夜"活动，加深了两国人民的相互了解，也为当地打造了一个多元化的品牌文化活动。2017 年首届中国文化节亮相塞浦路斯，2019 年第三届在利马索尔举行。2019 年 4 月两国签署《2019—2022 年度文化合作执行计划》。

在旅游业方面，两国互相入境旅游人数不多，具有极大的合作开发空间。2015 年前每年赴塞中国游客仅为 1000 人左右。2018 年 1—6 月为 2116 人次，占塞游客总数的 0.13%；塞赴华游客 3553 人次。

两国在内容产业领域已经有了深度合作。2017 年 1 月，浙江金科娱乐文化股份公司以 10 亿美元收购了总部位于塞浦路斯的世界最大移动游戏开发商之一、《会说话的汤姆猫》作者 Outfit7 公司。2019 年 Outfit7 产品下载量超过 100 亿次，由此金科成为轻度内容产品的全球大型发行商，进一步推动中国游戏、动漫、教育、影视产业链的全球化。

2020 年 1—10 月中塞双边货物进出口额为 73083.7947 万美元，同比增长 46.5%。中国正同包括塞浦路斯在内的世界各国共同推进"一带一路"建设，推动构建人类命运共同体。中塞合作潜力巨大、前景广阔。

商务往来礼仪

1. 商务活动中被人引荐后宜交换名片。

---

① 塞浦路斯公共节假日-洪水节[EB/OL].（2019-6-27）[2021-3-15]. https://m. sohu. com/a/323296576_120015786.

2. 参加晚宴忌不系衣扣和随便脱上衣。

3. 塞浦路斯人热情好客，不要拒绝塞浦路斯人招待的饮食。

4. 受邀登门做客，最好携带礼物，但礼物不能是白百合。

5. 塞浦路斯人喜欢面对面交流，商务交往最好选择面谈方式。

俄 罗 斯

　　俄罗斯联邦，面积 1709.82 万平方公里，人口 1.46 亿，民族 194 个，其中俄罗斯族占 77.7%，主要少数民族有鞑靼、乌克兰、巴什基尔、楚瓦什、车臣、亚美尼亚、阿瓦尔、摩尔多瓦、哈萨克、阿塞拜疆、白俄罗斯等族。国民主要信仰东正教，其次为伊斯兰教。俄语是联邦官方语言，各共和国有权规定并使用自己的国语。首都莫斯科，面积约为 2560 平方公里，常住人口约 1230 万。

　　俄罗斯的文化底蕴极其深厚，文化资源可以用宝藏来形容。俄罗斯拥有浓厚的文化气息，具有鲜明的艺术特色。尽管由于长期在经济结构上偏重军工和重工业，在文化上注重发展文化事业，市场化开发起步比较晚，但是在世界艺术市场中，俄罗斯艺术一直占有举足轻重的地位。俄罗斯在传统文化的传承、保护、发展等方面有许多值得借鉴的经验。芭蕾舞、歌剧、马戏、油画、雕刻、艺术设计等传统艺术形式发展繁荣，并以当代的多元化形式呈现，成为当下俄罗斯文化产业的中坚力量。俄罗斯的文化产业主要集中在莫斯科、圣彼得堡等少数大城市，一些偏远地区产业规模极小，地区间发展非常不均衡。

　　俄罗斯旅游业在 21 世纪初期复苏。特别是在国际能源市场价格逐步提升的背景下，俄罗斯国际收支逐步改善，休闲和度假成为流行的文化，各种旅游形式不断涌现。当前俄罗斯旅游市场主要集中在以下几个层面：以人文为代表的莫斯科和圣彼得堡等大城市旅游，以自然为代表的远东和西伯利亚旅游，以度假为代表的亚速海、黑海和里海旅游。

　　俄罗斯电影的前身是苏联电影。回望世界电影历史，苏联电影曾经缔造了独树一帜的俄式风格，贡献了众多电影理论和经典作品，经典老片如《莫斯科不相信眼泪》等到现在还有极大的国际影响。近年来，俄罗斯电影市场总体情况良好，观众人数逐年上升，但其国产电影的发行却不容乐观。电影节是促进电影发行的一种重要手段。俄罗斯每年要举行超过 40

个全俄及国际电影节，电影节是政府资助电影业的主要方向。

俄罗斯传统消费结构的主体是服装业、装备业、小器械和汽车，如今物质消费正在转向知识消费，新的娱乐产业成为时尚潮流。年轻人偏好于在互联网上消费，最受欢迎的在线娱乐方式包括音乐、电影、即时通信和社交网络交流等。①

文化创意产业起步较晚，但发展很快。多年来，俄罗斯人对文创的理解与偏好较为保守，印有俄罗斯（包括苏联）美术作品的明信片、印有城市建筑水彩画的瓷盘、城市风光和人物主题的冰箱贴等一直是所有年龄段的最爱。如今，俄罗斯文化创意产业正在经历一场"革命"。在传统观念与时尚理念的拉锯战中，艾尔米塔什博物馆、特列季亚科夫画廊、普希金造型艺术馆、航天博物馆等走在突破与创新的最前列。它们积极借鉴外国同行的理念，与国际知名设计团队合作，将艾瓦佐夫斯基、希施金、库因吉等风景画家的作品融入枕套、隔热垫、桌布等生活用品的印染制作中，从先锋派翘楚马列维奇、夏加尔的作品中汲取耳坠、项链和胸针所需的造型元素。②

数字经济是俄罗斯未来发展重心。2017年俄官方提出数字化转型，立法先行让该国在数字经济的规范和标准上积累了经验。2018年有约7000万人（总人口的一半左右）注册俄罗斯政府的公共服务平台，这在全球堪称典范。数字技术在农业领域的应用也可圈可点，无论平台运营还是数字化农业服务都取得了明显进步。2019年7月俄罗斯总统普京签署法令，制定了2030年前要实现的五大国家发展目标：维持人口，维护人民健康和福祉；保障公民实现自我和发展才能的机会；提供舒适和安全的生活环境；保障受尊重且高效的劳动和经营；数字化转型。③

---

① 彼得罗夫·维克多罗维奇·亚历山大.俄罗斯的文化全球化、消费社会与时尚产业：一种新的社会趋势[J].马克思主义美学研究，2018，21(01)：48-53.

② 张严峻.俄罗斯文创产业正经历一场"革命"[EB/OL].(2019-12-1)[2021-3-11].http://www.ideaxia.com/news_info.php?id=37.

③ 寇佳丽.俄罗斯发展数字经济[J].经济，2020(09)：116-119.

文化产业管理

自普京总统执政，历经了十余年的理念锤炼和文化政策实践后，俄罗斯在 2014 年底提出《俄罗斯国家文化政策基础》，在增强国家认同和文化软实力的战略高度，从公民文化权利、民族文化独特性、国家意识形态建构和文化形象国际传播四个方面重申和强化了以"新俄罗斯思想"为指导的文化发展基本方针。这是当前俄罗斯文化政策的灵魂。

俄罗斯国家文化部和电影基金会都致力于发展本国电影。1995 年，俄罗斯通过了《保护和发展国产电影发行与提高电影服务于国民水平的措施》，提出要构建从中央到地方的电影发行网络，升级电影院设备，改善观影体验。2005 年后，为了保护民族电影，俄罗斯政府对外来电影进行限流，并加大了对本土电影的投资力度，在全国主要城市扩建电影院，鼓励本国民众走进影院。在 2017 年票房成绩不错的俄罗斯本土电影中，90％以上都获得了俄罗斯官方机构的援助。① 文化部直接扶持艺术片、纪录片和动画片的制作与发行。电影基金会成立于 1995 年，旨在扶持有大片潜力的商业电影。基金会每年组织评审会，让各大电影公司陈述重点项目，由基金董事会评审决定当年资助名单和金额。资助方式分为无偿资助和有偿资助（利润返还）。近 5 年来，电影基金每年的资助总额在 30 亿卢布上下浮动，与文化部资助其他类电影的总额相当；所资助的商业电影数量在当年所有上映的俄罗斯电影中达到了 30％左右。②

联邦出版与大众传媒署管理出版传媒业务。互联网、移动客户端等新媒体给传统出版业带来了一定的冲击。为帮助出版业健康发展，应对不利的市场环境，适应新的市场竞争，俄罗斯相继出台了一系列文学、翻译、阅读、出版发行相关领域的扶持政策，注重俄罗斯文学的海外推广。2011年，由文化部、教育科学部、联邦国际人文合作署共同倡议，成立独立非商业组织"翻译研究院"，旨在促进俄罗斯文学翻译理论与实践发展，推

---

① 席琰妍.重启与复兴——俄罗斯电影的探索之路及其对中国电影的启示[J].艺术百家,2019
(05):157.

② 沙扬.当代俄罗斯电影产业研究[J].当代电影,2019(01):57.

动俄罗斯本土作家作品外译。

俄罗斯高度重视信息技术安全。近 20 年来，俄罗斯持续不断地制定并颁布了多部信息安全法律法规，明确规定了政府部门职责，规范互联网行为。从《俄罗斯联邦宪法》把信息安全纳入国家安全管理范围开始，俄罗斯相继制定与颁布了《信息、信息化和信息网络保护法》《计算机软件和数据库保护法》《通信法》《保密法》《著作权法》等，修订了《大众传媒法》，形成了多层级信息安全法律体系。2014 年 5 月，普京总统签署的《知名博主管理法案》规定，凡是网页日均访问量达到 3000 人次以上的博客，作者必须在监督机构注册，并遵守大众媒体相关管理办法，不得假冒他人或发布虚假信息，不得利用其网站或个人网页从事违法犯罪活动，禁止传播恐怖主义和色情、暴力等信息。7 月，俄联邦杜马立法禁止公民将数据库存储在国外服务器上，凡是收集俄罗斯公民信息的互联网公司都应当将这些数据存储在国内。2016 年俄罗斯《互联网隐私法案》生效，赋予公民请求搜索引擎删除含有不准确、不相关、无意义和违反俄罗斯法律的相关信息链接的权利。2016 年 4 月俄罗斯互联网发展研究院公布了俄罗斯"互联网＋"的发展路线，主要集中在"互联网＋媒体""互联网＋主权""互联网＋教育""互联网＋社会""互联网＋医疗""互联网＋金融""互联网＋贸易""互联网＋城市"八个领域。2017 年 1 月，俄罗斯政府成立了全俄信息技术发展基金会。

优势特色产业

电影产业

21 世纪以来，俄罗斯电影逐步跟上了世界范围内电影产业的复兴浪潮，进入了加速发展的通道。俄罗斯电影人在艺术创作中继续保持着传统优势，同时也越来越清晰地认识到产业属性正在为电影整体发展注入新的活力。有远见、有经验的俄罗斯电影人率先行动起来，积极投入商业电影的制作与发行，在国家的大力支持下，保持了旺盛的创作精力，以接连不断的佳作，宣告一个属于俄罗斯电影的"大片时代"正在悄然来临。

总体而言，近 20 年来俄罗斯电影产业发生了如下一些主要变化：

市场主导主体由国营电影厂变为民营公司。目前俄罗斯主要的民营电影公司有20家，其中处于第一梯队的7家公司近5年来出品的电影约占俄电影产量的14%。

政府的角色从计划经济的主导者变为市场的推动者。俄罗斯政府通过文化部和电影基金会两个部门对电影创作、发行和海外推广给予支持。对电影的文化艺术属性及其国际影响力的看重，是从苏联到俄罗斯一脉相承的政策传统。

电视媒介积极参与电影制作，投资电影生产和发行，推广电影文化。2017年，由电视媒体公司参与投资的电影已经有20部了。

俄罗斯电影人与好莱坞电影体系联系密切。好莱坞电影公司纷纷在俄罗斯开设分公司，除了营销母公司的电影，还积极投入资金制作和发行俄罗斯本土电影。①

出 版 业

作为文化强国，俄罗斯出版业发展非常成熟，报纸、期刊、图书种类繁多。2006年报刊销售收入629亿卢布，其中152亿卢布来自订阅；定期报刊市场总额（发行＋广告）超过了1050亿卢布，投资额超过530亿卢布，比2005年增长了大约1/3。同时，俄罗斯报刊市场出现了资产并购的趋势，近年较大的一笔交易是《商人报》报业大厦的易主。

俄罗斯刊物市场发展最快的当属杂志。从2003年到2006年新成立了18家报刊社。2006年俄罗斯杂志总发行量达18.5亿份，其中铜版纸彩色印刷9亿份，其中2/3即6亿份是在国外印制的；13家大型杂志社出版的杂志品种增长了1/4，达186种，尚不包括不规律出版的专门性杂志和每年都有的增刊；一次性发行总量增长了35%，从2230万份增长到3010万份。

近几年，在图书出版总量上，中国、美国、英国、俄罗斯名列前茅。2017年俄罗斯有出版机构5775家，基本与2008年持平。出版业务主要集中在莫斯科。一些大型出版机构陆续并购中小型出版社，出版种数和印数前二十强的出版机构包揽了全国出版品种的1/3和全国总印数的七成以

---

① 沙扬. 当代俄罗斯电影产业研究[J]. 当代电影,2019(01):56-57.

上。图书主要销往书店、图书馆、大小批发商以及网上书店。近几年，不管是莫斯科、圣彼得堡还是其他地方的出版社，电子书的销量占比逐年增长，越来越受出版社重视；自助出版获得了快速发展，但尚未对传统出版构成威胁。俄罗斯文艺领域的国家奖项主要有文学与艺术国家奖、少儿文学与艺术作品总统奖、文化政府奖、扶持文学与艺术领域全国性艺术项目政府奖。①

产业经典案例

马林斯基芭蕾舞团

马林斯基芭蕾舞团是世界上最大的古典芭蕾舞团之一，18 世纪 40 年代由圣彼得堡马林斯基大剧院组建。在国际上，人们仍习惯叫它苏联时期的名字——基洛夫芭蕾舞团。它代表了 200 多年来整个俄罗斯芭蕾舞学派备受推崇的优雅气度与戏剧传统，培育了无数出色舞蹈家。

20 世纪末，舞团开始使用英语表演，加快国际化，开始上演苏联时期被隔离、被忽视的西方编舞家如罗宾斯、肯尼思·麦克米伦、罗兰·佩蒂、安东尼·图德、约翰·诺伊迈尔等的作品。如今剧院上演的剧目中，美籍俄罗斯编舞家乔治·巴兰钦的作品有《阿波罗》《浪子》《小夜曲》《C 大调交响曲》《主题和变奏》《珠宝》等，几乎与"古典芭蕾之父"马里尤斯·彼季帕等量齐观。

如今马林斯基芭蕾舞团聘用超过 200 个舞蹈家，每年上演约 150 场芭蕾舞剧，大部分在本地演出。既保留上演经典的古典戏剧芭蕾剧目和交响芭蕾剧目，又不时推出年轻编导们创作的现代作品，并始终保持较高的艺术水准。他们的表演已经成为当地人重要的精神食粮，甚至是民众精神文化生活的焦点。②

俄罗斯大马戏剧院

莫斯科的国家大马戏剧院是世界上规模最大的马戏剧院之一，尼古林

---

① 王卉莲. 俄罗斯出版业: 在变革与重塑中谋求新发展[J]. 出版参考,2019(8):10-14.
② 金念. 芭蕾艺术之海洋——漫谈马林斯基芭蕾舞团[J]. 大舞台,2013(01):78-79.

马戏院是俄罗斯最古老的马戏剧院。这两间马戏剧院拥有世界上最为知名的马戏艺术家和马戏编导，以及在世界各大马戏艺术节、杂技和马戏比赛中获得无数大奖的优秀演员。

莫斯科国家大马戏团代表着俄罗斯大马戏的最高水平，演员们活跃在世界马戏舞台上，近期所获奖项包括第 15 届中国吴桥国际杂技艺术节金奖、2015 年国际马戏艺术节铜奖、第 14 届国际青年马戏艺术节银奖等。2014 年索契冬奥会也邀请他们参加开幕式和闭幕式的表演。

莫斯科尼古林马戏院又称"老马戏院"，以俄罗斯历史上伟大的小丑明星尤里·尼古林命名。尼古林马戏院马戏团成员包括著名马戏大师弗拉基米尔·杜罗夫，以及世界知名的高空杂技演员谢尔盖·阿基莫夫等。现任艺术总监为尤里·尼古林的儿子马克西姆·尼古林。

中俄文化贸易

中俄 1996 年建立战略协作伙伴关系，2019 年提升为新时代全面战略协作伙伴关系。2019 年双边贸易额 1107.57 亿美元，同比增长 3.4%。中国连续 10 年保持俄罗斯第一贸易伙伴国地位，俄罗斯在中国主要贸易伙伴中排名第 11 位。

两国人文交流蓬勃发展，世代友好的理念深入人心，两国人民之间的了解与友谊不断加深。中俄分别于 2006 年和 2007 年、2009 年和 2010 年、2012 年和 2013 年互办国家年、语言年、旅游年，2014—2015 年举办青年友好交流年，2016—2017 年举办中俄媒体交流年，2018—2019 年举办中俄地方合作交流年，2020—2021 年举办中俄科技创新年。2019 年，两国间各类留学交流人员突破 9 万人。[①]

两国在旅游和文化两个层面呈现出接触频繁和合作紧密的趋势。在俄罗斯旅游资源逐步开发的基础上，20 世纪末中国成为赴俄亚洲游客的主要来源。俄罗斯文化的独特魅力得到了中国游客的认可，红场、圣彼得堡教堂、《天鹅湖》芭蕾舞蹈成为俄罗斯的经典符号，吸引着广大的中国游

---

① 王云鹤.2009 年以来中俄旅游合作研究[D].哈尔滨:黑龙江大学,2019.

客。① 据俄罗斯卫星通讯社报道，2019 年赴俄游客中有 29.5％是中国公民。2019 年中国公民赴俄旅行人数为 225.7 万人次，其中游客 149.3 万人次，同比增长 18％，通过免签证渠道入境的占 80.2％。俄罗斯公民到中国旅行 930 万人次，增加 25.7％，有 59％是个人旅行。

中俄电影合作历史悠久，中苏纪录片及战争主题电影合作成绩斐然。2007 年中国电影集团公司引进并发行了俄罗斯影片《密码疑云》，中央电视台电影频道购买了《安娜·卡列尼娜》《生死倒计时》《西伯利亚理发师》等 16 部俄罗斯影片版权。"一带一路"倡议推行后，《这里是中国》《战火中的芭蕾》《列宁和他的中国卫士》《冰雪女王：火与冰》等合拍影视作品得到更广泛认可。中俄通过互办电影展和参加对方电影节，拓展了双方的电影合作渠道，提高了双方电影作品的国际知名度。2013 年起中俄联合举办电影节，每年至少在两个城市举行电影展映及交流活动，2013—2019 年总计展映中国影片 60 余部、俄罗斯影片 52 部，取得了较好的传播效果。2017 年中国影片《王朝的女人·杨贵妃》《山河故人》《三城记》《老炮儿》《解救吾先生》《第三种爱情》《刺客聂隐娘》在莫斯科和叶卡捷琳堡放映，2019 年《流浪地球》《长城》《功夫瑜伽》《从你的全世界路过》《非凡任务》在圣彼得堡和莫斯科展映，获得了广泛关注，《流浪地球》被俄罗斯主流电影网站重点推送。②

两国在电子游戏等新兴业态合作方面也大有可为。2010 年中国在俄罗斯举办动漫游戏展，首度在俄展示中国动漫游戏领域发展成果。俄罗斯厂商也已看到中国移动游戏市场的巨大潜力，在上合组织实业家委员会会议期间与海南生态软件园签署协议，合作向中国市场推广俄罗斯开发的游戏。同时，中国企业腾讯投资俄罗斯 Mail.ru 公司，实现两国在游戏行业的跨境资本合作。阿里游戏与 Mail.ru 合作，帮助国内游戏走出国门和引进海外优秀游戏。中俄游戏行业的跨境合作发展迅猛，前景广阔。③

2020 年 12 月 22 日，中俄数字经济高峰论坛在北京和莫斯科等地同时在线举办。本次论坛以"促进数字经济·构建智慧社会"为主题，是中俄

---

① 王楠楠. 浅谈俄罗斯旅游[J]. 黑龙江科学,2014,5(12):150.

② 吕丽,崔艳玲,于艺."一带一路"背景下中国电影对俄传播探析[J]. 中国电影市场,2020(05):60-61.

③ 刘坚. 中俄网络游戏产业的比较研究[D]. 北京:北京外国语大学,2017.

科技创新年系列活动"中俄数字经济示范项目"的重要板块。双方将在数字化与数字经济领域继续提升人才水平，扩大协作领域，开辟合作空间，为两国数字经济推广、数字技术应用注入动力。

商务往来礼仪

1. 去俄罗斯政府部门办事最好带随行翻译。

2. 俄罗斯商人对合作方的举止细节很在意，商业谈判过程中的举手投足要合乎礼仪。

3. 俄罗斯商人时间观念很强，习惯准时赴约，商务约谈要守时。

4. 与俄罗斯人见面不要隔着门槛握手。

5. 俄罗斯人忌讳的话题有：政治矛盾、经济难题、宗教矛盾、民族纠纷、苏联解体、阿富汗战争、大国地位等。

6. 忌讳数字 13，认为双数不吉利，赠送礼物要选择单数。

7. 应邀做客可带上鲜花或烈性酒，艺术品或图书作商务馈赠礼品很受欢迎。

8. 认为用左手握手、递东西都属于失礼行为。

9. 忌讳黑色，认为黑色代表丧葬，对黑猫尤其厌恶。

10. 女士优先观念盛行，商务谈判中要有绅士风度，尊重女性。

乌 克 兰

乌克兰位于欧洲东部，黑海、亚速海北岸。北邻白俄罗斯，东北接俄罗斯，西连波兰、斯洛伐克、匈牙利，南邻罗马尼亚、摩尔多瓦，2020年人口4180.6万（不含克里米亚地区）。乌克兰有110多个民族，其中乌克兰族占77%，俄罗斯族占17%。国民主要信奉东正教和天主教。乌克兰语是官方语言，俄语被广泛使用。2019年国内生产总值1420亿美元，同比增长3.2%，人均3378美元，通胀率4.1%。

乌克兰文化璀璨，油画、舞蹈和音乐等在国际上享有盛誉。乌克兰拥有丰富的自然和文化资源，但市场化程度不够，文化产业创造的附加值不高。歌舞剧和出版业等传统文化产业比较发达，新兴业态发展不充分。即使是相对比较发达的旅游业也并未带来相应的经济回报。2017年，在全球前136个经济体中，对旅游业依赖程度最低的就是乌克兰。2019年2月，时任总统波罗申科在投资年会上表示，旅游业占乌国内生产总值的1.5%，而世界平均为10%。乌克兰与世界指标的差距意味着在该领域乌仍有很大增长潜力，将会重点发展旅游业。

乌克兰首都基辅是欧洲最为古老的大都市之一，被誉为俄罗斯的众城之母，也被称为第聂伯河上的"帝王之城"。乌克兰的另一个著名城市利沃夫，是西部的工业与文化教育中心，拥有许多大型工厂、乌克兰最古老的大学和著名的利沃夫歌剧与芭蕾舞剧院。利沃夫曾经属于不同国家，城市结构与建筑是东欧、意大利、德国艺术融合的突出代表。利沃夫的旧城区有许多珍贵的剧场和博物馆建筑被列为世界文化遗产。乌克兰共有1300多个国家级文物保护单位、160多处古迹，23个自然保护区和国家级天然公园总面积77.19万公顷。

乌克兰有40多个电台，影响较大的有乌克兰国家广播公司、基辅市广播电台、"自由"电台、"金门"电台等。乌克兰国际电视台由乌克兰独立电视集团于1996年创办，是该国最大的私营电视台，覆盖率和收视率分别为 65％和 85％。乌克兰现有 1 个官方通讯社，23 个私营通讯社。报刊近 600 种，影响较大的有《事实报》《政府信使报》《乌克兰之声》《日报》等。

电子竞技在乌克兰持续发展。Navi 是世界著名的电竞组织，在 CSGO（《反恐精英》）游戏中拥有辉煌战绩。

文化产业管理

乌克兰文化政策的宗旨是：国家对文艺组织和艺术家提供法律保障，支持民族文化的发展，不实行政治或行政干预，保持文化艺术在其存在和发展过程中所表现出的自身价值和独立性，保证创作自由，保存文化遗产，为各民族人民进一步发展其传统文化创造必要条件，吸引各方资金，以支持文化基层单位和重要文艺机构开展活动。但在语言文字方面又有"文化例外"：在独立后的 20 多年时间里，乌克兰政府不遗余力地通过一系列语言政策和法令强令学校、政府机关使用国语乌克兰语，并积极打压和排挤第二大语言俄语。[①]

当前乌克兰文化政策主要以权力下放方式来实现。乌克兰的基本文化服务经费由地方财政提供，用以支持文化活动的开展以及图书馆、文化宫、剧院等文化设施的建设。地方政府有权根据当地情况制定合理的文化政策，拥有较多的文化自主权。但这种方式带来一个问题：国家制定的文化目标难以贯彻实现。主要原因在于不同的城市和地区政府之间、企业部门和非营利组织之间缺乏协调；文化领域的投资不足，除了财政预算，社会资金极少；国家层面的文化政策缺乏、文化活动免费服务的界定不明确等，使得文化机构提供的服务难以满足民众日益增长的文化需求。

乌克兰文化部目前下设一个二级管理单位国家电影署，85 个三级管理单位，144 个执行单位。文化部资金投入主要用于文化领域管理、文化发展应用研究、文化艺术基础教育、文化领域科教与管理人员培养、文化艺术公益机构与社会组织运营、举办各类文化活动、图书出版、古迹等文化遗产保护、拍摄国产电影、文化领域优秀人才奖励等。

---

① 邹厚亏. 形势与政策[M]. 南京:东南大学出版社,2015:227.

2011年乌克兰《文化法》取代了1992年的《文化基本法》。该法主要分文化设施、文化经费、文化艺术从业人员、文化活动、社会力量参与、国际文化交流等层面，立法宗旨包括：保障乌克兰公民自由开展文化活动、自由创作文化艺术作品等宪法权；保存并繁荣民族文化遗产；按照文化知识产权，调整文化活动主体间的关系，保护著作权和相关权利；确定国家文化政策的优先方向，确定国家文化投资的形式、依据、条件、顺序；确保国家不干涉创作过程；确定社会舆论对国家文化政策的制定和实施的影响机制。①

乌克兰格外重视出版领域的相关立法。乌克兰调控出版业的法律法规主要有《宪法》《信息法》《国家机密法》《著作权与邻接权法》《大众传媒法》《关于对大众传媒的国家扶持与对记者的社会保护》《出版法》《关于对图书出版业的国家扶持》《义务上缴文献样本法》等。2003、2009年都曾延长对从事出版、印刷、发行业务市场主体的优惠措施。2009年6月规定，从事出版、印刷、发行的本国机构，若图书产品中乌克兰语版所占份额不少于50%，可免竞标租赁国有、市政资产作为营业场所。自2017年5月起，国家广电委员会新增一项职能，限制从所谓"敌对国和临时敌占区"引进出版物，负责对产自、来自上述国家和地区的出版物发放引进许可证。此外还出台了一系列国家计划、行业计划如"乌克兰图书计划"，以扶持具有重要社会意义的出版物，扶持图书发行与阅读，确立国家采购教科书及其他重大出版物的配置秩序。

乌克兰对电影产业的管理比较严格。据俄罗斯卫星通讯社消息，2015年乌克兰出台法律，禁止播放1991年后部分俄产电影和电视剧以及2014年以后的所有俄产影视作品。根据乌克兰国家电影署官网公布的统计数据，2017年前11个月乌克兰共禁播66部电影，2016年禁播174部电影和电视剧，2015年禁播236部电影，2014年禁播170部电影和电视剧。

---

① 肖梅林,孟莉霞,夏秋菊.《乌克兰文化法》立法宗旨与基本框架述略[J].山东图书馆学刊,2014(01):42-45.

优势特色产业

出 版 业

2016 年，乌克兰较大的出版机构主要有位于哈尔科夫的"家庭闲暇俱乐部"出版社、"清晨"出版社、"赞美歌"出版社、"基础"出版集团、"对页"出版社和位于基辅的"起源"出版社等，它们出版的图书占总品种的 19％、占总印数的 54％。"家庭闲暇俱乐部"出版社是乌克兰最大的出版机构，从事俱乐部目录图书销售和订购业务，并零售俄罗斯的图书。该出版社拥有乌克兰最大的连锁书店，门店超过 75 家。受禁止进口俄罗斯图书的影响，旗下书店开始用乌克兰其他出版机构的图书来填充货架。

国家图书博览会和"图书军械库"国际联欢节是乌克兰出版界一年一度的大事，分别于 9 月和 4—5 月在利沃夫、基辅举办。国家图书博览会依托于"出版商论坛"，论坛 1995 年创立，致力于提高乌克兰国民文化教育水平，推广、发展乌克兰图书、文学与语言，促进跨文化交流。论坛举办方有利沃夫城市委员会和州政府、乌克兰出版商与图书发行商协会、乌克兰图书馆协会。"图书军械库"国际联欢节 2011 年开始举办，尝试突破传统的文学范畴，反映当前技术发展以及与现实社会发生关联的各类视觉、媒体、音乐艺术形式，以各种创新形式将文学、艺术、社会实践结合起来，鼓励读者走进图书市场，促进全民阅读。[①]

旅 游 业

乌克兰旅游业基础非常薄弱，这也意味着最有发展潜力，目前增速非常快。乌克兰的旅游热点区域为喀尔巴阡山脉。全乌有 3500 多家旅行社，1700 多家宾馆、旅店，2600 余家疗养院。独立以来，为了扩大外汇收入来源，乌克兰采取了一系列措施促进旅游业。

乌克兰曾长期没有高规格旅游主管部门，旅游与疗养署隶属于经济发展和贸易部。最近几年，乌克兰政府开始重视旅游业。2016 年成立国家旅

---

① 夏海涵，王卉莲. 乌克兰出版业发展调研报告[J]. 传媒，2017(21)：58-62.

游组织（NTO），旨在联合各地区、城市和行业的旅游组织，建立一个日常运作的网络平台，以提高国家旅游产品质量、发展专业培训体系、提升乌克兰旅游品牌在国内和国际市场的营销水准。

为吸引投资和游客，2018 年乌克兰首次推出国家品牌形象。根据国家旅游组织的数据，2019 年有 1360 万游客。根据世界旅游组织的数据，外国公民在乌克兰花费了 14 亿美元。泛乌克兰旅行社创始人兼总裁海伦·莎波瓦洛娃女士表示，在疫情结束之后，生态旅游将成重要趋势，而乌克兰不仅地处欧洲优势地理位置，更具备丰富的自然资源和充足的生态旅游接待能力；在大量湖泊、山川、新鲜空气的基础之上，乌克兰可借新的卫生规程建立欧洲生态旅游区，吸引游客探索生态村庄、品尝生态美食、参加本地文化活动，并善用当地干细胞医疗旅游资源休养身体。[①]

产业经典案例

乌克兰国家军队歌舞团

乌克兰国家军队歌舞团（原苏联红军歌舞团）由合唱团、舞蹈团、乐队三大部分组成。乌克兰国家军队歌舞团成立于 1936 年，主要目的是通过合唱与舞蹈这两种艺术形式最大限度地鼓舞士气。该团已经历了战争与炮火的洗礼，成功举办过 3000 多场音乐会，鼓舞了无数冲锋在前线的士兵。很多杰出的乌克兰艺术家均是在该团开始创作生涯。该团不仅演出足迹遍布乌克兰，而且已在世界各国举行了很多巡回演出，英国、法国、德国、比利时、美国、加拿大、瑞士、荷兰、突尼斯、西班牙、葡萄牙、俄罗斯、阿富汗等国观众都曾为该团欢呼喝彩。独唱与合唱、舞蹈与音乐的完美结合使得该团得到了观众与媒体的一致认同，并获得了众多的奖励与荣誉称号。

利沃夫歌剧与芭蕾舞剧院

利沃夫人最自豪的历史遗产，当属 1900 年建成的利沃夫歌剧与芭蕾

---

① 乌克兰旅游市场渐活络，以生态、医疗游吸引中国游客[EB/OL]. (2020-6-8)[2021-3-12]. https://www.sohu.com/a/400663750_594364.

舞剧院。在利沃夫人和来自世界各地的许多参观者看来，这座气派、华丽、典雅的剧院丝毫不逊色于享誉全球的维也纳大剧院和莫斯科大剧院。剧院兴建于 1897 到 1900 年。1895 年利沃夫市为兴建大剧院举办设计竞赛，吸引了大批参赛者。1900 年 10 月 4 日利沃夫歌剧院开幕。

歌剧与芭蕾舞剧是欧洲表演艺术的核心，特别是在古典主义时期尤为兴盛，为王公贵族们所津津乐道。随着艺术的普及化大众化，越来越多的平民百姓也可以享受到血统高贵的古典艺术，因此歌剧院与芭蕾舞剧院在全欧洲普遍兴起。可以说，欧洲古城的文化和灵魂很大程度体现在歌剧院上。而作为乌克兰乃至东欧表演艺术汇聚和交融的中心，利沃夫歌剧院在乌克兰享有举足轻重的地位。

中乌文化贸易

中乌传统友谊深厚，于 1992 年建交，2001 年建立全面友好合作关系，2011 年建立战略伙伴关系。2019 年双边贸易额为 119 亿美元、同比增长 23%，其中我国对乌出口 74 亿美元、同比增长 5%，进口 45 亿美元、同比增长 70%。目前，乌克兰是中国在欧亚地区仅次于俄罗斯、哈萨克斯坦的第三大贸易伙伴，中国是乌第一大贸易伙伴。

乌克兰歌舞在中国享有盛誉。20 世纪 50 年代就有乌克兰歌舞团赴华演出。继 1956、1986 年后，2012 年乌克兰维尔斯基国家舞蹈团第三次来华，在北京、天津、重庆等 24 个大中城市举办 38 场演出，将乌克兰民间舞蹈所特有的热情和奔放呈献给中国观众。2002 年，乌克兰黑海水兵歌舞团时隔 50 年再度来华，在北京民族宫剧院演出一台传统与现代完美结合的歌舞晚会，受到中国观众的热烈欢迎。2007 年，享誉全球的乌克兰国家军队歌舞团应邀首次来华巡演，120 多人的强大演出阵容把一台美不胜收的歌舞精品晚会献给上海观众，以祝贺中国人民解放军建军 80 周年。

1999 年由中方投资、中乌合拍的 20 集电视连续剧《钢铁是怎样炼成的》，向中华人民共和国成立 50 周年隆重献礼。2015 年，中乌合拍的《相伴库里申科》表达了中国人民对乌克兰援华抗日英雄库里申科的崇敬和缅怀之情。2016 年，中乌签署电影合作协定，双方将有更多影视精品推介给两国观众。乌克兰积极支持外国电影制作团队在乌拍摄，并给予税收折扣和联合制作融资。欧美和亚洲的主要电影制作公司都曾在乌克兰拍过电影、电视剧、纪录片和电视节目。成龙的《警察故事 4》、张艺谋导演的《十面埋伏》以及张艺兴主演的《黄金瞳》等多部中国影视剧都曾赴乌取景拍摄。

2017 年初，习近平主席同波罗申科总统在达沃斯会晤，为两国关系开启了新纪元。当年乌克兰举办了"中国文化周""中乌科技创新成果展""舍甫琴科与杜甫对话青铜雕像落成典礼"等科技人文交流活动；中资企业在乌中标 7 个项目，标的总额超过 7 亿美元；华为基辅研究所正式启动，推进了中乌"产学研"一体化合作。

中国是乌克兰旅游业最重视的国际市场之一。2020 年 8 月至次年 1 月对中国游客实行免签政策，范围为以旅游为目的入境和过境乌克兰领土且停留时间不超过 30 天的中国公民。乌克兰方指出，此举是为了与中国在旅游领域加强合作。

商务往来礼仪

1. 在社交场合，客人可作自我介绍；如果对方没做自我介绍，不必直接询问，可待会儿向他人询问。

2. 商业会晤最好事先安排时间、地点、与会人员、主谈人员等，并尽量准时赴约。

3. 乌克兰有女士优先的传统，男士应礼让女士。

4. 乌克兰人办事果断，不喜欢过多闲聊，商业会议避免时间过长。

5. 初次拜访可送花或带些小礼物如巧克力等，不可送菊花。

6. 大多数居民忌讳 13 和星期五。

7. 忌讳黑色，认为黑色是死亡的色彩、丧事专用。

8. 喜欢谈论文艺创作、科技成果等，避免涉及宗教及对历史人物的评价等话题。

白俄罗斯

　　白俄罗斯共和国位于东欧平原西部，东邻俄罗斯，北接拉脱维亚，西北是立陶宛，西邻波兰，南接乌克兰。国土面积 20.76 万平方公里，2022年人口 925.5 万，大部分居住在首都明斯克等大城市，有 100 多个民族，其中白俄罗斯族占 81.2%，俄罗斯族占 11.4%，波兰族占 3.9%，乌克兰族占 2.4%。国民主要信奉东正教（70% 以上），西北部一些地区信奉天主教。官方语言为白俄罗斯语和俄语。

　　白俄罗斯是原苏联加盟共和国，工农业基础较好，有苏联"装配车间"之称，具有较高的科研和教育水平，劳动力素质相对较高。2018 年国内生产总值约 597 亿美元，同比增长 3%。

　　几个世纪来，白俄罗斯民族创造了丰富而独特的艺术文化遗产，开办过很多建筑和艺术学校，创作了大量优秀的音乐和文学作品。白俄罗斯现代文化生活充满活力、多姿多彩，经常举办艺术展览、音乐会、电影节，艺术风格、流派和种类多种多样。在国家艺术博物馆里可以看到不同时代的优秀绘画和雕塑作品。白俄罗斯大部分区域中心都建有艺术画廊，展出本地艺术家的作品。有 28 家国家剧院和大量民间剧院，包括木偶剧院、话剧院、音乐剧院等，以国家模范芭蕾舞大剧院最负盛名。

　　传统文化产业领域起步早，发展成熟，广播电视、报刊出版、歌舞演出等是白俄罗斯文化产业的优势领域，但在国际贸易中的赢利能力不足。

文化产业管理

　　白俄罗斯设有文化部、体育与旅游部，信息部也涉及广播电视业务、图书出版等领域。《白俄罗斯共和国 1996—2000 年社会经济发展的基本方针》规定文化领域的基本任务是保护文化遗产、提高职业和业余艺术团体的创作能力、保护和发展民间艺术和传统文化、提高文化服务的水平和质量等。

白俄罗斯宪法规定：保障每个人享有自由观点并能自由表达；不允许国家、社会团体或人民对国家宣传工具实行垄断或进行检查；国家对保存历史文化遗产、对各民族共同文化的自由发展负责；每个人都享有文化权利，都可享受由国家和社会保存的祖国和世界的文化珍品，发展文化教育机构网络则是对这一权利的保障；保障艺术、科学、技术创作和教学的自由；保护知识产权；国家推动有利于共同利益的文化、科研的发展。

白俄罗斯有国际旅行社和青年旅行社等，独立后还成立了不计其数的小旅行社。旅游休假在苏联时期是一种社会福利，独立后成为一种新兴的第三产业，政府才开始重视这个"无烟产业"，采取积极鼓励和大力扶持的政策。每年拨款兴建新的旅游设施、整修旅游景区、扩建旅游景点；放宽出入境旅游，允许地方、民间、私营旅游业同国营一起发展，并加入国际旅游组织，与许多国家签订了旅游协定。

优势特色产业

媒　体

平面媒体：截至 2021 年 2 月 1 日，白俄罗斯有 721 种报纸和 860 种杂志，其中三分之二以上是私营。优先出版白俄语和俄语报刊，还出版英语、波兰语、乌克兰语和德语报刊。最具影响力的报纸有《苏维埃白俄罗斯报》《今日白俄罗斯报》《共和国报》。有 4000 多家国外平面媒体，来自俄罗斯、哈萨克斯坦、美国、英国、德国、意大利、法国、荷兰、波兰、立陶宛、拉脱维亚等国。

新闻机构：截至 2021 年 2 月 1 日，白俄罗斯有 9 家新闻机构，其中公立 2 家，最大的是白俄罗斯通讯社（白通社）。

立体媒体：截至 2021 年 2 月 1 日，白俄罗斯有 163 个广播电台和 98 个电视台，其中私营的各有 27、54 个。公共广播占比高，其中大部分是地方政府机构创办的地区电台。国家电视频道有白俄罗斯 1 套、2 套（青年）、3 套（社会文化）、5 套（运动）等。国际卫星频道白俄罗斯 24 套于 2005 年开播，全天使用白俄语和俄语播放新闻、高品质影片等，在欧洲、中东、中亚、非洲、北美等地和互联网上有 2.7 亿观众。有 200 多个国外频道在白俄罗斯重播。2015 年，白俄罗斯地面电视实现了由模拟向数字化转换，数字广播几乎 100% 覆盖白俄罗斯全境。①

图书出版业

白俄罗斯出版业在独联体国家中处于领先地位，白俄罗斯总统卢卡申科多次称"出版业是白俄罗斯的名片"。

截至 2019 年，白俄罗斯共登记注册 525 家出版物发行机构，比 2015 年增长 8.2%。但图书市场出版积极性不高，2019 年近半数出版社未出版图书。出版社规模不大，2017—2019 年出版图书超过 500 种的出版社只有一家，2019 年出版图书 201～500 种的出版机构比前两年减少 3 家。整体上说，非国有出版机构占主导地位，出版业集中程度较高且竞争激烈，地区之间发展不平衡。

白俄罗斯各类出版物的市场份额和出版机构排名的变化反映了白俄罗斯出版业正在经历转型和优化。教育图书是白俄罗斯图书市场的绝对主力，凸显白俄罗斯稳定的教育需求。白俄罗斯出版业积极开展对外交流与合作，与独联体国家的人文交流十分活跃。2019 年白俄罗斯新建"友谊"书店，专门出售外文原版图书和国外经典作品的白俄罗斯语译作，是白俄罗斯与国外进行出版及文化交流的一个重要窗口。②

明斯克国际图书博览会在独联体国家乃至世界的影响越来越大。2015—2019 年，中国、亚美尼亚、英国、塞尔维亚、美国分别担任展会的主宾国。2019 年的第 26 届博览会有 35 个国家的出版社和作家参会，展会上各类推广宣传活动达 400 多场。其中"作家与时代"国际文学家研讨会是展会最重要的传统活动，已举办 5 届，对宣传白俄罗斯图书、推广白俄罗斯作家作品具有重要意义。

白俄罗斯每年都举行文献节，主要是为了研究白俄罗斯文献和印刷出版的历史进程，促进白俄罗斯现代文学和文化的发展。

---

① 白俄罗斯文化[EB/OL].[2021-3-23].https://www.belarus.by/cn/about-belarus/culture.
② 卢婷婷.白俄罗斯图书出版业发展情况综述[J].今传媒,2020,28(06):77-80.

音乐业

白俄罗斯现代音乐艺术在保持民族传统的同时，也紧跟世界音乐发展潮流。无论职业音乐家还是业余音乐家，都热衷于表演白俄罗斯作曲家创作的世界古典和流行音乐作品。白俄罗斯总统乐队、芬别尔格领衔的国家交响流行乐团、国家艺术交响乐队、以格希尔玛命名的国家艺术合唱团、以茨托维奇命名的国家民族艺术合唱团、"纯之音"歌唱团、"别斯尼娅"声乐器乐艺术团、"霞波蕾"声乐器乐艺术团等众多优秀乐队都取得了巨大成功。白俄罗斯每年举办"白俄罗斯音乐之秋""明斯克之春""流行金曲""涅斯维日诗才"等各种音乐会演。国立艺术学院、音乐学院等培养了众多音乐人才。

产业经典案例

白俄罗斯文化首都项目

2010年以来，白俄罗斯举行"年度文化首都"行动，旨在展示其文化独特性、发展和普及民族传统文化、增强国民创造力、提高区域旅游吸引力。首届文化首都是白俄罗斯最古老的城市波洛茨克，随后9年分别是戈梅利、涅斯维日、莫吉廖夫、格罗德诺、布列斯特、莫洛杰奇诺、博布鲁伊斯克、新波洛茨克、平斯克。2020年文化首都利达市发行了纪念信封和主题邮票，并举行了邮戳加盖仪式和音乐会、展览、露天表演、创意比赛和体育比赛等3000多个活动。

斯拉夫巴扎国际艺术节

斯拉夫巴扎国际艺术节始于1992年，每年7月中旬在维捷布斯克举行，是独联体地区和东欧国家影响最大的国际艺术节之一。2017年第26届艺术节为期5天，其间举行了歌舞比赛、民族手工艺品展示等活动。2019年第28届艺术节吸引了中国等42个国家的艺术家参与，其间举办了国际流行歌曲大赛、国际儿童音乐大赛等活动，各国音乐家表演流行音乐、摇滚乐、爵士乐和古典乐等。2020年第29届艺术节加强了疫情防控措施，如将演出安排在室外举行等。艺术节期间，维捷布斯克市持续举办多种类型的音乐会和艺术展览等活动。

中白文化贸易

中白1992年1月建交以来，在经济、科技、教育、文化等领域合作成果丰硕。1992年11月双方签署文化合作协议，2018年6月双方签署互免持普通护照人员签证协定。中国是白俄罗斯第3大贸易伙伴，也是白俄罗斯在亚洲最大的贸易伙伴。2019年中白贸易额27.14亿美元，同比增长58.5％，其中中方出口18亿美元、进口9.14亿美元。2020年1—8月中白贸易额17.4亿美元，同比增长9％。

2015年5月习近平主席访白，2016年10月白俄罗斯总统卢卡申科访华，带动了两国政治、经济间的频繁往来，文化交流随之升温。文艺演出、电影展、摄影展、非遗文化展等交流类型众多，印证了中白建交以来政治互信、合作共赢的全面战略伙伴关系。文艺交流是传播丝路文化的绝佳方式，民心相通是"一带一路"建设的社会根基。①

民心相通带来了旅游业的深度合作。2017年中国旅游集团公司国旅总社研发的旅游产品"白俄罗斯7天初体验"上线，填补了两国民间旅游交流的空白。2018年12月，中欧今人文化有限公司在北京举行新闻发布会，成为首家入驻白俄罗斯中白工业园的中国文化企业，致力于加强两国文化交流及旅游服务等。2019年中国出境游新型热门国家中消费涨幅排在前三位的分别是白俄罗斯、印度和缅甸，消费增幅分别为3000％、416％、220％。

中国新冠病毒疫情暴发后，白政府派飞机向中国提供人道援助。2020年2月20日晚，白俄罗斯首都明斯克地标性建筑国家图书馆大楼主体灯光为中国点亮，声援中国抗击新冠病毒疫情，充分体现了"患难见真情"的中白友谊。

---

① 马丽."一带一路"文化传播视角下中国与白俄罗斯文化传播与融合研究——评《"一带一路"建设与全球贸易、文化交流》[J].新闻爱好者,2018(4):106.

商务往来礼仪

1. 与白俄罗斯人商务谈判要有耐心，对于价格和条件不要苛求。

2. 白俄罗斯人性情豪迈，高兴时要开怀大笑，微微一笑会被理解为轻蔑。

3. 与白俄罗斯人会见时不要隔着门槛交谈和握手，不要用手指着对方。

4. 给白俄罗斯人传递物品避免使用左手。

5. 忌讳数字 13，认为 7 是吉祥数字。

6. 商务馈赠要得体，不能送黄色或者三色以上的花，以及空钱包、手帕、蜡烛、野花、刀、别针等。不要送双数物品。

7. 白俄罗斯人忌黄色和黑色，偏爱白色和红色。

摩尔多瓦

摩尔多瓦共和国位于东南欧北部内陆，东、南、北被乌克兰环绕，西与罗马尼亚为邻。2019 年人口 354 万，其中摩尔多瓦族占 75.8%，其他民族有乌克兰族、俄罗斯族、加告兹族、罗马尼亚族、保加利亚族等。国民主要信仰东正教。官方语言为摩尔多瓦语，俄语可以通用。首都基希讷乌，人口 68.59 万。

摩尔多瓦葡萄种植业发达，农业产值占其国内生产总值的 25% 左右。食品工业较发达，主要有葡萄酒酿造、肉类加工和制糖业等，其葡萄酒出口占出口总收入的 10%。2019 年摩国内生产总值约 120 亿美元、同比增长 3.6%，对外贸易总额 86 亿美元、同比增长 1.8%，其中进口 58 亿美元、同比增长 1.4%，出口 28 亿美元、同比增长 2.7%。前三大贸易伙伴为罗马尼亚、俄罗斯、德国。根据摩尔多瓦国家统计局统计，2019 年三大产业占国内生产总值比重分别为 15.3%、26.7%、58%，服务业非常发达。

摩尔多瓦文化丰富多样，融入了宗教、建筑、音乐和烹饪的传统。摩尔多瓦有各种大小节日和文化活动，修复各种古迹以示对文化的重视。摩尔多瓦每年都会举办许多音乐会和音乐节日，如 5 月复古节、8 月"友人之脸"、9 月民族爵士乐节等，表演高品质的古典乐、爵士乐和快节奏的传统乡村舞蹈乐等。每年还会举办许多体育节日，如经典跳伞杯、自行车霍拉节、越野摩托车赛等。摩尔多瓦共建有 22 家剧院，包括 18 家话剧院、1 家歌剧和芭蕾舞剧院、1 家民族舞剧院和 2 家木偶剧院，其中 17 家在首都；数量虽不多，但演出活动非常丰富，并积极参加国际文化节，经常赴法国、意大利、美国、俄罗斯、日本等国演出。

在摩尔多瓦民主政治和公民社会建设进程中，新闻出版与媒体发挥着不可替代的作用。国家控制的国家传媒集团和摩尔多瓦新闻联合会控制着摩尔多瓦传媒市场 30% 的份额。摩尔多瓦出版物总体分为商业出版物和非商业出版物两大类。出版商除官方机构外，还有非政府组织和各政党组织等，具有一定影响力的地方出版社有 38 家。[①]

摩尔多瓦报刊业比较发达。共发行报纸杂志 429 种，其中半数为摩尔多瓦文，其余为俄文或摩俄双语。主要报纸有《时间报》《共产党人报》《文学和艺术报》《潮流报》《信使报》《星期周报》《自由报》《时刻报》，俄文报纸有《经济评论》《基希讷乌新闻》《摩尔多瓦共青团真理报》及政府报《独立摩尔多瓦》等，《主权摩尔多瓦》每周出 4 期摩文版加 1 期俄文版。主要刊物有《比萨拉比亚》《摩尔多瓦妇女》《摩尔多瓦与世界》《摩尔多瓦文学》《工作与休闲》《商界》《金融与银行》等。

广播电视以私营为主。主要通讯社有国营的摩尔多瓦通讯社和私营的巴萨通讯社、因佛达格通讯社等。摩尔多瓦国家电视广播公司下设摩尔多瓦电台和电视台，另有 4 家私营地方广播电台，13 家私营地方电视台。

文化产业管理

摩尔多瓦文化、教育和科技部管理文化产业，旅游局负责本国旅游业及其海外推广。1997 年的《摩尔多瓦 2005 年前旅游发展构想》、2000 年的《旅游法》以及 2003 年的《2003—2015 年稳定发展摩尔多瓦旅游业战略》，把商务、民俗、科技、疗养、乡村等旅游项目列入发展战略中。

摩尔多瓦还积极立法促进广播电视行业的发展。1995 年通过的《广播电视法》，1999 年修订后对语言的使用做出了新规定，即"无论国有还是私有广播电视台，其国语节目不得少于节目总量的 65％，通过卫星转播的电视节目和为国内少数民族播放的原籍国家的节目除外"，还补充规定"有卫星节目转播权的广播电视台必须转播国家广播电视台的节目"。

摩尔多瓦设有国家知识产权局。摩尔多瓦是世界知识产权组织（WI-PO）的成员，是该组织框架内 28 个关于工业知识产权和版权协定的签约国，对侵害知识产权的行为将依据本国相关法律和国际知识产权组织、地区知识产权组织的相关规定处罚。

---

① 顾志红．列国志：摩尔多瓦[M]．北京：社会科学文献出版社，2010：20-56.

优势特色产业

旅 游 业

摩尔多瓦旅游业潜力大，凭借优越的地理位置和迷人的自然风貌、各种形态的自然保护区和独特的历史文化遗产，形成了以特色旅游为主的较为成熟的旅游经济模式，重点发展宗教旅游、生态旅游、乡村旅游和建筑遗产旅游等专题旅游项目。

摩尔多瓦保留着不少有数百年历史的物质文化遗产，形成了具有本国特色的历史文化资源。森林自然保护区、葡萄酒窖、古代军事要塞、天然岩洞成为摩尔多瓦吸引世界关注的重要而独特的国家名片。"埃米尔·拉科维查"岩洞是世界第八大岩洞、第三大石膏石岩洞，面积超过8.9万平方米，分为数层，内有地下湖泊20多个，矿泉水资源丰富。

摩尔多瓦领土面积不大，是一个森林中的国度，森林覆盖率40%。为加强对森林资源的保护，摩尔多瓦在全国范围内建立了各种森林保护区，使之成为重要的特色旅游资源。全国有7个历史悠久的国家公园，这些公园既是森林自然保护区，也是居民休闲度假的胜地。

摩尔多瓦建筑遗产具有宗教价值和历史文化价值。摩尔多瓦的建筑艺术在保留民族数百年建筑传统的基础上，吸收了邻近民族的艺术表现形式。摩尔多瓦独立以后，建筑业因各种原因一度停滞，但随着近年修复修道院、教堂、历史遗址等项目的开展，修道院游与建筑旅游悄然复兴。[①]

文博馆藏

摩尔多瓦约有87座各具特色的博物馆，共有约70万件藏品，其中历史博物馆、绘画艺术博物馆、民族和自然历史博物馆集中展现了摩尔多瓦的文化瑰宝。最古老的民族和自然历史博物馆建于1889年。

摩尔多瓦有2000多个公共图书馆，所藏书刊超过1860万册。最大的国家图书馆始建于1832年，2010年馆藏图书350多万册。知名的还有摩

---

① 顾志红.列国志:摩尔多瓦[M].北京:社会科学文献出版社,2010:20-56.

尔多瓦科学院图书馆、基希讷乌大学图书馆等。

产业经典案例

"葡萄之路"文化旅游

摩尔多瓦种植葡萄和酿制葡萄酒的历史悠久，葡萄酒在当地文化中占据特殊地位。参观摩尔多瓦的地下酒窖、葡萄园和体验葡萄酒酿造工艺，是赴摩尔多瓦旅游必不可少的项目。近几年来，摩尔多瓦政府全力打造具有吸引力的特色旅游项目，在联合国开发计划署的支持、国家旅游署的直接参与和摩尔多瓦葡萄种植及酿造研究所的全面合作下，创立了具有国家特色的"葡萄之路"旅游项目。

摩尔多瓦许多地方都有庆祝葡萄收获的节庆传统，其历史可追溯至 15 世纪。节日期间，来自摩尔多瓦各地的酒庄在各自展位上自豪地展示各自的精酿葡萄酒，并向游客提供免费品酒的机会；当地餐厅和咖啡厅则负责供应烤肉、奶酪馅饼等民族传统美食和水果。该节日充满了当地特色的传统音乐和舞蹈以及民族服饰、手工艺品。为了更好地通过"葡萄之路"旅游项目振兴经济和发展旅游业，2004 年 5 月摩尔多瓦通过了《"葡萄之路"旅游项目国家计划》，规定从 2012 年起，每年 10 月的第二个星期日为全国葡萄酒日，举行轻音乐会、民族音乐会、酒类品尝会等庆典活动。活动为期 10 天，国外游客无须签证即可入境。游客不仅能品尝美酒，还可以了解摩尔多瓦在葡萄种植和葡萄酒酿造领域的成就及文化传统。"葡萄之路"旅游项目已成为世界各国人民更好地了解摩尔多瓦、提升摩尔多瓦国际形象的品牌。[①]

摩尔多瓦拥有许多享誉世界的葡萄酒酒庄，包括克苏纳城堡酒庄、克里科瓦酒庄、米列什蒂·密茨酒庄和普嘉利酒庄。这些酒庄主要酿制上等葡萄酒，品种包括白葡萄酒、红葡萄酒和桃红葡萄酒。酒庄旅行套餐中，既有配有简单小食的简约品酒之旅，也有搭配丰富美食和纪念品的豪华品酒之旅。克里科瓦酒庄是摩尔多瓦的国家宝藏，其地下酒窖面积仅次于密

---

① 曹慧杰. 不可思议的产酒国[N]. 中国经营报，2015-10-12(E07).

茨酒庄，地下隧道长达 120 千米、深达 100 米，车辆可在其中穿行。

中摩文化贸易

中国与摩尔多瓦是传统友好国家，始终相互尊重、相互支持，1992 年初就建立了大使级外交关系。中国是第一个承认摩尔多瓦独立的亚洲国家。

21 世纪两国之间的文艺交流互动不断。中国视摩方为共建"一带一路"的重要合作伙伴，愿本着共商共建共享原则，加强发展战略对接。双方在科技、教育、文化等领域合作顺利，成果丰硕。西北师范大学与摩尔多瓦自由国际大学合作开办孔子学院。2017 年 12 月，中摩启动自贸协定谈判。

摩尔多瓦期待拓展中国旅游市场。摩尔多瓦政府允许中国公民申请摩尔多瓦签证无须提供经摩移民局审核发放的邀请函，同时允许以旅游、商务等目的短期赴摩的中国公民在线申请电子签证。摩尔多瓦旅游局已经开通中文官方网站并参展了 2018 年中国出境旅游交易会，为计划赴摩旅游的中国公民提供旅游攻略。

2020 年，中摩贸易额 2.06 亿美元、同比增长 17.1%。2021 年，中摩贸易额 2.88 亿美元、同比增长 28.2%。中方为摩第六大贸易伙伴国、第三大进口来源国和第一大逆差来源国，但在摩尔多瓦出口市场中仅排第 22 位。从两国贸易的商品结构来看，摩尔多瓦向中国出口的商品较为单一，以葡萄酒为主。2018 年摩尔多瓦向中国出口葡萄酒 600 万升，价值 1097 万美元，占对华出口总额的 58.3%。近年来，双方共同努力，不断加大摩葡萄酒在华推广力度，其市场占有率逐年扩大，知名度、认可度不断提升。2019 年，摩尔多瓦向中国出口瓶装葡萄酒 630 万升，约占其出口量的 14%，排在罗马尼亚、波兰和俄罗斯之后。摩尔多瓦从中国进口的产品从最初的家电、建材、服装、鞋帽、纺织等中低档日用消费品，逐步向有行业竞争优势的通信设备、汽车等高科技类商品发展。

商务往来礼仪

1. 商务交谈时不要涉及政治问题与摩尔多瓦的负面新闻。

2. 摩尔多瓦人认为节假休息日不可侵犯，不要轻易在休息日打扰摩尔多瓦人。

3. 若受邀至摩尔多瓦人家中做客，一定要给女主人带份礼物。

4. 去摩尔多瓦从事商务活动最适宜的时间是 9 月至次年 5 月。

5. 与摩尔多瓦人同桌进餐时，忌讳玩弄刀叉或磕碰餐具，喝汤发出声音不礼貌。

6. 在摩尔多瓦人家里做客，不要擅自闯入主人的卧室或坐在床上，这被视为极不礼貌的行为。

7. 摩尔多瓦人认为 13 是凶险和死亡的象征，认为 7 能带来成功和幸福。

非沿线合作国家

马耳他

　　马耳他共和国是一个位于地中海中部的岛国，面积 316 平方公里，海岸线长 137 公里，有"地中海心脏"之称。2019 年人口约 51.5 万，马耳他人占 95% 以上，其余为阿拉伯人、意大利人、英国人等。官方语言为马耳他语和英语。天主教为国教，信奉人数占 98%，其余人主要信奉基督教新教和东正教。首都瓦莱塔，面积约 0.8 平方公里，人口约 0.7 万。

　　马耳他自然资源贫乏，技术人员短缺，工业基础薄弱，粮食基本依赖进口，外贸长期处于逆差状态，但是造船和修船业发达。2004 年加入欧盟后获大笔援款，政府同时推行系列改革，调整经济结构，宏观经济状况不断改善。受 2008 年国际金融危机影响，马耳他经济一度衰退。2010 年起逐步恢复增长。2019 年国内生产总值约 132.1 亿欧元，同比增长 6.8%，人均近 2.9 万欧元，失业率 3.4%，通胀率 1.64%。马耳他实行免费教育、免费医疗及退休保险制度。有各类学校约 340 所，在校生约 8.4 万人，教师近 1 万人，公立学校课程均免费，另有各类私立和教会学校。马耳他大学是唯一一所大学，其他高等院校包括旅游学院和人文科技学院等。

　　马耳他已经悄然成为稳定且充满创新的金融注册地和贸易枢纽。世界权威评级机构、欧盟委员会和国际货币基金组织都对马耳他金融业给予了高度认可。作为国际货币基金组织评价的全球 32 个发达国家和地区之一，马耳他是欧洲重要的"金融岛"。

　　马耳他国土面积不大，但历史文化资源丰富，拥有瓦莱塔城、巨石神庙、萨夫列尼地宫等 3 处世界文化遗产及其他历史遗迹、建筑，很多地方甚至还保留着 15—17 世纪的历史风貌。7000 年的历史为马耳他创造了丰富的文化遗产，既有新石器时代巨石神庙遗迹，也有腓尼基人、迦太基人、罗马人和拜占庭人的足迹。马耳他被称为大型露天博物馆。游客可探究海岛的神秘史前史，追寻圣保罗的足迹，或游览圣约翰骑兵为捍卫基督教而战斗的地方。马耳他自然条件也非常优越，蓝窗、蓝湖、蓝洞并称

"三蓝",是马耳他著名景点。尽管著名的海边天然岩礁景观"蓝窗"坍塌了,但是马耳他在《孤独星球》的评选中依然跻身 2018 年全球最佳旅游目的地之一。2019 年赴马耳他游客约 277 万人,在马消费约 22 亿欧元。英国、意大利、德国、法国等国为游客主要来源国。

艺术在马耳他文化中一直扮演着重要角色。洛可可风格的国家美术博物馆修建于 16 世纪 70 年代,集中展示了从文艺复兴早期到现代的一些著名艺术品。戏剧和音乐在马耳他也极受欢迎,各种剧院和露天场所是举办众多比赛、音乐剧、歌剧以及传统和现代音乐会的理想地点。马耳他每年举行各种宗教庆典和文化活动。宗教节日是马耳他的活力源泉,有些宗教节日也是国家法定假日,如 8 月中旬的圣母升天节。每个乡村的重要活动是纪念其教区守护圣人的节庆。近年引进的文化活动如烟花节、艺术节、白夜节、爵士音乐节和戈佐地中海节等也逐渐成为新传统。

马耳他的传统工艺品富有特色。针织品、手编工艺品和蕾丝都拥有久远的发展史。纺织品和陶器的历史可以追溯到远古时期。在骑士统治时期,戈佐岛的棉麻制品深受欧洲大陆居民的喜爱,金银器皿的制造也在这一时期繁荣起来。马耳他最宝贵的非物质文化遗产是金银细丝工艺,如今马耳他的金匠们仍然在辛勤地工作着,他们的作品通常会出口到国外各大城市。马耳他艺术博览会是由马耳他商务部、商业投资及小型企业部联合旅游局共同举办的定期活动,旨在促进马耳他手工艺品及手工艺人的传承与发展。春季、秋季的博览会在瓦莱塔古城举行,夏季则改在海边小镇斯利马和布吉巴两地,冬季博览会还有配合圣诞活动的展览。马耳他所有城市和乡村每周都有一天有露天市场。全国最大的露天市场是位于首都瓦莱塔商业大街上的星期日上午市场,在游客中享有盛名。

马耳他主要日报有 4 种,马耳他文和英文各 2 种。最大报纸为《时报》和《独立报》,2016 年发行量分别为 3.7 万份和 1.8 万份,另有多种周刊。马耳他电视台(TVM)为国家电视台,1962 年开播,由政府公共广播服务有限公司运营。国民党和工党分别开设各自的电视台 Net TV(网络电视)和 One TV(一电视)。

2017 年马耳他互联网用户 27.17 万户,占总人口的 80.1%,其中96%每天使用移动网络,64.5%利用互联网进行电子商务活动。

文化产业管理

马耳他外交与文化事务部设有文化处、博物馆局、全国节庆委员会、曼诺尔剧场及地中海会议中心等。该部门在文化事务方面的主要职能是：开展国内文化娱乐活动，组织国内文化旅游，挖掘、保管、研究文物古迹，组织国内外摄影、绘画、雕塑等艺术展览，开展与国外的文化交流。

马耳他文化艺术委员会成立于 2002 年，旨在促进社会文化事业的发展、提高国民艺术潜力，在文化领域实现国民广泛参与、机会平等和自由，在民众中普及和传播文化艺术，使马耳他文化的精神、语言和民俗在国内外发展和传播。

马耳他政府一直非常重视旅游业，2002 年初就将旅游产业纳入国家经济发展战略重点。马耳他旅游局为可提供高品质服务的旅游景点颁发品质证书，景点景区自愿参与品质保证计划，目前获得证书的有博物馆、历史建筑、历史影像等，分布在大城市和小村庄。

在新闻传播业方面，马耳他新闻局成立于 1995 年，是马耳他总理府司局级单位，统管政府新闻政策和各类新闻媒体。马耳他广播局负责监管马耳他境内的广播和电视。马耳他公共广播服务有限公司是按照《广播法》于 1991 年成立的政府机构。①

在知识产权保护方面，马耳他 2000 年颁布《商标法》《专利和设计法》对专利和商标等进行保护。马耳他国家工业产权办公室负责知识产权的申请、注册。注册人只能为自己制造的产品注册商标。商标不能包含常用词汇，也不能对有关产品进行描述。原创文学作品、戏剧作品、音乐作品、艺术作品、音像、电影及广播则无须申请或注册即拥有版权。此外，马耳他还是《保护文学和艺术作品伯尔尼公约》《保护工业产权巴黎公约》《世界版权公约》《世界知识产权组织协议》《与贸易有关的知识产权协定》《专利合作条约》《欧洲专利公约》《世界知识产权组织版权条约》《世界知识产权组织表演和录音制品条约》的成员国。

---

① 马耳他的文化设施和机构概况［EB/OL］.（2008-9-1）［2021-3-31］. https://www.crggcn.com/resourceDetail?id＝650523.

优势特色产业

旅游业

旅游业是马耳他经济支柱产业之一，也是其主要外汇来源。国内有各类星级宾馆 130 多座，度假公寓 120 多座。旅游业直接就业人数约 1 万人，每年接待外来游客约为本国人口的 3 倍。2017 年共有游客 216.46 万人次，同比增长 15.7%，人均消费支出为 864 欧元，旅游收入约 19 亿欧元，同比增长 13.5%，占国内生产总值的 12.26%。其中马耳他岛接待能力占全国的 96%，戈佐岛和科米诺岛分别占 3.5% 和 0.7%。马耳他拥有极其丰富的旅游资源，从绵延不绝的阳光沙滩到 5000 年历史的神秘地下陵墓，游客既能纵情也能怀古。

马耳他政府大力引导旅游业发展，进行资金和政策扶持。2000 年马耳他政府向旅游局拨款 2450 万欧元，其中 1165 万欧元用于旅游产品开发。同时针对淡季不断推出特色旅游项目，如 2 月的瓦莱塔狂欢节、3 月的地中海饮食文化节、5 月的马耳他烟花表演等民俗文化活动，彰显了马耳他的文化特色。除了传统休闲度假游外，政府还根据马耳他自然和社会优势，开发出潜水、语言学习和疗养旅游等特定旅游品种。另外，承办国际会议、邮轮停泊等针对特定人群的旅游方式也不断促进着马耳他旅游业。[①]

马耳他重点推介葡萄酒之旅。马耳他的葡萄酒虽然产量不如其相邻的地中海大国，却拥有强大的国际竞争力，赢得了法国、意大利等国家的肯定和青睐。马耳他群岛拥有世界上几乎所有知名的葡萄品种，主要的葡萄酒厂会举办葡萄酒观光旅行和品酒活动。活动分布在不同季节，涵盖整个生产流程，游客们还可以参观葡萄酒历史博物馆，并有机会品尝和购买各种美酒。

---

①　刘颖菲,李悦铮.马耳他旅游业的发展对长山群岛旅游开发的启示[J].国土与自然资源研究,2010(04):89.

电影外景服务

马耳他有着天然的外景优势，能拍出地中海风情、意大利风情、法国南部风情等等。同时它还有着超长的日照时间，夏天日照时长 12 小时以上，冬天也有 10 个小时，可提高外景拍摄的效率，缩短制作周期。因此众多电影、电视剧乃至综艺、广告都偏爱在这里取景。经典电影《大力水手》《特洛伊》《角斗士》《慕尼黑》《达·芬奇密码》《海岸情深》《菲利普船长》《刺客信条》《危机 13 小时》《僵尸世界大战》都选择这里作为外景地。有声电影诞生之后的 90 年间，马耳他已经吸引了百余部影片前去取景，被誉为"地中海的好莱坞"。1941 年上映的美国电影《马耳他之鹰》则被誉为美国黑色电影的开山之作。马耳他就像卡萨布兰卡一样，影迷可能尚不了解就已久仰大名了。近年广受欢迎的电视剧《权力的游戏》也大量在此取景，其中丹妮莉丝的婚礼举办地——戈佐岛蓝窗，2017 年 3 月 8 日因为风浪而坍塌，这一著名自然地理景观从此消失于世上，一度在社交媒体上引发群体遗憾。近几年，许多综艺节目也偏爱马耳他，韩国综艺节目就常有前往马耳他旅行的环节。2022 年 6 月上映、备受瞩目的大片《侏罗纪世界 3：统治》，计划投资 2 亿欧元，主体拍摄于 2020 年 2 月在温哥华启动，拍摄地点包括夏威夷、伦敦松林制片厂和马耳他，后受疫情影响搁置，复工重启也在马耳他。

作为一个经常为好莱坞大片提供拍摄场地的国家，马耳他人自然而然地喜欢电影。岛上几家综合性的影院总有最新的电影放映。

现有的电影拍摄场景和摄影地点位置已有 50 年历史，而且仍在发挥着重要作用。如《特洛伊》和《角斗士》中具有历史背景的电影场景，也是历史遗址的所在地。独特的文化遗产和自然景观，有助于马耳他经济中占重要地位的电影业的发展。地理位置接近欧洲大陆，也是马耳他电影事业发展的一个有利条件，可以产生拍摄成本和效益上的比较优势。马耳他能提供与海平面齐平的、拍摄特定壮观背景的拍摄水箱，而且运用广泛。

马耳他电影机构的优惠政策和周到服务，也是吸引海外剧组前来拍摄的重要因素。他们能够为影视制作团队提供包括签证、取景和拍摄申请的一条龙服务，最快只需要一周时间。再者，90 多年的电影工业史，培养了大量专业人员，从制片主任、助理导演、统筹到后期技术人员，都有丰富的经验和技艺,可供海外剧组选择。

音乐节庆

音乐一直是马耳他日常生活的一部分——节日的音乐、游行时的进行曲、举行仪式时的赞美歌和供娱乐消遣的民歌,音乐在马耳他几乎无处不在。

瓦莱塔比较著名的年度音乐节有"巴洛克音乐节""夏日音乐节""歌剧节""爵士乐节",尤其"爵士乐节"吸引了世界各地的爵士乐队和爱好者,每年11月举行的"国际合唱节"也吸引了国内外的合唱团来马耳他演出。除了热闹非凡的年度音乐节,每周都有音乐活动,教堂里经常举行管风琴音乐会,剧院里经常举行管弦音乐会。

马耳他的每一座城市、村庄乃至每一个教区都有自己的铜管乐队,有的地方还有两支乐队。根据2004年的统计,马耳他拥有1703支管乐队,2.7万队员。这些都始于英国人统治时期,他们把军乐队带进马耳他,为盛大的庆典造声势。如今,乐队和乐队俱乐部在民间广泛普及,节日期间每一座房子、每一辆汽车都会传出用最大音量播放的乐队进行曲。事实上,对本地乐队演奏的由衷热爱,常常也会导致两个乐队的乐迷和俱乐部在街上发生冲突。现在警察和教区牧师不得不时常监控节假日期间人们的游行线路,引导不同的团队避开对手的领地。[①]

产业经典案例

瓦莱塔狂欢节

作为马耳他最重要的节日之一,狂欢节一般在每年四旬斋前的2月举行,历时5天。其间首都瓦莱塔都会举行舞蹈比赛、彩车巡游、盛装游行、游戏竞赛等一系列丰富多彩的庆祝活动。除了瓦莱塔这一活动中心,马耳他岛的弗罗里亚纳镇、戈佐岛的纳度镇等许多村镇也有自己独特的庆

---

① 马耳他的音乐艺术发展概况[EB/OL].(2008-9-1)[2021-3-31].https://www.crggcn.com/resourceDetail?id=650502.

祝方式。与瓦莱塔快乐欢腾的风格不同，纳度等地的狂欢节还保留着中世纪庄严神秘的宗教色彩，别有一番风情。

为了给狂欢节增添更多的喜庆气氛，马耳他人还发明了"佩里尼"和"普林约拉塔"两种狂欢节点心。

狂欢节不仅给马耳他人带来了欢乐，还促进了当地旅游业的发展。1至3月份是马耳他的旅游淡季，为了打造冬季旅游亮点，马耳他政府将狂欢节作为展示该国文化资源的重要节庆活动。参加活动的团体不仅能从政府那里获得部分活动资金，而且还能得到许多赞助商的支持。从彩车巡游、歌舞音乐到服装道具、烟花燃放，各种演出活动内容精彩、场面壮观，大大提升了马耳他狂欢节的吸引力。许多外国游客慕名而来，就是为了一睹狂欢节的风采。①

大力水手村

马耳他大力水手村，用实际行动展示了特色小镇与版权品牌结合的无穷魅力。这座小镇因漫画人物而诞生，已成为马耳他最著名的人文景观之一，每年吸引上百万名热情的外来游客，其中大部分是未成年人及其家长。

早在1929年，大力水手波比的形象就在漫画家西格笔下问世。20世纪70年代，好莱坞决定拍摄同名真人版电影。摄制组在全球范围内寻找一片与世无争的桃花源，那里应高山巍巍、海浪飞白，人们可以枕着波涛安然入梦，最后在马耳他满意地发现了这个令人着迷的斯威特哈文渔村。

为满足拍摄电影的需要，摄制组在这里新建了一个童话般的村落。它由165个工人花费7个月建成，村内设有理发店、面包房、锯木场、鱼店、邮局、码头、跳舞场、鞋匠铺乃至墓地。电影拍完后，这些本应拆除的建筑物在当地人的强烈要求下被完整地保留下来。谁也没料到，大力水手村后来竟成了马耳他的"摇钱树"，而原来的那个斯威特哈文渔村却完全被人遗忘。

在村子的主题乐园里，高大的大力水手波比嘴里叼着永远不会冒烟的

---

① 马赛. 在马耳他感受狂欢节［N/OL］. 光明日报，2010-5-27［2021-3-31］. https：//epaper. gmw. cn/gmrb/html/2010-03/27/nw. D110000gmrb_20100327_2-05. htm.

烟斗招摇而过。有时他一时兴起随意蹬蹬脚，园子就被震得地动山摇。

晚上，孩子们可以跟真人扮演的角色（电影里的大力水手波比、奥利弗、布鲁托等）联欢，甚至比比腕力。他们还可选择去游戏厅打大力水手题材的游戏，看木偶戏，参观博物馆，或索性去电影院再次观看百看不厌的《大力水手》。有表演欲的孩子也可以自己扮演大力水手出演小电影，再录成 DVD 带回家去向没来的小伙伴们炫耀。其他活动还包括画脸谱、游水摸鱼、学编渔网、讲自编的大力水手故事、户外过家家、到"迷你高尔夫球场"去打高尔夫球等等。[①]

马耳他三宫节

马耳他三宫节是一个年轻的音乐节，已经发展成知名的国际音乐盛会。三宫节为期一周，在马耳他宏伟的古建筑——圣安东宫、佛得角宫和大师宫等三座历史悠久的巴洛克式宫殿和世界遗产瓦莱塔国家考古博物馆中举行[②]，为民众、游客特别是音乐爱好者带来与众不同的参与体验。三宫节迅速成为马耳他文化日历中的重要角色。

三宫节是建立在社区参与的基础上的，其理念是每个人都应该有进入遗产地、感受艺术之美以及参与音乐表达的权利。它旨在营造一个更加包容和热情的环境，让人们看到自己在艺术中的反映，并感受到历史与现代音乐之间的联系；同时展示优秀的表演者，让观众、成名音乐家和年轻人才展开对话，开展丰富的生活交流和如沐春风的艺术教育。

中马文化贸易

中马 1972 年 1 月建交以来，长期保持友好合作关系。马耳他积极参与"一带一路"框架下的各类合作。2015 年 4 月，马耳他申请加入亚洲基础设施投资银行，并于 2016 年 1 月成为亚投行创始成员国。2019 年，中马双边贸易额为 15.2 亿美元，同比下降 14.8%，其中我国对马出口 11.6

---

① 马耳他大力水手村：童话 IP 特色小镇[EB/OL].（2018-2-22）[2021-3-31]. https：//www.sohu.com/a/223491472_814389.

② 第六届马耳他三宫音乐节[EB/OL].（2018-10-19）[2021-3-31]. https：//mp.weixin.qq.com/s/MBD7srXeuW5G77S3A68lYg.

亿美元、同比下降 19.1%，自马进口 3.6 亿美元、同比增长 2.7%。

马耳他中国文化中心是我国在欧洲成立的首家文化中心。自 2003 年 9 月建成以来，已经发展成为马耳他拥有较大影响力和较高美誉度的少数几家外国文化机构之一。十多年来，中国文化中心通过举办各类文化旅游活动，让大量马耳他民众在这里遇见中国、与中国结下不解之缘。时至今日，中国文化已经成为马耳他多元文化中不可忽视的一抹亮色，中国文化中心也成为中马乃至多国文化交流的重要平台。2018 年在马耳他举办的"不朽的城雕"展，是由马耳他中国文化中心和中国中外文化交流中心共同主办的"一带一路"主题展之一，共展出以瓦莱塔等 17 个"欧洲文化之都"的城市雕塑为主题的 51 幅摄影作品，推动各国艺术家相互交流。

两国在影视领域互动频繁。2005 年，马耳他中国文化中心于 6 月开始举办中国电影放映活动，并通过相关杂志、电台等媒体介绍中国电影的历史和现状。2008 年，马耳他中国文化中心与马耳他国家电视台教育频道合作推出中国文化系列电视节目，包括《游北京》《东方明珠——上海》《千年少林》《棋琴书画》等 12 部专题片。2015 年，中马两国政府签署关于合作拍摄电影的协议。2017 年 4 月，马耳他中国文化中心举办"妇女文化月"电影周，放映各类中国电影，通过现代视听艺术向人们讲述中国故事。① 中国电影《红海行动》在瓦莱塔"2018 马耳他中国电影日"活动上放映，获得广泛好评。② 2020 年，马耳他 NET TV 电视台周末精品栏目《生活与时尚》播出系列中国文化主题节目。马耳他知名主持人利·霍格与中马各界友人一道，展现中国文化艺术的魅力，推介美丽中国的旅游资源。该系列节目融文旅传播、云视频资源和现场取景采访于一体，是马耳他中国文化中心首次与当地电视台进行的规模化深度内容合作。③

两国在智慧城市建设领域合作密切。自 2016 年华为与马耳他签订智慧城市合作协议以来，马耳他在建设智慧城市的道路上不断加快脚步，

① 马耳他中国文化中心举办电影周[EB/OL]. (2017-4-17)[2021-3-31]. https://www.sohu.com/a/134484954_115496.

② 马耳他举办中国电影日,《红海行动》获好评[EB/OL]. (2018-3-31)[2021-3-31]. https://www.sohu.com/a/226849568_267106.

③ 马耳他电视台播出系列中国文化主题节目[EB/OL]. (2020-7-29)[2021-3-31]. http://world.people.com.cn/n1/2020/0729/c1002-31802867.html.

2018 年 7 月再次与华为签署关于 5G 技术测试的谅解备忘录,将成功引入、运营 5G 技术。此外,马耳他在区块链技术及网络安全管理上不断推陈出新,发布了一份涉及区块链技术的关于网络安全的咨询报告,旨在为加密货币行业的网络安全管理提供指导。

两国旅游业的合作蓄势待发。1998 年中马签订了《旅游合作协定》,2001 年签订了《关于中国公民有组织地赴马耳他旅游实施方案的谅解备忘录》。马耳他旅游局希望更多中国游客来到马耳他观光度假、体验当地生活。马耳他旅游局与中国多家旅行社和在线旅行服务公司及中国银行等开展合作,并在微博和微信开设官方账号,新增签证中心,加大在中国的推介力度,拓展客源市场。2016 年有 6000 余名中国游客到访马耳他,2018 年则超过 1.1 万名。2019 年上半年,根据携程网数据,马耳他位列中国游客出境十大黑马目的地之一。2019 年 10 月,马耳他旅游局与众信旅游集团、马蜂窝旅游网、广州广之旅国际旅行社股份有限公司和上海锦江旅游控股有限公司签订战略合作谅解备忘录,同时发布了面向中国市场的三大主题旅游产品"蓝调地中海""慢调地中海""蜜调地中海"。2020 年 10 月,马耳他旅游局、马耳他驻华大使馆和马耳他中国文化中心联合主办"后疫情时代欧洲游的创与变——马耳他旅游业发展在线论坛",马耳他驻华大使热情欢迎广大中国游客在国际航线恢复之后来马耳他从事观光旅游和商务活动,逾 3700 名中国旅游业从业人员在线观看了本场会议。疫情结束后,赴马耳他旅游极有可能迎来爆发。

商务往来礼仪

1. 马耳他人社交场合衣着整齐得体,会客时要与被介绍过的客人一一握手并报出自己的名字。

2. 与马耳他人见面必须事先预约,贸然到访不礼貌,甚至会被拒绝。

3. 无论正式或非正式的宴会上,都要祝酒。

4. 与马耳他人交谈时忌讳打探个人收入、年龄、宗教信仰、情感等隐私。

5. 马耳他有付小费的习惯,餐厅就餐和乘坐出租车一般付 10% 的小费,有的商家会把小费算在账单内。

葡 萄 牙

　　葡萄牙共和国 2019 年人口约 1030 万，人口密度为 111.6 人/平方公里，葡萄牙人约占总人口的 95.4％，合法移民占 4.6％。88.7％的居民信奉天主教，其他宗教有基督新教、东正教以及伊斯兰教、犹太教等。绝大多数葡萄牙人视圣诞节为最重要、最喜爱的节日。官方语言为葡萄牙语，英语普及，会讲法语、西班牙语、德语的人也比较多。首都里斯本，2019 年人口约 282 万，是其经济、政治、文化中心，也是欧洲著名城市。北部的波尔图市是葡萄牙第二大城市，也是葡萄牙最重要的工业城市，主要工业门类有酿酒、软木加工、纺织、制衣、制鞋、家具制造等。

　　葡萄牙是欧盟中等发达国家，工业基础较薄弱。在生物技术、新材料、新能源和电子信息等高新技术领域具有一定的研发能力，接近欧盟中等水平。很多实验室设备精良，在欧洲堪称一流。一些传统产业部门，如模具、酿酒、橄榄油、鞋服、木石加工等都颇具特色，在国际上久负盛名。葡萄牙总体研发实力还不能与其他发达国家相提并论，其科技成果多为小型技术、工艺流程等。根据欧委会 2019 年发布的欧盟创新评估报告，葡萄牙创新力在欧盟成员国中位列第 13 位，创历史最好成绩。纺织、制鞋、酿酒、旅游等是其国民经济的支柱产业。软木产量占世界总产量的一半以上，出口位居世界第一。2019 年，葡萄牙国内生产总值为 2122.54 亿欧元，增长 2.2％；第一、二、三产业增加值分别占总增加值的 2.39％、21.84％、75.77％，服务业在经济中居主导地位。

　　根据葡萄牙统计局数据，2018 年葡萄牙居民消费支出中，食品及饮料支出占 18.7％，而非耐用消费品及服务支出占 71.9％。国民普遍具有文化消费习惯，文化消费水平比较高，在强烈的消费需求刺激下文化产业各领域及各类业态都非常发达。葡萄牙拥有各类博物馆近 300 座，图书馆 1600 多所，电影院、剧院 300 多所，画廊、展览馆 300 多所。

　　旅游业是葡萄牙外汇收入重要来源。旅游业在服务贸易出口产业中占主导地位，在 2010 年葡萄牙服务出口中占比 43.3％；2019 年占比 52.26％，出口额达 184.31 亿欧元，同比增长 8.08％。葡萄牙自然条件优越，海岸线长 850 多公里，是一个四季如春的国度。旅游资源丰富，拥有中世纪的城堡、独特迷人的村庄、阳光明媚的海滩、世界级的冲浪场地、丰富的传统美食、伤感动人的法多（fado）音乐等丰富的旅游资源。从冲浪到骑行、攀岩、绳降，喜欢冒险的游人有超多选择。葡萄牙也适合家庭出游，有许多活动专为小朋友们设计，室外和室内都有，如城堡、博物馆、动物园、主题公园和水上公园等，还可以带孩子到亚速尔群岛观看鲸鱼和海豚。近年来，葡萄牙旅游业发展势头良好，旅游收入连续 7 年实现增长。2019 年接待游客约 2700 万人次，同比增长 7.3％；其中国外游客1632 万人次，主要来自英国、德国、西班牙、法国等；全年旅游业收入184.31 亿欧元，同比增长 11.03％。主要旅游目的地有里斯本、波尔图、阿尔加维大区、马德拉群岛等。2020 年，葡萄牙在世界旅游大奖（World Travel Awards）评选中连续第四年被评为"欧洲最佳旅游目的地"，波尔图入选"欧洲最佳度假城市"，阿尔加维大区第七次被评为"最佳海滩旅游目的地"。[①]

葡萄牙有全国性报纸 23 种，地方性报纸 216 种，期刊 1300 余种。主要葡文报纸有半官方的《新闻报》《新闻日报》、私营的《晨邮报》《快报》《公众报》《商报》《经济日报》《太阳报》等。较有影响力的中文报纸是《葡华报》《全日报》。葡萄牙人对足球等体育运动非常热衷，主要的体育报有《球报》《纪录报》《赛事报》，主要体育周刊有《视野》《周六》。国家通讯社是卢萨社，由葡萄牙通讯社和葡萄牙新闻社于 1987 年合并而成。最有影响力电视台的是葡萄牙国家电视台、SIC 电视台（私营）和独立电视台。广播媒体主要有葡萄牙广播电台、复兴电台（宗教背景）、商业电台和国际电台等。

---

① 中华人民共和国商务部. 对外投资合作国别（地区）指南·葡萄牙［R/OL］. 2021：21. http://www.mofcom.gov.cn/dl/gbdqzn/upload/putaoya.pdf.

文化产业管理

葡萄牙设有文化部管理文化艺术相关事宜，还有多个部门涉及文化产业管理职能。经济和数字转型部（原经济部）负责经济政策和综合政策的监管和实施。外交部下辖的对外投资贸易局是负责推动葡萄牙出口、企业国际化和吸引外国投资的公共促进机构。

葡萄牙一直重视发展旅游业，在经济和数字转型部设有旅游国务秘书一职统管旅游相关事宜。2007 年，在整合葡萄牙旅游管理委员会、旅游培训学院、旅游管理总司和博彩管理局的基础上，成立了葡萄国家旅游局。新的国家旅游局整合了原有旅游管理部门的资源和职能，负责制定旅游产业宏观政策，落实旅游产业发展规划，对外推介和宣传葡萄牙旅游，并对旅游产品的质量进行监管。与此同时，葡萄牙还根据地理区域，专门设立了 7 个区域旅游管理组织，负责在国内推介本地区旅游资源，并联合国家旅游局向全球推介本地区，同时负责协调国家旅游局和地方之间的关系，在本区域旅游发展战略制定和执行上享有同国家旅游局对话和协商的权力。为促进葡旅游资源在全球的推广，从 2007 年起，葡萄牙还成立了 7 个私营的地区旅游推广代表处，形成了国家旅游管理部门、国有企业与私营企业相互合作的模式，优势互补实现了旅游推广投资的透明化和高效化，为葡萄牙旅游业的稳步发展提供了可靠的保障。国家旅游局还制定并执行了名为 PIT 的资金支持方案，以"地域、目的地和旅游产品"和"突出葡萄牙旅游目的地的活动和事件"为两大支持方向，3 年总计投资达 1 亿欧元。

在传媒业方面，为适应传播全球化、数字化时代，推进葡萄牙媒体产业跨行业融合发展，2002 年葡萄牙组建国家传播委员会，专门对邮政、电子传播、电子商务、网络等进行监管。2006 年 2 月，传播委员会改组为由传媒企业参与的社会传媒监管局，负责对社会媒体进行监督和管理。2007 年 6 月，社会传媒监管局改组为直属部长会议办公室的社会传媒办公室，负责协助政府执行和评估有关社会传媒方面的政策。[①]

葡萄牙是博彩合法化国家，存在大量线下博彩场所，体育博彩更是名声在外。不过，鉴于网上博彩这个行业的特殊性，葡萄牙一度实行严格的专营制度，即只允许国家彩票中心（Santa Casa，桑塔·卡萨）进行在线博彩销售。该机构被定义为非营利性组织，集监管与经营于一身，实行垄断博彩经营。从 2014 年开始葡萄牙尝试修订法案，听取欧洲博彩协会与各大博彩公司的意见，改变桑塔公司的垄断专营政策，并于 2015 年 5 月全面开放网上博彩市场。新法案不设定牌照商名额限制，只要申请者为公共有限责任公司，总部位于欧盟成员国或欧洲经济区，均可申请葡萄牙博彩牌照；放开博彩项目的种类限制，赌场游戏、体育博彩等均得以上线经营。对于经营者资质，新法案要求申请公司必须拥有良好的缴税记录和社会安全记录，最低保证金为 50 万欧元，网上博彩的保证金进一步增加到 60 万欧元。此外，出于监管和税款征收的需要，新法案拟对无照运营的博彩网站进行屏蔽。如果被查获，无照经营者最高可判处五年监禁。在税收方面，新法案实行阶梯税率政策：对于赌场类游戏和德州扑克，收益低于 500 万欧元的，取收益的 15%；高于 500 万欧元的，每增加 100 万欧元，税率上浮 3%，上限为 30%。对于体育博彩类，收益低于 3000 万欧元的，取收益的 8%，上限为 16%。[②]

葡萄牙历史悠久，众多博物馆是其历史文化的见证。葡萄牙十分重视博物馆的建设和文物保护工作。其官方管理机构是葡萄牙博物馆协会和考古建筑遗产学会，两家分工协作，统筹管理全国的博物馆、古代宫殿、教堂和其他历史文化遗产，办公地点设在阿茹达宫，归文化部管辖。

古本江基金会是以亚美尼亚金融家卡洛斯特·古本江的名字命名的，是葡萄牙最大的基金会，涉猎文教、科学和慈善事业。基金会不仅在全国广泛投资兴办和资助文化、教育、科技事业，还广泛开展对外活动，在英、法、亚美尼亚等地设有文化中心、代表处，还同 100 多个国家和地区建立了合作和交流关系，在国际上具有一定的影响。曾经资助出版中文版

---

① 2011 年葡萄牙传媒产业发展报告［EB/OL］.（2012-1-1）［2021-3-31］. https：// www.crggcn.com/resourceDetail?id=153764.

② 梁晓轩. 葡萄牙博彩业新政[J]. 检察风云,2016,502(02):56-57.

的葡萄牙文学著作，并向中国学生提供奖学金。①

葡萄牙政府鼓励外国直接投资其文化产业。欧盟规定其成员国不得限制外国资本自由流动。葡萄牙政府于 2012 年 10 月推出了"黄金居留许可"签证政策，用以吸引外国投资，其中规定：从欧盟外投资 25 万欧元以上用于艺术品本身或支持文化艺术事业、重建或翻新民族遗产，即可获得葡萄牙长期有效的居留许可，享受国民待遇。

2019 年 6 月葡萄牙政府提出了《2030 人工智能计划》，旨在激发和提高国民数字技术水平、为年轻人提供数字化技能培训、促进国家数字技术发展等。2019 年 11 月葡萄牙议会审议通过的《2019—2023 年葡萄牙第 22 届政府施政纲领》，主要涵盖推行廉政、应对气候变化、解决人口问题、消除不平等问题以及推动数字社会、创造力和创新等五方面内容。

优势特色产业

节庆活动

葡萄牙人生性浪漫，热爱文艺，各种文化演出数不胜数。据新华社报道，受新冠病毒疫情影响，仅 2020 年 3 月至 5 月，葡萄牙有近 2.5 万场文化活动被取消、推迟或叫停。据葡萄牙文化业协会援引 3 家主要售票公司对 364 家文化公关公司的调查数据，因疫情影响，原计划的舞蹈、音乐、戏剧、表演和会展等文化活动中，7866 场被取消、15412 场被推迟、1537 场被叫停。可见昔日演艺活动之丰富。

还有很多有趣的节日，已经与旅游业融为一体。在马德拉，春天在人们心中就像皇后一样重要，人们总是用鲜花迎接春天的到来。马德拉鲜花节是马德拉群岛一年一度的重大节日，在复活节之后举行，活动持续近 20 天，重头戏是花车巡游。奥比杜什巧克力节在里斯本以北 1 小时车程的奥比杜什举行，持续 20 多天：橱窗里摆满了各种各样的面包和糖果，游客尽情品尝和购买钟爱的美食；小朋友可以到巧克力之家参加娱乐活动或学

---

① 葡萄牙的文化设施概况［EB/OL］.（2006-4-1）［2021-3-31］. https://www.crggcn.com/resource-Detail?id=1961285.

习亲手制作食物；成年人可以参加烹饪课程，学习以巧克力为主料制作食物，或欣赏巧克力雕塑；专业糕点师可以参加年度"巧克力达人"竞赛。城市节是里斯本市民自己的节日，为了纪念里斯本城市"守护神"圣安东尼奥，自13世纪盛行至今，是当地最隆重的节日之一。城市节为期1个月，街头表演、音乐会、民俗演出遍布城市各个角落，节日气氛在里斯本极具魅力的老城区如阿尔法马、比卡、上城区和莫拉里亚尤为浓厚，最大亮点是自由大道的节日巡游，处处可见缤纷的节日盛装。沙丁鱼是城市节不可或缺的元素，里斯本人喜欢一边喝啤酒、享受美味的烤沙丁鱼，一边欣赏歌舞巡游。①

文化遗产

截至2022年，葡萄牙的世界遗产有17处，包括古迹、历史悠久的市镇、风景和非物质遗产。曼努埃尔式艺术、瓷砖和法多音乐是葡萄牙人的独特表达符号，也是对世界文化的巨大贡献。

曼努埃尔式艺术是葡萄牙在15世纪晚期到16世纪中期因极力发展海权主义，而在艺术和建筑上出现的独特建筑风格，取名自当时执政的曼努埃尔一世。航海大发展为葡萄牙带来了巨大的财富和知识，当时葡萄牙探险家向世界展示了遥远的文明，许多外国艺术家来到葡萄牙工作，催生了曼努埃尔式风格，这是对哥特式建筑结构和装饰非常具体的解释。其建筑特色在于扭转造型的圆柱、国王纹章、雕饰精细繁复的窗框，同时广泛运用贝壳、锚等图案。曼努埃尔国王时期共建造了60余座曼努埃尔式教堂，大多毁于1755年的里斯本大地震中，幸存的有塞图巴尔耶稣修道院、贝伦塔、圣哲罗姆派修道院，这些建筑物都是城堡、教堂、修道院的结合体，也是初期葡萄牙曼努埃尔式建筑的典范。

起源于阿拉伯文化的葡萄牙瓷砖生产始于15世纪后期，18世纪达到顶峰，生产蓝色和白色瓷砖。匠人使用瓷砖装饰地板和墙壁，这种风格使葡萄牙国王感到满意，并因此在15世纪赢得了建筑界的瞩目，至18世纪已广泛应用在教堂、修道院、宫殿、房屋、花园、喷泉和楼梯中。瓷砖通

---

① 跟着节日去旅行，去葡萄牙体验那些有趣节日［EB/OL］.（2018-1-30）［2021-4-1］. https：//www.sohu.com/a/219638281_484968.

过几何图案描绘宗教故事或圣徒生活，这成为葡萄牙装饰的主要特征之一。在里斯本的国家瓷砖博物馆中，游客可以了解瓷砖从早期到现代的生产历史、艺术和技术发展。瓷砖在 21 世纪仍被广泛使用，在葡萄牙旅行就像参观一个活生生的瓷砖博物馆。里斯本地铁站都铺着瓷砖，上面有维埃拉·达席尔瓦和焦里奥·波马尔等葡萄牙艺术家的作品。全国各地老火车站的瓷砖装饰，大多与周边地区的风俗、传统和景观有关，其中最负盛名的是波尔图的圣本托车站。

葡萄牙音乐最出名的就是法多（fado），原先只是在民间流传，经过众多艺术家们的努力，今天已经以丰富的艺术内涵和哀伤优美的旋律征服了全世界。就像探戈之于阿根廷、弗拉明戈之于西班牙一样，法多在葡萄牙人的灵魂中已经根深蒂固。位于里斯本的法多博物馆采取视听结合的方式介绍法多，设有文献中心、礼堂、商店和咖啡馆，陈列大量唱片、照片、电影、道具、乐器等物品展现法多的历史。2011 年，联合国教科文组织将法多列为世界非物质文化遗产。

图书出版

葡萄牙重视文化的发展和普及，重视发展图书馆事业，各市、区、学校都有规模不等的图书馆，同时政府还致力于建设公共图书阅读工程，这些都是促进葡萄牙出版事业发展的有利因素。葡萄牙共有出版社约 750 家，规模较大的几十家多是出版商和书商协会的成员，出书量占全国的 70%，比较著名的有文明出版社、波尔图出版社、欧美出版社、存在出版社、语言文化出版社、巴西书籍出版社和道路出版社等。近年出版品种中学校用书独占鳌头，占出书总量的 38%—45%；其次是青少年读物，占 16%，目前仍有上升趋势。以前，社科和文学书籍在葡萄牙的畅销书籍中名列前茅，现在则被青少年读物和实用书籍取代。此外，百科全书和词典类图书的销量也有所增加。

葡萄牙图书发行渠道有书店和书亭、超市、图书俱乐部、邮购和网上售书等。近年来，葡萄牙的出口书籍有所增加，出口量年均增长 70% 左右，已成为图书销售的重要组成部分。图书出口交易在出版商和进口商之间直接进行，国家并不介入。欧盟国家是葡萄牙书籍的最大客户，其次是巴西。

葡萄牙十分重视书市。一年一度的里斯本书市和波尔图书市规模都比较大，一般有一两百个展位。里斯本书市可追溯到 1930 年，由葡萄牙出版商和书商协会举办，时间基本在 5 月份，地点往往在市中心，比如自由大道、复兴者广场等，近年则固定在爱德华七世公园，长长的绿地上摆满了书摊。与特价书市不同，里斯本书市从绝版到最新热门书籍应有尽有，价格相当优惠。还有新书发布会、签售会甚至表演、演唱会等各类活动，以及游客喜闻乐见的各类小吃食品摊。① 除上述两大书市外，国内出版社每年都举办较大规模的夏季折扣书市。书市已成为葡萄牙人文化生活中的重要内容。②

产业经典案例

波尔图国际幻想电影节

创办于 1981 年的波尔图国际幻想电影节是葡萄牙最盛大的电影庆典，和西班牙锡切斯幻想电影节、比利时布鲁塞尔幻想电影节一起被誉为世界三大幻想电影节。电影节从每年的二月开展到五月，参选作品必须是内容或摄影风格离奇、古怪甚至恐怖的影片。宗旨是展示和宣传优质电影美学、主题以及寻求新的视野和风格。奖项设置有最佳电影、最佳导演、最佳男女主角、最佳剧本、最佳特技、特别陪审团奖、最佳短片幻想电影、最佳欧洲奇幻片和短片奖等。③

里斯本摇滚音乐节

里斯本摇滚音乐节源自巴西的里约摇滚节。里约摇滚音乐节创办于 1985 年，以举办地里约热内卢命名，是一个具有全球影响力的大型露天音

---

① 怎样买到心仪且价廉的好书？小编带你认识葡国几大书市[EB/OL].(2016-2-20)[2021-3-31]. https://mp.weixin.qq.com/s/p9PwZjb5fkra7CpxEqLXYQ.

② 葡萄牙的图书出版事业概述[EB/OL].(2006-4-1)[2021-3-31].https://www.crggcn.com/resourceDetail?id=1961301.

③ 第 41 届葡萄牙波尔图国际电影节［EB/OL］.（2020-9-9）［2021-3-31］.https://mp.weixin.qq.com/s/mqcO4m4JbuqJsewy6sF26w.

乐演出活动。2004 年音乐节走出巴西来到葡萄牙，此后每隔一年在里斯本举行，期间会有众多国际一线乐队和明星进驻，阵容强大，带来精彩绝伦的视听盛宴。

2014 年第 6 届里斯本摇滚音乐节在好景公园上演，从 5 月 25 日持续至 6 月 1 日，主要活动分散在两个周末举行。最受欢迎的明星之一"坏小子"罗比·威廉斯以及滚石乐队、"林肯公园"乐队、"门廊之火"独立摇滚乐队等全球近百支摇滚乐队和歌手轮番向乐迷们奉献了 200 多场精彩演出。投资预算高达 2500 万欧元，但根据历年的情况，收益会达到预算的 3 倍左右。

音乐节期间，主办方增设便利店、餐馆、酒吧等，每天都有近万名工作人员和志愿者为观众提供各类服务。音乐节除了乐队表演，还有游戏、美食、购物等丰富多彩的活动，好听好吃又好玩。

中葡文化贸易

中葡经贸关系历史悠久。早在 1514 年，葡萄牙商人就到中国广州，用象牙、银器、羊毛、檀香等换取中国丝绸。1979 年 2 月中葡建交，开启两国关系新纪元。2005 年 12 月，两国建立全面战略伙伴关系。双边贸易规模不断扩大，由建交时的 20 万美元到 1993 年首次突破 1 亿美元大关，2019 年达到 66.43 亿美元，中国继续保持葡萄牙在亚洲第一大贸易伙伴地位。

当前两国关系处于历史最好时期，双边高层往来频繁，政治互信进一步加深，经贸合作不断深化，第三方市场合作成为亮点。"一带一路"框架下的中葡经贸合作硕果累累。2018 年 12 月，习近平主席对葡萄牙进行历史性国事访问，取得丰硕成果，推动中葡全面战略伙伴关系进入新的发展阶段。2019 年，中国共有 50 个副部级以上团组访问葡萄牙。

侨民是两国经济文化贸易的重要桥梁。据葡萄牙统计局数据，截至 2018 年底，葡萄牙的中国移民合计 24856 人，占境内移民的 5.2%，列移民主要来源国第六位。华人华侨主要分布在里斯本和波尔图。近年来旅葡华人华侨不仅在数量上持续增长，而且日益融入葡萄牙主流社会。除传统的批发零售、餐饮、旅游等行业外，也开始涉足移民、房产、足球等领域。特别是葡萄牙 2012 年实施"黄金签证"政策以来，中国投资移民占投资移民总数的比例超过 50%，投资额超过 25 亿欧元。

两国在文化、教育方面交流频繁且富有成效。迄今两国已签署多个文化协定年度执行计划，在表演艺术、造型艺术、广播影视和新闻出版等领域开展了大量交流活动和合作项目。2017 年 6 月 7 日，首届葡中文学论坛在里斯本澳门科学文化中心举行，葡中知名作家围绕文学、社会和包容的主题阐述了见解和看法，以文学架构理解之桥；6 月 25 日，第 30 届里斯本国际手工艺博览会举行了以"手艺之美、传承之道——中国传统工艺的传承与创新"为主题的中国日活动，让更多葡萄牙民众了解中国优秀传统工艺。① 2018 年葡萄牙南部古城拉戈亚举办国际文化节，市政府专门布置了一条"中国街"。据不完全统计，截止到 2022 年 8 月，中国有近 40 所高校开设了葡萄牙语专业；葡萄牙开办了 5 家孔子学院，多所院校设立了汉语课程。近年来，葡萄牙青少年学习汉语的热情高涨，喜爱中国文化的葡萄牙年轻人越来越多。②

双方旅游业具有互补潜力。2014 年，葡萄牙旅游局设立中国代表处，通过和中国旅游业的紧密合作，深入推广葡萄牙旅游资源，为中国市场量身定制旅游产品，吸引更多中国游客前往葡萄牙旅游。目前，中国已成为葡萄牙在欧盟外最大的客源国。葡萄牙人也有着非常强的外出旅游度假意愿。2019 年葡萄牙旅游业进口额 53 亿欧元，在当年进口服务中占比 29.8%，同比增长 15.61%。两个旅游客源大国之间具有资源互补的巨大潜力。

两国的葡萄酒相关贸易富有前景。葡萄牙是欧洲第五大葡萄酒生产国，葡萄酒产值约占其农业产值的 25%，从业人口近 20 万。2019 年对华出口葡萄酒总值 1995 万欧元，同比下降 9.51%；占其葡萄酒总出口额的 2.43%，比重仍较低；出口量 643.53 万升，平均每升价格约 3.1 欧元。总体上看，葡萄牙葡萄酒占中国进口葡萄酒市场份额的 1.02%，尚未进入中国主流市场，中国消费者对其了解不多。目前，葡萄牙迫切需要加大在中

---

① 章亚东.葡中文化交流助推两国关系全面发展［EB/OL］.（2017-7-9）［2021-3-31］.http://www.xinhuanet.com/world/2017-07/09/c_1121289317.htm.

② 冯雪珺，张远南."喜爱中国文化的葡萄牙年轻人越来越多"［EB/OL］.（2018-12-4）［2021-3-31］.http://world.people.com.cn/n1/2018/1204/c1002-30440122.html.

国市场的推广力度。两国在葡萄种植、酿酒技术及酒庄经营等方面有较大合作空间，并且已取得了一定成效。软木加工是葡萄牙传统特色产业和国民经济支柱产业之一。软木制成品传统上主要用于葡萄酒瓶塞，年产量约 4 亿个，销售额占葡萄牙软木加工制品的 2/3。2019 年，中国是葡萄牙软木产品出口第十大目的地。随着中国葡萄酒产业迅速发展及对软木工艺品的需求提高，从葡萄牙进口软木产品的增长潜力较大。

两国视听领域的合作方兴未艾。2018 年 11 月，由中国国家电影局和中国驻葡萄牙大使馆共同主办、葡萄牙电影和视听署协办的葡萄牙中国电影周在里斯本开幕，为期 8 天，展映了吴天明、陈可辛、林超贤、陆川、韩延、田晓鹏等中国知名导演的 7 部作品。其中既有展现中国传统文化的《百鸟朝凤》《西游记之大圣归来》，也不乏关爱自然、倡导环保的《狼图腾》《我们诞生在中国》，更有《中国合伙人》《湄公河行动》《滚蛋吧肿瘤君》等放眼全球走向世界之作；既有故事片，也有纪录电影和动画长片。题材丰富，形式多样，呈现出中国电影近年来蓬勃发展的多个侧面，也展现了中国电影艺术创作和技术制作方面的全新成就。① 2021 年中国大年初二，葡萄牙国家广播电视总台于黄金时段开播介绍中国城市的大型专题纪录片《你好中国》，每周两集，共 12 集，向葡萄牙民众详细介绍北京、上海、广州、杭州、成都、西安等 12 个中国城市在人文、旅游、经贸、美食等方面的独特魅力。首日播出的北京、广州两集在葡萄牙引起强烈反响。②

商务往来礼仪

1. 葡萄牙人很讲究见面时的称谓与问候，要在姓氏前冠以先生、小姐、夫人或女士等尊称。

2. 葡萄牙人讲究社交礼仪，交谈时坐姿必须端正，社交场所要注意穿着得体。

---

① 葡萄牙 2018 中国电影周里斯本开幕［EB/OL］.（2018-11-28）［2021-3-31］. http：//ent. people. com. cn/n1/2018/1128/c1012-30430621. html.

② 赵丹亮. 葡萄牙国家电视台播出中国城市专题片《你好！中国》［EB/OL］.（2021-2-13）［2021-3-31］. http://www. xinhuanet. com/world/2021-02/13/c_1127099291. htm.

3. 避免长久注视别人，这被视为非常不礼貌。

4. 交谈时忌讳过问年龄、婚姻状况、经济收入等个人隐私。

5. 到葡萄牙从事商务活动最好选择在 10 月至次年 6 月。

6. 葡萄牙人忌讳数字 13 和星期五，认为不吉利。

7. 葡萄牙人忌讳黄色、紫色、黑色（象征死亡），忌送菊花。

意 大 利

　　意大利共和国位于欧洲南部，包括亚平宁半岛及西西里、撒丁等岛屿。2020 年人口约 6046 万，主要是讲意大利语的意大利人，西北、东北部的少数民族地区讲法语、德语和斯洛文尼亚语。大部分居民信奉天主教。首都罗马，人口约 300 万，是全国的政治、经济、文化和科研中心，也是世界著名的历史名城和旅游中心。其他主要经济中心城市包括米兰、都灵、热那亚、那不勒斯、佛罗伦萨和威尼斯等。

　　意大利是发达工业国，欧洲第四、世界第八大经济体。实体经济发达，是欧盟内仅次于德国的第二大制造业强国，在机械制造、工业设计、工程机械、航空航天、纺织服装、食品加工等领域居世界先进水平。中小企业发达，被誉为"中小企业王国"，中小企业占企业总数的 98% 以上。中小企业专业化程度高，适应能力强，以出口为导向，在制革、制鞋、服装、纺织、家具、厨卫、瓷砖、丝绸、首饰、酿酒、大理石开采及机械工业等领域具有较强的国际竞争力，各类中等技术含量消费品和投资产品在世界市场上占有相当大份额。农业企业约 160 万家，是世界传统农业大国和农业强国，橄榄油、葡萄酒、番茄酱等农产品质量享誉世界。是欧盟内部获得"原产地保护""地理标志保护"和"传统特色产品保护"认证最多的国家。2019 年国内生产总值为 1.787 万亿欧元，其中农业占 2%，工业 24%，服务业 74%。

　　意大利国民素质较高，文化消费意识强，文化消费水平高。全年约三分之一的日子是休息日，休闲时间充裕，除双休日外还有宗教节日、民间传统节日、国家纪念日等，每年 8 月还有 2～3 周的假日。在强大的消费市场刺激下，文化产业总体发展迅速，各种产业形态都非常成熟，旅游、时尚、设计、电影、歌剧等尤为出色，拥有众多国际知名奢侈品品牌，是旅游和购物的天堂。

　　意大利拥有美丽的自然环境和悠久的历史文化，旅游业发达，是世界第五大旅游目的国。亚平宁半岛三面环海，白色的海滩和夏日明媚的阳光吸引了无数游客；世界第一大葡萄酒生产国，地中海美食闻名于世；历史古迹众多，古罗马帝国和文艺复兴留下的文化遗产璀璨夺目，联合国教科文组织评选的世界遗产尤其是文化遗产数量长期位列世界第一。主要旅游城市有罗马、威尼斯、佛罗伦萨等。

意大利新闻出版业比较发达，全国有报纸杂志 50 余种，主要报纸有《晚邮报》《共和国报》《24 小时太阳报》《新闻报》《体育报》《信使报》《赛场体育邮报》《日报》等，主要综合性期刊有《全景》《快报》《现代妇女》《基督教家庭》等。最大通讯社是 1945 年建立的安莎通讯社。广播电视事业发达，全国有私人广播电视台 500 余家。国有的意大利广播电视公司成立于 1954 年，目前有 3 个主要频道播送综合性节目。

意大利的固定宽带市场起步较晚，其普及程度和发展状况均落后于德、法等欧洲大国。近年来，意大利政府大力支持固定宽带业务发展，鼓励光纤等基础设施建设，于 2015 年 8 月通过了总额达 120 亿欧元的"超宽带"计划，固定宽带用户数量得以逐年上涨，2018 年家庭宽带接入率 73.7%。相比固定宽带，意大利移动宽带市场更为成熟，97% 以上的人口使用移动网络，实际用户超过 3000 万。2021 年 4 月，德拉吉总理在介绍《国家复苏和韧性计划》（PNRR）时表示，将分配 63.1 亿欧元用于超高速网络、宽带和 5G 项目，到 2026 年实现所有地区超宽带网络全覆盖。[①]

文化产业管理

政府设有文化遗产与活动部，另外技术创新和数字化部、青年政策和体育部也有一些职能涉及文化产业管理。

在旅游业方面，文化遗产与活动部下属的旅游总局负责制定并发布旅游政策、协调地方旅游发展等，总局下设的国家旅游推广部门（ENIT）负责海外市场营销。意大利国家旅游局是负责意大利国家形象宣传、旅游资源推广的专门机构，成立于 1919 年，在全世界 21 个国家设有 25 家代表

---

① 中华人民共和国商务部. 对外投资合作国别（地区）指南·意大利［R/OL］. 2021：14. http://www.mofcom.gov.cn/dl/gbdqzn/upload/yidali.pdf.

处。意大利议会将旅游企业管制、战略性市场营销活动及基金管理权力下放至地方，省及自治市的旅游部门可发布区域管制法规。2014 年，意大利建立了负责起草国家旅游发展五年计划的旅游营销常务委员会，其成员由公私部门组成。

在文化遗产方面，意大利文化遗产与活动部直接管理全国各地的重要遗址工作，下辖的建筑历史环境监督局设立"文物监督人"。其主要职责是监督文化遗产的保护、修复和使用，为政府处理复杂专业问题提供咨询，协调地方政府与中央政府有关遗产保护的方针政策。文物监督人制度是意大利文化遗产保护工作的一大特色。意大利不仅将文化遗产保护写入了宪法，而且形成了包括《文化和自然遗产法》《资助文化产业优惠法》《文化遗产与景观法》等在内的一整套法律体系。除此之外，政府还积极鼓励"我们的意大利""意大利历史建筑协会""意大利环境基金会"等民间团体在推动立法、健全制度、保护遗产、社会宣传等方面发挥巨大作用。①

在电影业方面，1913 年意大利颁布了第一部电影审查法，并一直沿用到 1961 年。1914 年第一次世界大战爆发后，意大利政府与军事当局达成一致，进一步扩大了审查机构的权力，并严格限制合法制片人的业务活动，以至于后来政府都不能把电影作为宣传工具很好地加以利用。1923 年，法西斯政权控制下的意大利政府开始从各个方面对电影实施控制：预防审查、官方审查、出口审查。1934 年法西斯政府建立了电影管理总会，1938 年规定外国影片的进口权由国家控制的意大利国家电影公司垄断。1949 年制订《电影保护法》，保证其电影业的生存。80 年代以来，根据文化遗产与活动部的分级标准，意大利电影可分为以下几种级别：T 级，适合所有年龄阶段观看；VM14 级，强烈建议 15 岁以下的观众在父母的指导下观看；VM18 级，强烈建议年龄在 19 岁以下的观众在父母的指导下观看；X 级，现在很少用于电影的分级，一般侧重于色情视频的分级。②2021 年 4 月，意大利文化遗产与活动部部长签署法令，废除电影审查制

---

①　宋瑞，王明康. 各国旅游政策与发展战略系列连载（四）：意大利[EB/OL]. (2018-9-8)[2021-3-31]. https://www.sohu.com/a/252644840_126204.

②　李想. 意大利电影从审查到分级制度的嬗变[J]. 北京电影学院学报，2013(03)：24-31.

度,并在文化部电影和视听总局下设电影作品分级委员会,负责对影片制作发行进行分级审核,以取代原有的电影审查制度。新的电影分类法令规定,电影分类须考虑到保护儿童和未成年人,特别是保持对 6 岁以下、14 岁以下、18 岁以下等各个年龄段群体的敏感性,并根据目标观众对电影进行分类。

在知识产权保护方面,意大利遵守所有主要的知识产权国际条约,同时不断修订法律以符合欧盟有关知识产权的规定。在意大利投资的外国公司享有与意大利公司相同的知识产权法律保护。意大利知识产权法主要包括《专利法》《商标法》《版权法》和外观设计保护的相关法规。近年来意大利不断加强对知识产权的保护,在全国 12 个城市设立了知识产权法庭;成立了"防范与打击伪造商品委员会",专门负责协调处理有关反盗版和假冒商品工作、鼓励企业采用"意大利制造"的统一标识等,其主管部门为经济发展部下属的意大利专利与商标局。①

优势特色产业

文化遗产旅游

意大利拥有超过 2.5 万座教堂、2 万座城堡、3000 家博物馆。2020 年拥有联合国教科文组织评选的 58 处世界遗产,其中文化遗产 53 处。例如属于遥远史前时代的巴鲁米尼的苏努拉西村、瓦卡莫尼卡的岩画、阿尔贝罗贝洛的圆顶石屋,都见证了这个民族悠久而辉煌的历史。很多城市都保存着历史风貌,罗马、佛罗伦萨、威尼斯都是真正的露天博物馆,费拉拉、那不勒斯、锡耶纳、乌尔比诺、维罗纳、维琴察等小城也毫不逊色,中世纪的圣吉米尼亚诺、文艺复兴的皮恩扎、巴洛克风格的瓦迪诺托等小镇也令人难忘。

旅馆多为中小型,包括宾馆、露营地、旅游村和农业旅游住所等,全国约有 11.5 万家。旅游从业人员约 32 万人。每年接待游客超过 9000 万人

---

① 中华人民共和国商务部. 对外投资合作国别(地区)指南·意大利[R/OL]. 2021:48. http://www.mofcom.gov.cn/dl/gbdqzn/upload/yidali.pdf.

次，其中德国、美国和法国游客居多，俄罗斯和中国游客数量增长迅速。根据意大利央行统计，2018 年意大利外国游客人数达到 9380 万人次，较上年增加 370 万人次；在意消费总额达到 415 亿欧元，同比增长 6.1%。2019 年，意大利的外国游客共消费 460 亿欧元。

文化创意设计

2007 至 2010 年，意大利文化创意产业发挥了重要的经济杠杆作用。2010 年文化创意产业总产值达 680 亿欧元，占国内生产总值的 4.9%；提供了 150 万个就业岗位，占全国就业岗位的 5.7%；增长 3%，是意大利国民经济增速的 10 倍。

意大利设计主要体现在两个方面：一是制造业的创意程度。如东北部的家具生产，中东部的汽车发动机和摩托车生产、大理石、纺织工业、制革业，南部那不勒斯的世界级裁缝手工艺，都将创意智慧与不同行业结合在一起，生产出能在全世界传播意大利生活方式和理念的产品。二是介于米兰与科莫市之间区域及都灵、罗马、博洛尼亚等大城市的第三产业发展迅速，形成联动的两个创意产业发展中心。

意大利创意产业始终注重观念革新，以前所未有的方式展示设计能力，为传统产品注入新的意义或应用。历史上知名的意大利设计有：好利获得（Camillo Olivetti）公司实现打字机的普及，菲拉格慕时装的 350 项专利，比亚乔轻型摩托车，等等。意大利资本运作模式和设计理念非常适合全球化的知识经济时代。

值得一提的是，意大利时装的辉煌传统与高级时装学校和生产企业有着密切关系。在托斯卡纳地区，建于 1986 年的柏利慕达时装学院今天已经成为意大利时装行业的联合体，从设计到市场营销、企业管理等环节均与生产厂家保持着密切联系。这所学院拥有优秀的教学队伍，现有讲师近百人，除了教授时装理论外，还传授成熟的企业经验。[①]

歌剧演出

意大利是歌剧的起源地。17 世纪的意大利虽然政治混乱、经济低迷，

---

① 张建达. 意大利文化创意产业的现状与发展（上）[N]. 中国文化报，2012-02-01(3).

但艺术领域却达到了空前繁荣，其"音乐大国"的地位未被动摇。罗马歌剧的主要题材是神话和寓言故事，舞美设计以富丽堂皇风格为主，追求奢华的视觉效果。① 19世纪初，浪漫主义思潮席卷整个欧洲大陆，以罗西尼、多尼采蒂和贝利尼为代表的意大利浪漫主义歌剧流派崛起，谱写了意大利歌剧的新篇章。浪漫乐派注重情感和自传性的创作理念，要求歌剧表现必须直面人生，贴近现实生活，突破古典歌剧重神话故事的传统。同时，浪漫乐派又强调音乐与戏剧、诗歌的结合。这些都为浪漫主义歌剧奠定了题材选择的美学基础。②

意大利歌剧业不断发展，对世界文化艺术领域产生了深远影响。意大利目前约有800家规模各异的歌剧院，经营状况较好的有米兰斯卡拉歌剧院、威尼斯凤凰歌剧院和都灵皇家歌剧院等。意大利的歌剧季一般从10月到来年的3月或4月，夏季的歌剧节则在户外举行。有些歌剧院也会在非歌剧季安排戏剧和舞蹈演出，也有一些艺术家们可以在剧院没有演出的时候进行巡演。

电 影 业

意大利是个盛产电影和电影大师的国度。不管是20世纪40年代中期崛起的新现实主义运动，还是60年代中期勃兴的政治电影运动，意大利电影都对同时期及以后的世界电影产生了深远影响，受到全世界观众的热烈欢迎和高度评价。而不同时期涌现的电影大师，从新现实主义运动中的罗西里尼、德·西卡、维斯康蒂、费里尼、安东尼奥尼，到后来的贝尔托卢奇、帕索利尼再到朱塞佩·托尔纳托雷等，他们的名字和作品不仅永久地载入世界电影史册，成为全世界电影学者研究的对象，而且对世界电影的创作发挥着经久不衰的影响。

意大利电影虽不像美国好莱坞电影那样拥有完善和成熟的电影类型划分和生产模式，但在长期的发展过程中也形成了具有意大利风格的电影类型模式。简单来讲，意大利商业电影拥有三个不可或缺的组成部分，即喜

---

① 樊璐瑶.浅谈意大利歌剧起源及初期发展[J].黄河之声,2018(21):26.
② 王文正.19世纪上半叶意大利"歌剧三杰"的比较探析[J].交响(西安音乐学院学报),2018,37(01):132-133.

剧、情欲和暴力。

在意大利，可以和好莱坞大片分庭抗礼的只有意大利喜剧片。喜剧片数十年来一直是意大利本土最卖座的电影类型，其又可细分为两种截然不同的亚类型，一种为具有悠久民族传统和民族文化特征的意大利式喜剧，还有一种为充满"三俗"内容的通俗喜剧。

早期的意大利暴力电影主要是以模仿美国电影的所谓"意大利西部片"和黑帮片为代表，如塞尔焦·莱昂内拍摄的《荒野大镖客》《西部往事》《革命往事》等。[①]

产业经典案例

威尼斯国际电影节

威尼斯国际电影节创立于 1932 年，是世界上第一个国际电影节，被誉为"国际电影节之父"，与戛纳国际电影节、柏林国际电影节并称欧洲三大国际电影节，最高奖项为"金狮奖"。

威尼斯国际电影节的宗旨在于"电影为严肃的艺术服务"，主要目的在于提高电影艺术水平，以"艺术性"作为评判标准。

威尼斯国际电影节每年 8 月末至 9 月初在意大利威尼斯丽都岛举办。电影节设有"主竞赛""地平线""未来之狮""VR 竞赛""非竞赛展映""国际影评人周""威尼斯日"等单元。在电影黄金年代（20 世纪 30—60 年代），威尼斯国际电影节是诸多世界电影大师的摇篮。

2018 年 5 月，威尼斯国际电影节入选国际电影制片人协会电影节委员会首批成员。2021 年 1 月，第 78 届威尼斯国际电影节主竞赛单元评审团主席为韩国导演奉俊昊，这是韩国导演首次担任该职。

米兰国际时装周

孕育于厚重艺术积淀的时尚产业推动米兰由传统的工业经济中心转型

---

① 1905 电影网. 新世纪以来的意大利商业电影［EB/OL］.（2014-6-24）［2021-3-31］. http://edu. 1905. com/archives/view/994.

成为全球瞩目的国际化大都市。作为世界四大时装周之一，意大利米兰时装周一直被认为是世界时装设计和消费的"晴雨表"。

1958年，罗马大酒店聚集了当时意大利高级时装工坊的所有者和时装行业的推动者们，意大利时装贸易工会就此建立起来。同年，他们策划了一个亮相式的展示，即第一届米兰时装周。4年后，意大利国家时装商会接过意大利时装贸易工会的衣钵，成了这个国家所有时装屋自发抱团取暖的俱乐部。它以"代表意大利时尚的最高价值，加强意大利时尚在国内外的影响力，保护会员们的文化和经济利益"为己任，成为当之无愧的意大利时装屋"保护伞"。而今，意大利国家时装商会已经有超过200个注册会员，其中包括阿玛尼、芬迪、普拉达、菲拉格慕、托德斯、纪梵希等一众世界顶级时尚品牌。

和巴黎、纽约、伦敦的时装周一样，米兰时装周也分为2、3月的秋冬时装周和9、10月的春夏时装周。短短一周内，时装周会安排超过50场品牌大秀和演讲、展览、行业聚会，是一场含金量十足的时尚盛会。

据统计，米兰在每个时装周期间会迎来超过两万名"时尚弄潮儿"，为城市创造超过5000万欧元的收入。①

中意文化贸易

1970年11月建交以来，两国在各个领域的友好合作关系进展顺利。2004年，两国建立全面战略伙伴关系。目前，意大利是中国在欧盟的第四大贸易伙伴，中国是意大利在亚洲的第一大贸易伙伴。2020年，双边贸易额为551.86亿美元、同比增长0.4%，中国对意出口329.38亿美元、同比下降1.7%，进口222.48亿美元、同比增长3.8%。

近年来，两国高层互访增加，政治互信不断加强。2019年3月，习近平主席对意大利进行国事访问期间，双方签署共同推进"一带一路"建设的谅解备忘录。意大利成为首个加入"一带一路"倡议的G7（七国集团）成员国。

2014年6月，两国文化部签署《关于建立文化合作机制的谅解备忘

---

① 罗菁.米兰:世界时尚之都[J].看世界,2019(12):30-33.

录》，并于 2017 年 2 月举办中意文化合作机制第一次全体会议。2015 年 4 月签署《2015—2019 年文化合作执行计划》，2016 年 7 月签署《文化合作机制章程》。双方已在意合建 12 所孔子学院，38 个孔子课堂。截至 2018 年 3 月，两国已建立 90 对友好省市和地区关系。侨民是两国经济文化往来的重要桥梁。目前意大利华人约有 29 万人，主要集中于普拉托、米兰、罗马和佛罗伦萨等地。

旅游业合作成效明显。意大利国家旅游局于 2009 年在北京成立代表处，致力于社交网络交流，以及举行各种推介活动。意大利与中国已开通 10 余条直航航线，往来便利。意大利竭尽所能扩展中国客源市场，出台了很多措施，比如：开通意大利旅游中文网站，增设签证中心，简化签证手续，精心设计意大利旅游线路，在博物馆、古罗马遗址、酒店和购物中心等游客集中地开通中文 Wi－Fi、中文导游服务、手机支付、银联卡支付等。意大利高度重视中国游客安全问题，主要城市的知名旅游景点都配备了中意警察联合巡逻队。近几年来，赴意中国游客不断增长，意大利成为最受中国游客欢迎的欧洲国家之一。2016 年赴意大利中国游客约 450 万人次，在随后的两年中上涨至 500 万人次，其中女性游客约占 60％，20 至 45 岁的青壮年游客约占 65％，购买力极强。① 2019 年 2 月 28 日，意大利驻华大使馆在京举行"我的意大利之旅"主题活动，大使谢国谊授予中国青年演员刘昊然"2019 意大利官方旅游形象大使"称号。同年，意大利成为 2019 年中国国际旅游展览会（ITB China）官方目的地合作伙伴。同时，意大利也是全球最主要的出境旅游客源市场之一，意大利人非常热爱旅游，但是目前来华游客并不多，具有较大的市场开发空间。

在电影业方面，意大利电影在中国影迷的心目中一直拥有举足轻重的地位。说起《天堂电影院》《美丽人生》《海上钢琴师》《西西里的美丽传说》等经典名片，大家赞誉有加。意大利是最早获准在中国内地拍摄电影长片和电视迷你剧集的西方国家之一。1949 年后，先后有四位意大利导演来到中国，拍摄了中意电影合作史上的重要作品：卡洛·扎利尼 1958 年拍摄的纪录片《中国长城》，米开朗琪罗·安东尼奥尼 1972 年拍摄的纪录

① 预计 2019 年赴意大利中国游客将超 600 万人次［EB/OL］.（2019-4-16）［2021-3-31］. https：//www. sohu. com/a/308221784_100031220.

片《中国》，朱利亚诺·蒙塔尔多 1982 年执导的电视迷你剧《马可·波罗》，贝尔纳多·贝尔托卢奇 1987 年导演的席卷次年奥斯卡 9 个奖项的电影《末代皇帝》。[①] 2004 年 12 月中意签订《电影合拍协议》后，两国电影界的合作走向深入。2018 年上海电影节首次设立"国际合拍片市场"，就特设了"聚焦意大利"单元。2019 年 4K 版《海上钢琴师》在中国重映，收获千万美元票房。在 2019 年的北京国际电影节上，双方签署《超级联赛》合制协议，展映《犰狳的预言》《突然一日》《无政府主义银行家》《1938——差异》《工作》《魂断威尼斯》等从第 75 届威尼斯国际电影节中挑选的意大利电影。这些影片也在意大利国家电影音像与多媒体工业协会和威尼斯双年展举办的第二届"从威尼斯到中国"电影展映活动中与更多观众见面。[②] 曾任意大利电影音像与多媒体工业协会（ANICA）国际业务部主任的罗伯特·斯塔比莱接受中国记者专访时表示，威尼斯电影节主席、北京电影节首席顾问马可·穆勒先生，将意大利威尼斯电影节的经验带到中国，也让更多意大利人认识北京电影节，为意大利和中国的电影合作做出了重要贡献，也打下了良好基础。意大利电影工业协会也十分欢迎中国电影人到意大利来拍摄，乐意贡献出意大利漂亮的城市风景和坚实的技术基础，为中方拍摄提供帮助。

意大利市场在物流、通信、生命科学、可再生能源和旅游等领域为各国企业家提供了无限商机。在欧洲债务危机背景下，意大利许多企业希望寻求合作伙伴，对于外国企业尤其是中国企业来说是投资良机。

商务往来礼仪

1. 对长者、有地位和不太熟悉的人，要称呼姓，加上"先生""太太"或"律师"等尊称。

2. 意大利人时间观念不强，出席宴会、招待会等活动时经常迟到。

3. 朋友聚会多在餐馆一起吃饭，除非一方事先声明请客，一般会实行 AA 制。意大利人如请客人到家里吃饭，表明视为上宾，客人可带酒（一

---

① 沈健. 中国与意大利的电影交流情结[J]. 世界知识，2020(12)：75.

② 徐蕾. 携手"一带一路"新伙伴，扩大中意影视"朋友圈"[J]. 广电时评，2019(09)：24.

般是葡萄酒）、甜点或鲜花。

4. 意大利人习惯当场打开礼物，以表示对客人的尊重。

5. 女士受到高度尊重，特别是在各种社交场合，女士处处优先。

6. 意大利人忌讳数字 13 和星期五，认为不吉利。

7. 给意大利人送花应为单数，忌送菊花、手帕，这些被认为不吉利。

卢 森 堡

卢森堡大公国，位于欧洲西北部，东邻德国，南毗法国，西部和北部与比利时接壤。2019年人口62.6万，其中卢森堡人占52.6%，外籍人主要为葡、法、意、比、德、英、荷侨民。97%的居民信奉天主教。官方语言是法语、德语和卢森堡语。法语多用于行政、司法和外交；德语多用于报刊新闻；卢森堡语为民间口语，亦用于地方行政和司法。首都卢森堡市，是一座拥有1000多年历史、以堡垒闻名的古城，面积约51.2平方公里，人口11.6万。

卢森堡是发达资本主义国家，国小民富，人均国内生产总值连续多年位居世界第一。钢铁工业、金融业和卫星通信业是卢森堡经济的三大支柱产业。但是自然资源贫乏，市场狭小，经济对外依赖性大。2019年国内生产总值711亿美元，经济增长率2.3%。

在世界经济论坛发布的《2019年世界竞争力报告》中，卢森堡属于创新驱动型国家，综合排名第18位。卢森堡政局稳定，法律健全，税收优惠，是全球最理想的投资场所之一。卢森堡整体经济社会政策以便利和包容为特征。卢森堡约43%的居民、66%的就业人口是外国人，文化非常多元化。卢森堡外国人社团联络委员会自20世纪80年代以来每年都会举办卢森堡移民文化节。

卢森堡作为欧盟重要成员国，是欧盟委员会服务机构、欧洲审计院、欧洲法院、欧洲投资银行、欧洲投资基金以及欧洲议会秘书处所在地。金融业发达，银行林立。首都卢森堡市是全球第八、欧盟第一大金融中心。卢森堡人均银行数排世界第一，2018年在卢注册银行135家，银行总资产7687亿欧元。卢森堡也是仅次于美国的世界第二、欧洲最大的基金管理中心，共管理基金约4000支。主要国内银行有国家储蓄银行、通用银行、国际银行、信贷银行等。

卢森堡因坐拥76座古代城堡而被誉为"千堡之国"，还有众多的展览馆和博物馆、城堡和防御工事。卢森堡古城的老街区和防御工事 1994 年成为联合国教科文组织世界文化遗产，由世界著名摄影师爱德华·斯泰肯策展的"人的家庭"照片集于 2003 年被联合国教科文组织列入世界记忆名录，著名的埃希特纳赫舞蹈游行（跳跃游行）在 2010 年被联合国教科文组织列为非物质文化遗产。工业旅游也颇有特色。卢森堡有悠久的工业历史，南部矿区周围分布着大量工业基地，其中有古罗马式石灰窑、古老的铁路和铜矿。政府为此设计了围绕工业场所的徒步或机车旅行、矿山探险等旅游项目，让游客来发现卢森堡的工业遗产之美。卢森堡 2018 年接待游客约 113.9 万人次，拥有旅馆 228 家，共 7472 张床位；野外宿营地 82 处。

卢森堡的电影市场非常开放。先进的电影院遍布全国，既有舒适的独享电影院，又有拥有巨型 3D 技术的大型影院。电影院提供各种最新的国际大片，大多数以原始版本播放，并附有法文和荷兰文字幕。卢森堡市电影节等活动是发现卢森堡制作的电影作品的绝佳途径。

卢森堡有众多剧院，提供国内国外的音乐会和戏剧表演，反映出该国的文化多样性。卢森堡的大多数音乐厅都具有独特迷人的建筑风格。许多剧院在历史悠久、受保护的遗产地举办活动，其建筑本身就值得一游。其他现代化剧院设备先进，展示了可提供完美声学效果的现代设计技术。卢森堡市剧院有近 1000 个座位，长年上演本国和外国的话剧、歌剧、舞剧、音乐剧、芭蕾甚至杂技等各种舞台艺术。

音乐活动丰富多彩。卢森堡人酷爱音乐，音乐是其生活中不可或缺的元素。据说只要 3 个卢森堡人聚在一起，他们就可以吹吹打打开个音乐会了，足见其对音乐的喜爱程度。比较知名的音乐活动包括埃希特纳赫国际音乐节、卢森堡音乐之春、欧洲露天音乐节、维尔茨音乐节、露天摇滚音乐节、布鲁斯和爵士乐节等。著名的卢森堡爱乐乐团原名为卢森堡广播交响乐团，建立于 1933 年，有着悠久的音乐传统，在卢森堡和欧洲乐坛都占有重要地位。乐团原本是私人的广播管弦乐团，一直由私营的卢森堡广播电视台运营，自 1996 年以来受到卢森堡文化部的大力资助，目前成为卢森堡重要的文化使者，在国际文化交流中扮演着重要角色。华人艺术家梁豪星长期在该团担任首席小提琴手。

卢森堡有 8 种日报、9 种周报、20 余种月报和杂志等。影响较大的报纸有《卢森堡言论报》（德文，日发行 7.5 万余份）、《日报》（德文，日发行 2.5 万余份）、《新闻》（德文，日发行 2 万余份）、《洛林共和报》（法文，日发行 2 万余份）等。卢森堡电视台用法、德、荷、卢语播送，星期日还有意大利语节目。卢森堡广播电视公司有 40 家电视台和 33 家广播电台，节目覆盖整个欧洲，是欧洲最大的视听媒体集团、美国本土外最大的独立发行商。卢森堡本国网站数量约 6000 个，其中 5000 多个为商务企业网站。

文化产业管理

卢森堡设有文化部管理文化艺术事宜，另外国家教育、儿童和青年部以及体育部、经济部也有部分职能涉及文化产业相关领域。

影视业方面，在卢森堡注册的影视制作公司制作的影视产品（广告、新闻、色情暴力节目除外），可享受最高 30% 的所得税减免。

电子商务方面，卢森堡已投资建成在安全和传输两个方面具有欧洲领先水平的数字中心。这有利于电子商务企业在卢森堡设立总部和数据处理中心，促进相关行业发展。

在新闻媒体方面，卢森堡一直采取较为自由和宽松的管理政策。早在 1869 年，卢森堡就立法保障言论和出版自由。卢森堡的媒体产业一直以来都是由私人运营，政府几乎没有创办公共性质的报纸杂志、电台或电视台。政府对新闻行业的干预很少。2004 年，新修的法律为卢森堡提供了适应当代媒体环境的法律框架，重新定义了媒体的更正权，并明确保障记者的各项权利，其中包括记者有保护采访信源的权利，此外还规范了记者与媒体机构之间的关系。卢森堡政府在 1976 年立法允许对纸质媒体进行直接补助，1998 年相关的补助立法得到进一步明确和具体化。对纸质媒体的补助分为两部分，一部分是固定等量的基础补助，另一部分是基于纸媒出版页数提供相应比例的补贴。2017 年，政府为了促进在线新闻网站的发展，又将补助扩展到在线新闻领域。

在广播与电视领域，卢森堡广播与电视行业长期以来都由 RTL 集团垄断。在 1929 年，RTL 前身 CLT 公司就获得了卢森堡政府颁发的视听媒体独家经营执照。直到 1991 年，卢森堡才颁布新的有关电子媒体的法律，放开电视广播市场，但是政府依然与 RTL 集团签署了特许经营协议，

RTL 集团旗下的"RTL 卢森堡电视台"以私有经营的性质扮演公共电视台的角色。

卢森堡政府通过让媒体自我规范的方式来管理该国新闻传播行业的运营。1979 年，卢森堡出版委员会成立，由记者和出版商组成。在广播电视领域，卢森堡有媒体与传播服务协会，由国务部监管，主要负责媒体和通信方面的政策制定。另外，1991 年广播电视市场开放之后，成立了独立广播委员会（ALIA）、全国广播协会以及媒体顾问委员会（CNA），分别负责颁发和吊销广播执照、监督广播电视内容以及向政府提供媒体政策咨询等服务。此外，卢森堡还有四家记者与出版商协会。这些组织都在一定程度上促进了卢森堡新闻传播行业的良性发展。[①]

在知识产权保护方面，卢森堡有《著作权、数据库权和发明专利权法》，遵守《比利时、荷兰和卢森堡关于工业产权的公约》及其执行条约，三国实行统一的工业产权法律，在其中任何一国注册的产权在其他两国获得同等权利。商标注册有效期为 10 年，可无限延展，工业图纸、模型等产权有效期则在 5～25 年不等。

优势特色产业

广播电视业

卢森堡广播电视业起源于 20 世纪初期，于 1931 年成立广播公司，1954 年更名为广播电视公司（CLT），1997 年与德国 UFA 公司合并组成欧洲最大免费电视和广播公司 CLT-UFA，2000 年与英国 Pearson 电视公司合并组成欧洲最大广播电视集团 RTL。该集团在欧盟 10 余个国家拥有电视台和广播电台，节目覆盖整个欧洲。欧洲卫星公司成立于 1985 年，总部设在卢森堡，提供电视、广播和多媒体直接到户的信息传送服务，是世界第二大卫星运营商，卫星信号全球覆盖率达 99.999％，拥有卫星约 40 颗，居欧洲首位、世界第二，还参股多家卫星运营商。

---

① 何亮,郝静雅.卢森堡新闻传播业的历史与现状[J].青年记者,2020(05):94-95.

体育赛事活动

卢森堡非常重视体育运动，各种体育项目如球类（足球、篮球、排球、网球、乒乓球等）、田径类、自行车、摩托车、滑冰等都很盛行，摩泽尔河谷适于开展帆船等水上活动。卢森堡积极参加各种规模的国际体育赛事。在1952年芬兰首都赫尔辛基举行的第15届奥运会上，卢森堡选手巴特尔获得男子1500米跑冠军并打破世界纪录。为纪念这位卢森堡史上最伟大的运动员，卢森堡市的一座球场以"巴特尔"命名。

足球是卢森堡的头号体育运动，也是卢森堡人最喜爱的运动，近半国民爱好足球。卢森堡足球队曾在1964年欧洲杯中杀入1/4决赛。卢森堡有不少球员在邻国比利时和法国效力，其中著名球员盖伊·海勒斯近年返回家乡创办了一所足球学校，为祖国培养足球后备力量。

卢森堡人普遍喜爱运动，以亲近自然、强身健体。除足球外，至少1/4的卢森堡人喜爱游泳、网球和自行车。由于紧邻法国，卢森堡常常参与世界著名的环法自行车大赛。①

产业经典案例

卢森堡国际当代艺术展

卢森堡是世界上最具活力的区域经济文化中心之一。卢森堡国际当代艺术展是由德、法、瑞三国美术家协会共同发起的以欧洲当代艺术为主题的国际巡回展，是当今欧洲最有影响力的国际艺术展之一。在每年6月到次年5月的完整展期内，分别选择在欧洲及北美不同城市主办。参展艺术家需要经过策展人邀请、提名，要求有独特的创作风格和主题。展览的艺术作品均经专家评审团严格审议，以绘画、雕塑、装饰、影像等为主体，题材广泛，风格多样，是当代高规格艺术的整体亮相，反映了国际当代艺

---

① 卢森堡的体育事业发展概况[EB/OL].（2005-11-1）[2021-3-31]. https://www.crggcn.com/resourceDetail?id＝572714.

术的前卫走向和发展趋势。①

中卢文化贸易

1972 年建交以来，双方高层互动不断，经贸往来频繁。2019 年 3 月，双方签署《关于共同推进丝绸之路经济带和 21 世纪海上丝绸之路建设的谅解备忘录》。卢森堡成为第一个加入中国"一带一路"倡议的西欧国家。2019 年中卢贸易额 18.3 亿美元，同比上升 63.9％。

金融合作成果丰硕。早在 1973 年，中卢两国银行就已建立代理关系，开展业务往来。1979 年中国银行在卢森堡设立分行，中国工商银行、中国建设银行、中国农业银行、交通银行、招商银行等也相继在卢森堡设立分支机构，以其为中心辐射整个欧盟地区。卢森堡也正竭尽全力打造人民币离岸交易中心。多家中资企业利用卢森堡的政策优势设立投资平台，向北美、非洲、欧盟等地进行投资和资金转移。卢森堡已经成为中国在欧盟第一大投资目的地，也是中资企业对第三国投资的中转地和资金调配中心。近年来，中国坚持把绿色金融服务理念融入"一带一路"建设具体项目，与包括欧盟在内的各方共同打造绿色国际公共产品，在绿色债券、绿色信贷等领域与卢森堡进行了重点合作，为两国共建"一带一路"增添了新亮色。

艺术交流类型丰富。中国曾在卢森堡举办民间艺术展、湖北省周朝艺术品展、华夏文明之源——河南文物珍宝展、"世界遗产在中国"图片展、书法展、画展等。双方还互办过"武汉-卢森堡卓有成效之百年合作纪念画展"。卢森堡曾在中国北京和上海举办绘画展和国立历史艺术博物馆藏品展。2010 年卢森堡参展上海世博会，以"亦小亦美"为主题的卢森堡馆被遴选为永久保留的六个展馆之一。疫情没有阻断两国的文化交流，线上展览应运而生。2021 年 1 月，由卢森堡中国文化中心与中卢商会共同主办的"我的中国故事"摄影展在卢森堡中国文化中心官网及其社交媒体展出，全方位呈现了一个历史悠久、景色秀丽、人民幸福的中国。2021 年 3 月该

---

① 江汉大学 3 位老师作品入选卢森堡国际当代艺术展[EB/OL].（2018-12-27）[2021-3-31].
https://www.sohu.com/a/284815429_100163025.

中心官网及社交媒体同步展出"齐赏好景"山东旅游风光展。

在影视业方面，2017年6月，两国政府代表在人民大会堂签署了关于合作拍摄电影的协议，进一步推动两国电影产业的交流、合作与发展。①

演艺合作亮点频出。两国演艺界互动非常密切，卢森堡爱乐乐团多次赴华举办交响音乐会，"绝对码头"等团体及艺人经常参与中国的一些大型音乐节。2019年9月25日晚，庆祝中华人民共和国成立70周年的"新时代·中国音——中国中央民族乐团音乐会"在卢森堡市举行。更有两国艺术家在共同理想牵引下组成乐队。2007年，出于对马林巴、打击乐的爱好和共同的音乐理念与追求，还在上大学的张悉与同学卢森堡音乐天才少年洛朗·瓦尔尼耶，在阿姆斯特丹成立了"追-打击乐二重奏"组合。两人配合默契，一出道就闪耀异彩，演出足迹遍布欧美各国以及中国的北京、上海、广州、深圳、西安、哈尔滨等各大城市，包括国家大剧院、北大、清华等地。上海世博会期间，应卢森堡文化部邀请，乐队在卢森堡馆进行了精彩表演。该乐队融汇了中西文化理念，传承与发扬现代马林巴音乐的精髓，在国际上独树一帜。②

商务往来礼仪

1. 卢森堡人对见面时的称谓与问候颇为讲究，要在姓氏前冠以先生、小姐、夫人或头衔等尊称。只有亲密的朋友才用名字相称。

2. 在社交场合相见，要与被介绍过的客人一一握手，并自报名字。

3. 见面必须事先约好，贸然到访属于不礼貌行为，甚至会被拒绝。无论商务还是私人约会，一定要准时。

4. 去卢森堡人家里拜访，一般会给女主人送鲜花，递交时要拆掉包装纸。

5. 与人交谈忌讳打探个人收入、年龄、宗教信仰、情感等隐私。

---

① 《中华人民共和国政府与卢森堡大公国政府关于合作拍摄电影的协议》签署[EB/OL].(2017-6-19)[2021-3-31]. http://www.nrta.gov.cn/art/2017/6/19/art_112_33927.html.

② "追-打击乐二重奏"3月献演，展马林巴独特魅力[EB/OL].(2014-2-20)[2021-3-31]. http://music.yule.sohu.com/20140220/n395364023.shtml.

奥 地 利

　　奥地利共和国，是中欧南部的内陆国，东邻匈牙利和斯洛伐克，南接斯洛文尼亚和意大利，西连瑞士和列支敦士登，北与德国和捷克接壤。2019 年人口约 890 万，其中外国人 148.7 万，占 16.7％。官方语言为德语。首都维也纳，人口 191.2 万，是全国最大城市和政治经济中心。

　　奥地利是传统发达国家，人均国内生产总值位居世界前列。工业和农牧业发达，主要门类包括采矿、建筑、机械制造、电子和汽车制造等。注重创新，金融、旅游等服务业具有较强竞争力。中小企业占全国企业总数的 99％以上。2019 年国内生产总值 3985 亿欧元，增长率 3.3％，人均 44900 欧元；其中第三产业占 70％，第一产业仅占 1.3％。与其他发达经济体相比，奥地利工业和服务业占比较高，这种经济结构被认为具有较强的抵御危机的能力。

　　奥地利的城市文化发达，拥有多座历史悠久、影响力巨大的世界著名城市。维也纳是欧洲古典音乐的摇篮和世界著名的音乐之都，也是联合国的四个官方驻地之一，还是石油输出国组织、欧洲安全与合作组织和国际原子能机构等多个国际机构的总部所在地。2018 年，维也纳第 10 次被著名研究机构美世评选为全球最宜居城市。格拉茨是奥地利第二大城市，人口 30 万，面积 127 平方公里，位于多瑙河支流穆尔河沿岸的盆地内，是奥地利重要的工业中心。1999 年，格拉茨城历史中心被列入世界文化遗产名录。2003 年，格拉茨被评选为"欧洲文化之都"。萨尔茨堡被誉为"世界舞台"，是伟大音乐家莫扎特和指挥家卡拉扬的出生地，每年举办 4000 多场文化活动，其中最重要的是萨尔茨堡艺术节。萨尔茨堡的魅力还在于巴洛克古城以及周边的湖光山色。1997 年萨尔茨堡老城被列入世界文化遗产。萨尔茨堡是电影《音乐之声》和圣诞歌曲《平安夜》的故乡，气候四季宜人。

　　奥地利是葡萄酒之乡，有着悠久的葡萄种植历史。在奥地利东部的一座坟穴中曾经发现了公元前 700 年遗留下来的葡萄籽。

奥地利旅游业发达。音乐舞台、剧院、博物馆和美术馆数量众多。2019 年接待过夜游客 1.5 亿人次，其中外国游客 1.1 亿人次，主要来自德国、荷兰、英国、意大利、瑞士和比利时等国。全国有各类旅馆 6.6 万余家，床位约 110 万张。

政府高度重视教育和科技。学龄儿童享受 9 年义务教育，学费、书费和交通费由国家负担。持有高中毕业文凭可免试上大学。2018—2019 年度有各类中小学、职业学校 5778 所，在校学生 110 万人；各类高等院校 189 所，大学生 37.7 万人。著名的维也纳大学创立于 1365 年，是德语国家最古老的大学之一。奥地利非常重视新技术研发，2017 年研发投入为 113 亿欧元，占国内生产总值的 3.14%，在欧盟成员国中排名第 2 位。

在新闻出版方面，2018 年全国有各类报纸 259 种，其中日报 27 种、周报 229 种。2018 年主要报纸发行量为：《皇冠报》80 万份，《小报》28 万份，《信使报》15 万份，《新闻报》7 万份，《标准报》7 万份；主要杂志发行量为：《新闻周刊》9 万份，《侧面》周刊 6 万份，《趋势》经济月刊 4 万份。奥地利通讯社 1946 年建立，主要向奥报纸和电台提供世界各大通讯社的消息，有时也发布奥官方消息。在广播电视方面，奥地利广播电台（ORF）是奥地利最大的电视台和广播电台，私人电视台有 ATV 等。

文化产业管理

奥地利设有艺术、文化和媒体部管理文化产业相关事宜，旅游事务归可持续发展和旅游部主管，公务员和体育部、数字化和经济区位部的职能也涉及文化产业。

奥地利政府联邦新闻局主管本国新闻传播事业，负责常驻奥地利的外国记者的注册、居留、采访等事宜。各联邦部和州均设有新闻处或新闻发言人，负责和记者联系或向记者发布新闻。奥地利实行新闻和言论自由，禁止任何对新闻施加影响的政府行为。1982 年生效的《媒介法》充分保证新闻言论自由和公众获得信息的自由，但在危及国家主权和利益的情况下，新闻自由将受到一定程度的限制。该法保护公民个人免受诽谤、中伤，保护个人隐私权不受侵犯。任何媒体都必须定期公布它的所有人、出版人名单和总的政治倾向。1961 年由奥地利报纸出版商和记者工会联合创建的奥地利新闻委员会是一个民间组织，主要职能是监督新闻工作者遵纪守法和保障新闻自由。此外，奥地利还有记者协会和外国记者协会。

旅游业主管部门是奥地利国家旅游局。为了促进旅游业的持续发展，奥地利政府实行突出服务职能的管理体制，即基本不直接干预旅游企业的经营和管理，而是制定有利于提高旅游业竞争力和创新力的宏观政策并根据实际情况不断做出调整，同时提供政策和资金支持、整合旅游资源和信息以推广旅游品牌。[①]

奥地利十分重视知识产权保护，已加入世界知识产权组织，是多项国际专利产权公约的签约国。奥地利于 1970 年修订《专利法》并不断扩充、完善，形成了系统的专利保护法律体系，主要保护发明专利、商标、设计专利及著作权等。奥地利专利局是专利事务的管理机构。

在出版业方面，2004 年奥地利政府成立国家出版基金，奥地利通信局负责基金监管，资助对象是每年至少出版四期且涉及政治、文化或宗教等题材的刊物，资助形式为一次性支付。[②]

奥地利奉行自由贸易政策，强调公平竞争，市场开放。政府欢迎和鼓励外来投资，外国投资者享有国民待遇，所有与投资相关的法律和法规均适用于外国投资者。

优势特色产业

音乐产业

奥地利是世界音乐之邦。历史上，古典音乐大师几乎都在此留下了足迹。海顿、莫扎特、舒伯特、布鲁克纳等诸多大师出生在这块土地上，当代著名指挥家卡拉扬也是奥地利人民的骄傲。贝多芬青年时代在这里学习和创作音乐，勃拉姆斯、马勒、雷哈尔等都在奥地利创作过不朽的作品。

---

① 奥地利：旅游管理突出服务[EB/OL].（2012-1-16）[2021-3-31]. http://news.cntv.cn/20120116/112926.shtml.

② 奥地利的出版业发展概况[EB/OL].（2018-11-1）[2021-3-31]. https://www.crggcn.com/resourceDetail?id=649570.

萨尔茨堡国际艺术节是奥地利最具国际声誉的大型文化活动之一。每年元旦举行的维也纳新年音乐会被包括中国在内的世界许多国家转播。

早在神圣罗马帝国时期，宗教音乐、骑士音乐和宫廷音乐在奥地利就已十分盛行，特别是宗教音乐已发展到相当高的水平。1489 年马克西米连一世皇帝创建了"维也纳童声合唱团"，标志着奥地利有了自己的音乐演出品牌。奥地利古典音乐的黄金时期是在 18 世纪末至 19 世纪初，那时维也纳云集了海顿、莫扎特、舒伯特、贝多芬等世界级音乐大师，成为著名的音乐之都。19 世纪后半叶，施特劳斯家族在奥地利音乐界举足轻重，以小约翰·施特劳斯为代表的乐派提倡的圆舞曲响遍各地，《蓝色多瑙河》的旋律深入人心。

奥地利古典音乐经久不衰，一些著名剧院和音乐厅仍上演和举行以古典音乐为主的歌剧和音乐会。世界驰名的维也纳新年音乐会和歌剧院舞会更是专注于演奏古典音乐。当然，随着时代的发展，奥地利也受到现代音乐的影响，爵士乐、摇滚乐等也出现在奥地利的一些音乐场所，听众多为青年人。[①]

旅 游 业

奥地利旅游业发达，是服务业中的支柱产业。据奥地利统计局数据，截至 2018 年奥地利共有各等级饭店、旅店 6.22 万家，床位约 105 万张。当年接待游客约 4485 万人次，过夜 1.5 亿人次，平均逗留 3.3 天。其中国内游客增速为 3%，国外游客增速为 4.6%。

奥地利国际旅游业迅速发展的奥秘在于善于利用旅游资源，开展地方特色旅游和主题旅游，加强管理工作，提高服务质量。奥地利注重研究旅游市场的变化，掌握旅游信息，不断开辟新的旅游项目以扩大国外客源。奥地利旅游局在国外开设许多代表处，除了德国、瑞士的传统客户外，还努力开拓意大利、法国和西班牙的客源，争取吸引更多国家的游客。[②]

奥地利的公园和风景区一般不收门票，从局部看是有些损失，但从长

---

① 奥地利音乐的发展历程[EB/OL].（2008-11-1）[2021-3-31]. https://www.crggcn.com/resourceDetail?id=649508.

② 郑文. 重视旅游宣传——国外旅游业迅速发展的秘诀[J]. 小城镇建设,1998(08):51.

远看能吸引更多游客。游客必定要用餐、住宿、听音乐、参加舞会、购买纪念品等，这笔消费也是很可观的收入。

除了春秋旺季旅游，奥地利还开发了登山和滑雪的"白色旅游"、参观建筑和历史人物的"文化旅游"、观赏音乐节和戏剧节的"夏季旅游"、体验划船和冲浪的"健康旅游"等淡季项目。这样，他们的旅游业淡季不淡，旺季更旺。① 在奥地利的东部、南部和西部地区，共有 100 多处温泉中心。这些温泉或处于平缓的丘陵地带，或处于壮丽的阿尔卑斯山中，大都带有露天的温泉水域。在冬季，大自然中的皑皑白雪和温泉冒出的蒸气形成强烈反差，浪漫无比。奥地利还注重开发家庭游，许多地方适合全家人一起游玩，小朋友可以和爸爸妈妈一起探秘城堡或者学习骑术，众多家庭主题公园是亲子教育的好去处。

德国南部与奥地利接壤，两国有着共同的语言、相似的文化以及数百年盘根错节的历史，在政治、经济、文化、科技、社会生活等各个领域关系密切，交流频繁。奥地利是德国民众最喜欢的旅游度假地之一。2019 年奥地利迎来住宿游客 7900 万人次，其中 37.4% 是德国游客。

疫情给奥地利旅游业和国民经济带来沉重打击。2020 年 6 月奥地利放开了对 31 个欧洲国家的旅行限制。随着疫情形势日趋缓和，以及欧洲传统夏季度假季的到来，自 2021 年 5 月中旬起，奥地利的餐馆和酒店开始恢复营业。5 月 21 日，奥地利联邦总理、旅游部部长、商会主席等出席新闻发布会，支持 9 个联邦州及相关城市共同发起旅游市场推广活动。联邦政府提供 4000 万欧元的特别预算，作为振兴旅游业的重要措施。②

产业经典案例

萨尔茨堡国际艺术节

每年 7 月底至 9 月初，在奥地利萨尔茨堡都会举行长达四周的音乐艺

---

① 乐缨. 繁荣的事业——奥地利旅游业浅析[J]. 国际问题资料，1986(22):24.
② 王娟. 奥地利旅游业复苏乍暖还寒[EB/OL]. (2020-7-10)[2021-3-31]. http://www.ce.cn/culture/mdy/xia/202007/10/t20200710_35296678.shtml.

术庆典。1920年8月，导演马克斯·莱因哈特以大教堂为背景，将雨果·冯·霍夫曼斯塔尔的神秘剧《每个人》搬上舞台，萨尔茨堡艺术节由此诞生。1921年艺术节的首演为音乐剧，1922年改为歌剧。自1926年始，大教堂广场边古老的骑术学校也成为艺术节的剧场。1960年7月，在萨尔茨堡出生的世界著名指挥家赫伯特·冯·卡拉扬以理查德·施特劳斯的歌剧《玫瑰骑士》庆祝艺术节大歌剧院的落成，艺术节迎来新时代，影响力逐渐波及世界。艺术节期间，萨尔茨堡成为欧洲乃至世界音乐界的焦点。除了吸引诸多精彩的歌剧、话剧、电影和音乐会等文化大餐，萨尔茨堡还会迎来世界各地上百万的游客，大大刺激了当地经济发展。①

维也纳舞会季

每年11月到次年3月是维也纳传统的舞会季，其间举办四五百场舞会，规模不等，特色各异。拥有200多年历史的维也纳舞会，堪称维也纳乃至奥地利一道独特的文化景观，并有效地推动着当地经济的发展。

维也纳歌剧院舞会是维也纳最负盛名的舞会，以传统、高雅、奢华著称。舞会是年轻人初进社交圈的仪式，也是媒体的狂欢盛宴。多年来，歌剧院舞会不断尝试在传统中加入时代特色，向国民传达生活乐观、文化自信的理念。

霍夫堡宫的咖啡商舞会也是最受欢迎的舞会之一，历史悠久，场面华丽。甜点面包师舞会也在这里举办，各种诱人的甜点美食与舞会场景相映成趣。

除了舞会伴奏乐队、演出器材租赁公司等直接受益者外，舞会文化近年来也带动了其他行业发展。比如花卉行业，舞会大厅要用鲜花装饰，许多客人身上也会佩戴鲜花。糕点制作、摄影、舞蹈培训等行业与舞会的关系更为密切，有的公司或机构随着舞会文化的发展已办成了百年老店。

舞会文化对旅游业的作用最为明显。维也纳旅游部门曾预估，2016年至2017年舞会季约有48.5万人参加各种舞会，消费额达1.31亿欧元，人均支出270欧元，用于服装饰品、美容美发、化妆品、餐饮、交通等与舞

① 享誉世界的萨尔茨堡艺术节,值得品位高的你来欣赏[EB/OL].(2021-7-26)[2021-9-12]. https://zhuanlan.zhihu.com/p/393287709.

会有关的各项费用。舞会参加者中有 1/3 来自维也纳之外地区以及德国、日本、美国等。近年来，中国游客也在增加。2016 年 1 月维也纳过夜游客人数达 78.2 万，2 月为 76.1 万，维也纳旅游部门将这两个月的平均过夜人数的长期目标设定为 100 万。①

"博物馆长夜"活动

"博物馆长夜"是德语国家的一个重要文化项目。当天举办地的多家博物馆和文化机构会同时开放至深夜，参观者持该活动通票即可在规定时段内出入上述所有场馆。该项目已经成为德语国家乃至欧洲地区长盛不衰的文化品牌。

奥地利"博物馆长夜"创办于 2000 年，20 多年来每年数百万人次参与活动，覆盖范围甚至突破奥地利全境。

活动一般在周末晚间举行，以便包括学生和上班族在内的所有人都能够参与。观众一般只需购买一张十几欧元的通票，即可在 7 个小时内参观所有加入项目的场馆。关于场馆、展览和特别活动的详细信息会提前免费发放给市民。

为方便市民和游客往来各场馆及在活动结束后离开，各城市都会在当天开通接驳巴士，部分公共交通也会运营到次日凌晨，持票者都可免费无限次搭乘。

"博物馆长夜"从创立之初就是为了鼓励更多市民和游客尤其是儿童和青少年到博物馆开阔眼界、增长知识，因而各个场馆在举办展览之余，不仅针对成年人开展讲座、音乐会、午夜拍卖、派对等丰富多彩的配套活动，也给予未成年人以特殊关照。②

中奥文化贸易

中国与奥地利于 1971 年 5 月建交。中国实行改革开放以后，两国领

---

① 区听涛．维也纳舞会季：文化与经济齐飞[N/OL]．中国文化报，2017-3-9[2021-3-31]．http://nepaper.ccdy.cn/html/2017-03/09/content_197860.htm.

② 王娟．"博物馆长夜"项目二十年：形成一种文化传统[N/OL]．中国文化报，2016-10-24[2021-3-31].http://nepaper.ccdy.cn/html/2016-10/24/content_189875.htm.

导人互访频繁。2018年4月，奥地利总统范德贝伦对中国进行国事访问，两国签署了《关于建立友好战略伙伴关系的联合声明》，提升了双边关系水平，并就共建"一带一路"、电子商务、创新研发等签署了多项合作协议。两国贸易近年来发展迅速，目前中国是奥地利在欧洲之外仅次于美国的第二大贸易伙伴和全球第三大进口来源国。据中国商务部统计，2019年中奥双边贸易额为106.6亿美元，同比增长9.3％。

2001年两国签署《文化交流协议》，致力于开展文化领域的人员交流互访等活动，每3年签署一次执行计划。奥中文化交流协会1994年创立，主要宗旨是为旅奥华人提供服务和帮助，同时创办多瑙时报社，2005年组建了电视、新闻和文化演出交流服务公司。协会致力于开拓和发展两国文艺界交流，承办组织中国团体赴奥参加各种文艺演出活动。①

侨民是两国经济文化贸易的重要推动力量。中国对奥地利移民始于20世纪70年代，目前约有3万华人在奥地利生活，主要分布在维也纳、格拉茨和萨尔茨堡等大城市，约90％从事餐饮业。奥地利的第一家中餐馆诞生于1940年，目前已发展到约1200家。

两国文化交流十分活跃，文化团组互访频繁。2013年"奥地利中国电影周"在维也纳举办，持续5天，在中国较有影响力的影片《钢的琴》《风云2》《失恋33天》《人在囧途》等先后与奥地利观众见面。②"欢乐春节"品牌在奥知名度和影响力日益提升。2018年，奥艺术家来华参加"第五届丝绸之路国际艺术节丝绸之路国际美术展"，奥影片参加上海国际电影节"一带一路"电影周，中国在奥举办《"一带一路"建设五周年民心相通》图片展。2019年5月，上海艺术电影联盟与奥地利电影协会联合主办的上海电影展在维也纳和萨尔茨堡举行。

音乐演艺合作最为活跃。奥地利每年都有音乐团队到中国演出，奥地利爱乐乐团、林茨爱乐乐团、维也纳施特劳斯节日乐团、莫扎特交响乐团、维也纳管弦乐团、蒂罗尔民族乐团、马勒爱乐乐团、维也纳童声合唱团等在中国演出市场非常受欢迎。近些年也有一些流行乐队以及演奏家前

---

① 中华人民共和国商务部. 对外投资合作国别(地区)指南·奥地利[R/OL]. 2019:56-57. http://www.mofcom.gov.cn/dl/gbdqzn/upload/aodili.pdf.

② 中国电影奥地利扎堆放映[EB/OL]. (2013-2-7)[2021-3-31]. http://hhjyy.tjl.tj.cn/whjl/jldt/1302/13.02-07-zgdy.html.

来。2017 年奥作曲家、指挥家乌帕德亚雅创作的大型交响合唱作品《丝绸之路——长安之门》在京上演。几乎每年都有中国乐团或歌手前往维也纳演出，歌手宋祖英、谭晶、王莹、廖昌永、王宏伟、杨学进、祖海等人都曾在维也纳金色大厅开个人演唱会。2015 年 9 月，中国首次担任奥地利主流艺术节林茨布鲁克纳国际音乐节主宾。2017 年，中国在奥举办"维也纳中国芭蕾新年音乐会"和"相遇维也纳"中国新年音乐会。2019 年 7 月，中国原创歌剧《拉贝日记》欧洲巡演在维也纳收官。

在旅游业方面，中国是奥地利旅游业最重要的亚洲市场。自 2010 年至 2015 年，年度入境和过夜的中国游客一直保持两位数的增长率，到 2017 年增长了 4 倍，2018 年增长 8%，达 97.3 万人，是 10 年前的 6 倍。除了增长率外，中国游客在奥地利的人均购物消费额也位列榜首，达到 616 欧元。中国游客过夜天数虽然只有 1.5 天，大幅落后于德国游客的 3.5 天，但是中国游客青睐星级旅馆，平均住宿星级为三星，推动了奥地利旅游业收入的增长。奥地利首都对中国游客极具吸引力，2017 年被中国门户网站评为最受欢迎的旅游目的地之一，成为仅次于伦敦、巴黎的中国游客第三大欧洲旅游目的地。2019 年前往奥地利的中国游客中自由行比重超过 30%。2019 年奥地利国家旅游局携手 26 家奥地利合作展商组织推介会，历经广州、成都、北京、上海，与 370 名中国业内人士进行了卓有成效的会谈，以进一步拓展中国市场。

商务往来礼仪

1. 对奥地利人通常要称呼其姓，并冠以爵位、职务等。

2. 谈判前一定要弄清楚对方的职务、称号等，避免失礼。呈给对方的名片也应该注明职务以及相应的德文。

3. 在穿着方面，奥地利人平时着装整洁、随意，正式场合则比较讲究。观看歌剧和听音乐会时要注意着装庄重，不要随意鼓掌喝彩。

4. 会谈时，不要主动议论收入、宗教或战争之类的话题，可以谈论文化，奥地利人喜欢别国人谈论自己民族的特性和成就。

5. 大多数奥地利人喜欢绿色，不喜欢黑色、数字 13 和星期五。

主要参考文献

〔美〕爱德华·W. 萨义德著，李琨译：《文化与帝国主义》，三联书店，2003。

〔英〕约翰·B. 汤普森著，高铦译：《意识形态与现代文化》，译林出版社，2005。

〔澳〕塔尼亚·芙恩著，裘安曼译：《文化产品与世界贸易组织》，商务印书馆，2010。

〔法〕弗雷德里克·马特尔著，刘成富译：《主流：谁将打赢全球文化战争》，商务印书馆，2012。

熊澄宇：《世界文化产业研究》，清华大学出版社，2012。

张胜冰、徐向昱、马树华：《世界文化产业导论》，北京大学出版社，2014。

李炎、陈曦：《世界文化产业发展概况》，云南大学出版社，2014。

葛剑雄等：《改变世界经济地理的一带一路》，上海交通大学出版社，2015。

厉以宁：《读懂一带一路》，中信出版社，2015。

赵磊：《一带一路：中国文明型崛起》，中信出版社，2015。

金立群、林毅夫：《一带一路引领中国》，中国文史出版社，2015。

王义桅：《世界是通的：一带一路的逻辑》，商务印书馆，2016。

国家信息中心：《一带一路大数据报告》，商务印书馆，2016。

李嘉珊：《重新发现：中国-中东欧十六国文化创意产业概览》，中国商务出版社，2016。

熊澄宇、张铮、孔少华：《世界数字文化产业发展现状与趋势》，清华大学出版社，2016。

王琦、舒卷、朱凤梅：《"一带一路"沿线国家商务礼俗一本通》，西南交通大学出版社，2017。

刘卫东：《一带一路战略研究》，商务印书馆，2017。

李大伟：《海外文化产业概论》，福建人民出版社，2017。

金海娜：《中外影视互译与合作 2016》，中国传媒大学出版社，2018。

金海娜：《中外影视互译与合作 2017》，中国传媒大学出版社，2018。

王蕙莲：《"一带一路"沿线国家商务文化读本》，世界图书出版公司，2019。

王丽：《"一带一路"对外文化传播研究》，经济日报出版社，2020。

向勇等：《"一带一路"文化产业合作发展报告 2019》，社会科学文献出版社，2020。

中华人民共和国外交部　https://www.fmprc.gov.cn

中华人民共和国商务部　http://www.mofcom.gov.cn

中华人民共和国商务部走出去服务平台　http://fec.mofcom.gov.cn

中国一带一路网　https://www.yidaiyilu.gov.cn

中国-中东欧国家合作　http://www.china-ceec.org

丝绸之路经济带网　http://www.iic21.com

国别区域与全球治理数据平台　https://www.crggcn.com

参考消息网国际频道　http://world.cankaoxiaoxi.com

新华网国际频道　http://www.xinhuanet.com/worldpro/

人民网国际频道　http://world.people.com.cn

人民日报海外网　http://huaren.haiwainet.cn

中国日报网国际频道　http://world.chinadaily.com.cn

环球网　https://www.huanqiu.com

中国文化报数字报　http://epaper.ccdy.cn/zh-CN/

光明日报国际频道 https://world.gmw.cn

中国经济网文化产业频道　http://www.ce.cn/culture/

旅业报　https://ttgchina.com

中欧学院　中国-中东欧研究院　https://china-cee.eu

联合早报　https://www.zaobao.com

后　记

　　2013年秋季"一带一路"倡议提出之时，笔者正为山东大学文化产业管理专业学生主讲"海外文化产业专题研究"课程，深感"一带一路"格局之宏大和愿景之美好，必将对中国发展和世界格局产生重大影响，应该积极引导学生关注。于是，在为学生讲述欧美发达国家文化产业之外，有意识地补充了印度、泰国、俄罗斯、埃及等"一带一路"沿线国家的情况。因那时正全力编著专业教材《海外文化产业概论》，虽然始终关注着"一带一路"新进展，但没有继续进行系统深入的研究。2017年秋季，正在修习海外文化产业课程的2015级同学们普遍对"一带一路"感兴趣，经常提出一些问题讨论，而我刚好手头工作告一段落，于是决定一起整理沿线国家的文化产业资料。在同学们的推动下，笔者才真正把"一带一路"文化产业作为学术攻关方向。教学相长，教研互动，申报的相关课题亦获得山东省社会科学规划的立项支持。2016级的刘晓蕙（现就读于南京大学）、李昕（现就读于厦门大学）、高洋（现就读于武汉大学）参加课题组后，几年来从搜集资料的准备工作做起，一直到独当一面撰写学术论文，在多家期刊发表阶段性研究成果，成长进步极快。同学们承担了大量基础工作，即使后来奔赴外地继续求学深造，依然不辞辛劳不计回报，补充完善新资料新数据，给予我莫大支持。后来2017级张迪和2018级孙崇辕、赵浩汝、原雨舟、周彧以及2019级研究生王洋等加入，协助校对。除了本专业师生无私相助，历史文化学院世界史、中国史、档案管理专业的师友也给予了大量指导。可以说，本书是山东大学文化产业管理学科薪火相传的见证，更是学科交叉以及新文科建设的成果。

　　在这几年的时间里，"一带一路"由倡议变共识，由蓝图变现实，合作共建的国家越来越多，合作程度不断深化，合作领域不断扩展，合作形式不断创新，合作数据不断刷新。再加上数字化技术加持下世界文化产业发展日新月异，新的精彩案例不断涌现，所以本书从一稿到七稿，每次易稿都修改过半，以致交稿时间一推再推。直到疫情突如其来，历史的车轮骤然减速，2020年成为一个重要节点，本书的内容主体也就基本确定下来，得以收工。

本书的资料来源，除了正式出版的图书和知网、万方等学术期刊库，还有外交部、商务部、文化和旅游部、国家信息中心等政府网站，新华社和《人民日报》《光明日报》《中国文化报》等主流媒体，搜狐、网易、新浪、腾讯、凤凰等门户网站，各国政府旅游部（局）、大使馆、主流通讯社的官网，以及微博、微信公众号、知乎、美篇等自媒体。整个编写过程就像是做智力拼图，又像是缝百家衣，笔者所做的不过是排列组合、穿针引线，由衷感谢所引内容的创作者。尽管已经努力注明出处，但仍难免挂一漏万，谨向未被准确标注的原创作者表达诚挚歉意。

最后，有感于疫情肆虐，国际局势风云变幻，衷心祝福祖国繁荣昌盛！

李大伟

2021.5.31